Los proverbios de Salomón

Comentados por el GAÓN DE VILNA

Edición a cargo de AHARÓN SHLEZINGER

Comentados por el GAÓN DE VILNA

Edición a cargo de AHARÓN SHLEZINGER

Los proverbios de Salomón

EDICIONES OBELISCO

Colección Cábala y Judaísmo
LOS PROVERBIOS DE SALOMÓN

Comentados por *el Gaón de Vilna*
Edición a cargo de *Aharón Shlezinger*

1.ª edición: septiembre de 2019
2.ª edición: junio de 2024

Maquetación: *Compaginem S. L.*
Corrección: *Sara Moreno*
Diseño de cubierta: *Enrique Iborra*

Edita: Ediciones Obelisco, S. L.
Collita, 23-25. Pol. Ind. Molí de la Bastida
08191 Rubí - Barcelona - España
Tel. 93 309 85 25
E-mail: info@edicionesobelisco.com

ISBN: 978-84-9111-501-4
Depósito Legal: B-18.640-2019

Impreso en los talleres gráficos de Romanyà/Valls S. A.
Verdaguer, 1 - 08786 Capellades (Barcelona)

Printed in Spain

Prólogo del editor

El libro de los Proverbios de Salomón es el libro de sabiduría por excelencia del sabio de Israel por excelencia. *Mishlei*, proverbios, procede de *Mashal*, comparación, alegoría, semejanza.

Como ocurre con la Torah, los Proverbios tienen un *Pshat*, sentido llano, y un *Sod*, sentido oculto. Y también como ocurre con la Torah hay un *Remez*, insinuación, que es «la entrada al portal de lo oculto». Estos *Remazim*, insinuaciones, constituyen el corpus del comentario al libro de los Proverbios del Gaón de Vilna que el lector tiene en sus manos. Pero el *Remez* no es únicamente una alusión o una advertencia, también es una señal o un guiño. Los *Remazim* son como señales luminosas capaces de arrojar luz en los pasajes difíciles de la Torah. No es casual que la guematria de *Remez*, 247, coincida con la de *Meor*, luminaria.

Eliju ben Shlomo Zalman, más conocido como el Gaón de Vilna o haGra, nació en el año 1720 y murió en 1797. Fue una autoridad halájica reconocida en todo el mundo judío y sobre todo un gran comentador que también escribió sobre cábala y matemáticas.

El sabio Gaón no duda en citar a las cabalistas, a los que conoce perfectamente, concretamente a Jaim Vital (pág. 27), el Ari (pág. 150), al Zohar (págs. 46, 84, 89, 98, 112, 119, 124, 197 y 245) e incluso los Tikkunei haZohar (pág. 51), y muchas de sus glosas coinciden con las de ellos a pesar de que no los cita siempre explícitamente. También se refiere a otro libro cabalístico, el Sefer Yetzirah (págs. 101, 103, 109 y 110) sobre todo cuando habla de los 32 senderos.

Muchas de sus interpretaciones corresponden a las del Talmud al que cita profusamente aunque no en todas las ocasiones, pues lo da por sobrentendido. El Gaón de Vilna nos ha dejado también el *Biur haGra*, un amplio comentario del Talmud y del *Shulján Aruj*.

El Gaón parece estar obsesionado con dos cuestiones: la avidez y la codicia. Esta última está representada por «la mala mujer», de la que hay que guardarse, y es «el aspecto femenino del engaño». Los codiciosos son «tontos» (pág. 93). También insiste en un tema en el que coinciden muchos exégetas, los cuatro sentidos de la Escritura (véanse págs. 91, 94, 101 y 252): el sentido llano, la alusión, el comentario y el sentido oculto o secreto.

En esta edición, el texto de los Proverbios aparece en negrita mientras que el comentario del Gaón está en letra redonda, más fina. El estilo, típico de su época, puede resultar un tanto barroco para el lector moderno a pesar de los esfuerzos del traductor, el rabino Aharón Shlezinger, a quien agradecemos su trabajo. Algunas aclaraciones realizadas por alumnos del Gaón aparecen entre corchetes y otras, obra del traductor, entre paréntesis.

משלי

עם ביאור הגר"א

מאת הגאון האמיתי
רבנו אליהו מוילנא זצוק"ל

הוצאת יופי

Portada de la edición de Vilna de 1931 del comentario de los Proverbios por el Gaón de Vilna

El editor

I

1. **«Los proverbios de Salomón, hijo de David, rey de Israel».** En todo lo existente hay materia, acción, forma y finalidad. Y así es también aquí. El «proverbio» es la materia de este libro. «Salomón [...]», es la acción. «Para conocer [...]», es la fuente, la forma y su contenido. Y la finalidad es la «instrucción». Porque: «La disertación no es lo principal, sino la acción» (Avot 1, 1).

«Salomón, hijo de David, rey de Israel». Porque aquel que estudia un libro debe saber quién es su autor; porque si el autor fuera grande en sabiduría, ciertamente en su libro habrá grandes sabidurías. Y lo mismo se aplica al temor, y lo mismo a la Torá. Y él elaboró aquí tres libros, que son tres –tipos de– proverbios: uno sobre la sabiduría, el segundo sobre la instrucción –*musar*– y el tercero sobre la Torá. Y en correspondencia con esos tres asuntos, dijo aquí tres cosas. En correspondencia con la sabiduría dijo «Salomón –*Shelomo*–», como está escrito acerca de él: «Y fue más sabio que todo hombre» (I Reyes 5, 11). En correspondencia con la instrucción dijo: «hijo de David», que era muy piadoso, tal como dijeron los sabios, de bendita memoria: «Quien ve a David en sueño, que espere por la piedad» (Berajot 57b). Y tal como está escrito: «Guarda mi alma porque yo soy piadoso» (Salmos 86, 2). Y al decirse que era hijo de David, por cierto, llenaba el lugar de sus padres. Y en correspondencia con la Torá dijo: «rey de Israel», como está escrito: «Los reyes reinan por mí» (Proverbios 8, 15). Y estos tres tipos de proverbios están vinculados con el misterio de lo que está escrito: «Y dijo tres mil proverbios» (I Reyes 5, 12).

2. «**Para conocer**». El asunto esencial del libro es: «para conocer sabiduría e instrucción». «**Para conocer sabiduría**», con el fin de no caer en la red del Mal Instinto, que él tiende a sus pies. Y para no dejarse persuadir por sus persuasiones. «E instrucción *–musar–*», por si el Mal Instinto se fortifica en él, para instruirse a sí mismo –a través de flagelos– y quebrantarlo, tal como está escrito: «para decir a los presos *–isurim–:* "salid"; y a los que están en oscuridad: "revelaos"» (Isaías 49, 9). Es decir se refiere a esos que ya están en las manos del Instinto de ellos, y ellos están presos bajo su mano, y se fortificó mucho sobre ellos, saldrán a través de instrucción *–musar–*. Y a esos que están en la oscuridad, que no vieron la luz y no reconocen sus persuasiones, a través de la Torá se les revelará y reconocerán sus persuasiones.

«**Para entender palabras de entendimiento**». Pues aunque quebrante su instinto y su deseo, debe procurar que el quebrantado sea a través del camino de la Torá, y no ha de ser mucho más justo que lo que está escrito en la Torá. Por ejemplo, ayunar toda la semana y también en Shabat, o asuntos semejantes. Y estos tres corresponden a los tres tipos de facultades mentales de la persona. La facultad mental de observación, la facultad mental del pensamiento y la facultad mental de la acción. La facultad mental de observación está vinculada con los caminos celestiales, el trayecto de las estrellas y el Carruaje y asuntos semejantes. Y la facultad mental del pensamiento está vinculada con la conducción de sí mismo a través de las cualidades. Y la facultad mental de la acción está vinculada con la acción. Y éstas corresponden a los estatutos, juicios y preceptos. Los estatutos, en relación con los cielos, como está escrito: «¿Acaso conoces los estatutos de los cielos?» (Job 38, 33). Y los juicios, en relación con la tierra, como está escrito: «El rey afirma la tierra con juicio» (Proverbios 29, 4). Y los preceptos vinculan los cielos y la tierra. Y están relacionados con el misterio de los cielos y la tierra, y la persona es quien los vincula. Y se vinculan con el misterio de la Torá, los preceptos, y los atributos –cualidades.

3. **«Para aprehender lección prudencial –musar askel–, justicia, juicio y rectitud».** La finalidad es aprehender lección prudencial. Es decir, prosperar. Como está escrito: «Y David prosperaba *–maskil–* en todos sus caminos» (I Samuel 18, 14). Y respecto a lo que dijo arriba, «conocer sabiduría», y después «instrucción *–musar–*», y aquí lección *–musar–* solamente, se debe a que para el conocimiento primeramente se debe conocer sabiduría, y después instruirse a sí mismo con instrucción (correctiva) *–musar–;* pero en lo referente a la acción, lo principal es la instrucción *–musar–.*

«Justicia». Es decir, ésta es la lección instructiva *–musar askel–* que la persona debe tomar, en la cual ha de incluir todas las cualidades. Es decir: «justicia» para hacer bondad y justicia con todas las criaturas. Y cuando fuese en este camino solamente, no es lección instructiva, porque no tendrá éxito. Porque a veces la persona necesita el atributo del enojo, que es el juicio. Es decir, entre él y sí mismo. Tal como dijeron los sabios, de bendita memoria: «Siempre la persona debe enojarse (con su Buen Instinto contra el Mal Instinto)» (Berajot 5a). Y no ir tras su deseo. Y también con las demás personas necesita el atributo del enojo, para aplicar el juicio contra los malvados. A cada hombre según sus caminos, conforme a la ley del juicio. Y asimismo con las rectitudes, pues a veces necesita el atributo de la rectitud, y eso es así en la mayoría de los casos. Y por eso, la lección instructiva no es –completa sino– sólo cuando está incluida de todos los tres mencionados anteriormente, y entonces prosperará en sus caminos.

Y son cuatro cosas, tal como está escrito más adelante: «justicia y juicio, y rectitud, y todo buen trayecto» (Proverbios 2, 9). Y los sabios dijeron: ¿Qué significa: «todo buen trayecto»?[1] Se refiere al reproche, y se corresponde a la lección instructiva –*musar askel–*. Y éstas están relacionadas también con lo que está escrito: «Y juzgará con justicia a los pobres *–dalim–*, y reprochará con rectitud a los humildes de la tierra» (Isaías 11, 3).

1. Tamid 28a.

4. **«Para dar a los tontos sagacidad y al joven, comprensión y sensatez».** Después de que estudie y sepa y también cumpla, también podrá enseñar a otros. Y a esto se refiere: «Para dar [...]». Además, la finalidad de este libro es que después de que estudió, y sabe, y cumple, tenga ayuda de los cielos para entender más. Y a esto se refiere: «para dar», a él de los cielos.

   «A los tontos». Porque la generalidad de la sabiduría se divide en varios tipos particulares, y entre ellos está el sabio y el sagaz. El sabio es aquel que estudió y recibió –enseñanza– y sabe mucho. Y el sagaz es el que sabe convencer y decir palabras buenas y dulces, y hay engaño oculto en su corazón. Y también el que conoce y entiende esto se denomina sagaz. Y a esto se refiere: «Para dar a los tontos *–petaim–*». Es decir se refiere a ese que es liviano para ser convencido, porque es íntegro y no conoce tortuosidades, y a través de eso será sagaz, como está escrito: «Yo, la sabiduría, moro con la sagacidad» (Proverbios 8, 12), y entiendo las seducciones del Mal Instinto.

   «Y al joven». A esos que están vacíos de sabiduría y no saben nada, les dará conocimiento y sensatez *–zima–*, interior y exterior.
5. **«El sabio oirá y aumentará sabiduría, y el entendido adquirirá sagacidad».** A través de todo lo mencionado anteriormente, el sabio oirá y aumentará más sabiduría. Y el sabio es quien estudió mucho, por eso dijo que aprenderá más de sus maestros y aumentará su sabiduría. Y el entendido se refiere a quien entiende un asunto a partir de otro asunto, que adquirirá sagacidad para saber cómo entender. Y dijo «adquirirá», porque para entender un asunto es bueno un buen compañero, para sacar de su boca todo asunto; y los sabios dijeron: «adquiere para ti un compañero» (Tratado de Avot 5, 5).
6. **«Para entender proverbio y parábola, palabras de sabios y sus enigmas».** Ahora explica qué entender. Proverbio: la Torá escrita es apodada con el denominativo proverbio, porque el proverbio siempre se entiende; pero es una vestimenta para su comparación, y es un asunto sorprendente. Y así las palabras de la Torá escrita se entienden, pero se invisten en ella asuntos sorpren-

dentes. Y esto es lo que se debe entender, el proverbio, que es una vestimenta, y la metáfora, que es el asunto comparado. «Palabras de sabios y sus enigmas». Se denomina enigma a los dichos de los sabios denominados *agada,* porque las palabras de ellos no se entienden, como un enigma. Y no es posible vincularlas si no se entiende la finalidad investida en su interior, y así se entenderá también el enigma. Por eso, las palabras de los sabios, que son los asuntos comparados, y la finalidad de los asuntos, y los enigmas, que son los asuntos mismos, conforman el enigma.

Hasta aquí la introducción del libro. Quién es el autor y su necesidad por la cual lo hizo. He incluyó aquí cuatro asuntos: estudiar y hacer, y la acción se divide en tres, es decir: tomar la enseñanza, y dar, y oír. Y oír y entender, todo es uno. O sea, que en un comienzo, la persona tome enseñanza para sí mismo con el fin de hacer. Y después tendrá la ayuda de los cielos. Y después oirá y entenderá más. Y considera aquí quince asuntos: tres generalidades y doce particularidades. Es decir: sabiduría e instrucción y entendimiento son las tres generalidades. Y las doce particularidades son: prudencia, justicia, juicio, rectitud, sagacidad, conocimiento, aprehensión, perspicacia, proverbio, metáfora, palabras de los sabios recordados para bendición y sus enigmas. Y así, las tribus también son doce, y los patriarcas tres. Y así, las palabras de la bendición sacerdotal son doce y los Nombres, tres.

7. **«El temor del Eterno es el comienzo de la percepción; los insensatos desprecian la sabiduría y la instrucción».** Aquí comienza el libro, y lo que se menciona se refiere a lo que escribió anteriormente, que la finalidad del libro es saber. Y ahora dice que el temor es el comienzo y el inicio de la percepción, tal como enseñaron nuestros sabios: «Todo aquél cuyo temor por el pecado preceda a su percepción, mantendrá su percepción; y todo aquél cuya percepción preceda a su temor por el pecado, no mantendrá su percepción» (Tratado de Avot 3, 9). Porque si no tiene temor del Eterno, entonces es un insensato, ya que se quita el yugo de sobre él; y lo opuesto ocurre con el

poseedor de temor. Y los insensatos desprecian la sabiduría y la instrucción. Porque si la persona tiene temor del Eterno, estudiará para saber, para conocer de qué cuidarse. Y es común en la persona que cuando quiere el asunto y lo halla, le es preciado y lo guarda en él. Pero si no hay en él temor del Eterno, y no teme del pecado, incluso aunque estudie varias veces, no hallará, porque no estudia para saber de qué cuidarse; y todo asunto que no está dispuesto sobre la persona, no lo tiene en su consideración (Shevuot 41b). Y por eso incluso aunque estudien, la sabiduría y la instrucción son despreciados por ellos, y no se mantendrán en ellos.

8. **«Hijo mío, oye la instrucción de tu padre y no abandones la enseñanza de tu madre».** Esto está vinculado con lo que dijo anteriormente: «para entender palabras de percepción». Y explica cuáles son las palabras de percepción. Y allí dijo «palabras», en plural, porque la instrucción está vinculada con el misterio de la percepción –Daat–, que vincula la sabiduría *–jojmá–* y el entendimiento *–biná–*. Y «palabras de percepción», también se refiere a la instrucción. «La instrucción de tu padre» se refiere a la Torá escrita. Y «la enseñanza de tu madre» se refiere a la Torá oral. Y ésta es la generalidad de esos dos versículos: la Torá y los preceptos activos y pasivos. Es decir, «el comienzo de la percepción» se refiere a la Torá; y «oye [...]», a los preceptos activos; y «no abandones», a los preceptos pasivos. Y éstos corresponden a los tres socios –que participan en la formación– de la persona: el Santo, bendito sea, su padre, y su madre.
9. **«Porque son prendedor de gracia para tu cabeza y collares para tu cuello».** La explicación del asunto es que en los días de ellos hacían para sus mujeres atavíos según sus actividades, tal como hallamos en el Talmud, que la esposa de Raban Gamliel dijo a su marido que le hiciera un collar de oro, y él le dijo que no le haría como la esposa del rabí Akiva (Talmud de Jerusalén, tratado de Shabat 6, 1).

Y hacían dos tipos de atavío, para la cabeza y para el cuello. Es decir, para la poseedora de capacidad mental y para la poseedora de buenas acciones. Y el atavío de la cabeza lo solían hacer de una sola pieza, semejante a la mente, que es una, y el del cuello, de varias piezas, semejante a las acciones, porque todo precepto es –considerado en forma– independiente. Asimismo, la Torá y los preceptos son atavíos para la cabeza y el cuerpo. Y todo lo concerniente a –las palabras de– la Torá es una irradiación de luminosidad. Y es un precepto estudiar en todo momento. Pero los preceptos no se realizan sino cada uno de su tiempo. Y a esto se refiere: «Porque son prendedor de gracia» se refiere a la Torá. Y «collares» está escrito en plural, y se refiere a los preceptos, «para tu cuello», o sea, el cuerpo.

10. **«Hijo mío, si los pecadores –jataim– te quisieren convencer, no consientas».** Pecador *–joté–*, es aquel que transgrede los preceptos activos. Y es un término que denota carencia, tal como –el sabio– escribió en el comienzo de Isaías. Y si «te quisieren convencer», esos hombres carentes de preceptos activos, «no consientas», en oír sus palabras en absoluto, ya que con certeza no vienen para seducirte para un precepto. Pues ellos mismos no desean eso y no lo hacen. Y ciertamente ellos te quieren seducir para cometer pecados. Y a continuación explica las seducciones de ellos.

11. **«Si dijeren: "Ven con nosotros, asecharemos para derramar sangre, ocultémonos para acosar al inocente de balde"».** Para comprender este asunto, debe saberse que hay dos tipos de Mal Instinto: el que codicia y el que se enoja. Y éstos corresponden a: «no matarás», y «no cometerás adulterio» (Éxodo 20, 13). Y así como en la Torá está escrito primero «no matarás», y después «no cometerás adulterio», así, –siguiendo esa pauta–, dijo aquí, primero las seducciones del que se enoja, y después, las del que codicia. «Ven con nosotros». Es decir, tú no harás algo malo, sólo ven con nosotros. «Asecharemos para derramar sangre», y nosotros asecharemos para derramar sangre. «Ocultémonos [...]». Porque los ladrones son dos que son cuatro: uno, el que mata personas y toma el dinero, y el segundo, el que toma el dinero solamente. Y de cada uno de ellos hay dos –tipos–: –el que roba– en la casa, y –el que roba– en el campo, junto a los caminos. Esos que matan al dueño de casa en su casa se aseme-

jan al asechador, que asecha y observa el momento en que puede caer sobre él repentinamente; y entonces cae sobre él y lo mata. Y a esto se refiere: «asecharemos para derramar sangre». «Ocultémonos para acosar al inocente». Se refiere a esos que se ocultan en las cuevas, o en las entradas de las rocas, junto a los caminos, hasta que cae en sus manos. Y a esto se refiere: «ocultémonos para acosar al inocente *–naki–*». (La expresión *naki* significa literalmente «limpio»). Porque saldrá limpio de sus posesiones. Y corresponde a esos que están en los caminos para robar dinero solamente. «De balde». Porque quien viene sobre un hombre para tomar su dinero con una acusación, es posible que se salve de la acusación con muchas excusas. Pero si viene sobre él para tomar su dinero sin acusación, sólo por la fuerza, no escapará de su mano. Y por eso dijo: «de balde». Sin acusación en absoluto, y no podrá decir nada.

12. **«Devorémoslos, como el sepulcro, vivos e íntegros, como los que caen al pozo».** «Devorémoslos» se refiere a las posesiones de ellos, su dinero. «Como el sepulcro», semejante al sepulcro, que separa a la persona de su dinero. Así cuando nosotros devoremos su dinero, se separará de ellos como el que desciende al sepulcro. «Vivos». Únicamente en esto será diferente del que desciende al sepulcro. Porque el que desciende al sepulcro lo hace después de morir y éste permanecerá con vida. Y este –tipo de ladrón– corresponde a el grupo de los que caen sobre la persona mientras está en paz y sosegado en su casa y toman el dinero solamente. «E íntegros», corresponde a el segundo grupo, el de los que se ocultan en el campo, junto a los caminos, y matan y también toman el dinero. Y a esto se refiere: «e íntegros». Porque va de modo íntegro y no sabe nada, cae en sus manos «como los que descienden al pozo». Semejante al que va andando y cae dentro de un pozo.

13. **«Tiene todo tipo de riqueza y valores –nimtza–; llenaremos nuestras casas con el botín».** Se refiere al cuarto grupo, que culmina con ellos, y son los que matan junto a los caminos, para ellos el dinero que toman es como un hallazgo *–metzia–*, pues, ¿quién buscará tras él? Porque está lejos de su casa. Y ade-

más, ¿quién buscará tras ellos? Pues es posible que también ellos estén lejos de ese lugar, y no hay quien los reconozca. Y por eso, el convencimiento de ellos es que la riqueza valiosa será como un hallazgo. «Llenaremos nuestras casas con el botín». Y en correspondencia con esos que despojan junto a los caminos y dejan con vida –lo que roban– no es como un hallazgo, porque los dueños aún están con vida y es posible que se lo reclamen. Sólo que es un despojo que despojaron de él, y la posibilidad de que lo reclame es lejana, porque está lejos de su casa y no los conoce. Y es posible que también ellos sean de lejos de ese lugar y no haya quien los reconozca.

14. **«Echa tu suerte entre nosotros; sea una bolsa para todos».** Se refiere a los que acosan a la persona en su casa y la matan. Y entonces despojan todo lo que hay en la casa y lo reparten entre ellos echando suertes. Pero respecto al que despoja junto al camino –roba– solamente dinero y no corresponde echar suertes con el dinero. Y por eso, el –argumento del– convencimiento de ellos aquí es por la división de todo lo que hay en la casa, porque: «echaremos tu suerte entre nosotros». «Sea una bolsa para todos». Se refiere a los que acosan las casas para despojar solamente y dejarlo con vida –al morador de la casa–. Y éste puede reclamar con facilidad, porque está en su casa y con vida. Y además, no es posible que los acosadores sean de un lugar lejano. Y por eso no les es posible repartir aún; y por eso, el –argumento del– convencimiento de ellos es que sea una bolsa para todos.

15. **«Hijo mío, no vayas al camino con ellos: abstiene tu pie de –ir por– sus sendas».** Es decir, no sólo que no vayas con ellos por el camino, que es el gran camino mismo, que ellos transitan, sino, abstiene tu pie de ir por allí aun tú solo, sin ellos; y de las sendas pequeñas, a través de las cuales vienen al gran camino; es decir, –abstiene tu pie– de las cosas que llevan a eso.

16. **«Porque sus pies correrán al mal».** ¿Cómo te dejas convencer por sus palabras y por sus labios tortuosos que expresan voluntad de hacerte bien cuando tus ojos ven que los pies de ellos corren al mal; y del mismo modo ellos ciertamente desean ha-

certe el mal? «Y se apresurarán a derramar sangre». Y si considerares en tu pensamiento: «Iré con ellos hasta que reúna dinero y me apartaré de ellos», por eso dijo: **«y se apresurarán a derramar sangre»**, antes de que te apartes de ellos. Y corresponde a los dos asuntos mencionados anteriormente: «correrán al mal», por dinero solamente, y tomarán también tu dinero; «y se apresurarán a derramar sangre» se refiere a esos que matan personas.

17. **«Porque la red de balde está tendida** [...]». Y si dijeras: «He aquí que yo veo que ellos son íntegros conmigo y desean mi bien, para procurar dinero para mí», por eso dice: **«dispone tus ojos y observa las aves de los cielos»**. Porque todos los poseedores de alas suponen que la red de balde está tendida, y los granos que hay allí, debajo de la red, están dispuestos para el beneficio de ellos, para su alimentación; y en verdad tú sabes que eso no es así.
18. **«Mas ellos asechan a su sangre»**. Porque el cazador está a su asecho para matarlas. **«Y se ocultan por sus almas»**. O se ocultan para que caigan en sus redes y puedan cazarlas vivas, estando sus almas en ellas, para venderlas. Y a esto se refiere: «por sus almas». Y también corresponde a los dos mencionados anteriormente: esos que roban dinero solamente, o esos que matan personas.
19. **«Así son los senderos de todo el que realiza despojo»**. Así es el modo de proceder de todos los malos que quieren obtener dinero, para poder tomar a través de eso las almas de esos poseedores de dinero que quiere obtener.
20. **«La sabiduría clama –tarona– fuera»**. Porque los cuatro tipos de ladrones mencionados anteriormente todos dijeron: «asechemos», «ocultémonos»; pero la sabiduría, que es la Torá, no es así, sino: «clama fuera [...]». Y no temas ni sientas vergüenza por la Torá. Y la explicación del asunto es que el mundo también se divide en dos que son cuatro: las ciudades y la tierra, que son los campos y los caminos. Y en cada uno hay dos: en las ciudades, la ciudad misma y el portal de la ciudad, que allí están los jueces y los ancianos, como está escrito: «Pondrás jueces y alguaciles en todas tus ciudades que el Eterno, tu Dios, te da

para tus tribus; y juzgarán al pueblo con juicio justo» (Deuteronomio 16, 18). «Y si el hombre no deseare casarse con la mujer en condición de realizar el casamiento de levirato, entonces la mujer en condición de realizar el casamiento de levirato ascenderá al portal, a los ancianos, y dirá: "El hombre en condición de realizar el casamiento de levirato conmigo se niega a levantar un nombre para su hermano en Israel y no quiso realizar conmigo matrimonio de levirato"» (Levítico 25, 7). Y así –se mencionó el asunto– varias veces. Y la tierra que hay delante de las ciudades también se divide en dos; es decir, lo que hay delante de la ciudad, que allí se vende lo necesario para la ciudad, y se denomina la plaza *–rejov–* de la ciudad. Y por eso los ancianos y los jueces están en el portal de la ciudad, próximo a la plaza, para juzgar entre un hombre y su prójimo por los asuntos ocurridos en la plaza. Y lo que esté lejos de la ciudad se denomina *sartia* y *paltia.* Y asimismo el habla se divide en dos que son cuatro: la voz y el habla. La voz de divide en dos, es decir, de lejos no se oye la voz, sólo el sonido de retorno de la voz –el eco–, y la voz no se nota. Y a esto se lo denomina *rina.* Y estando un poco cerca, entonces se oye la voz, pero aún no se oye habla en absoluto, solamente voz. Y el habla también se divide en dos, el habla y el clamor. Es decir, estando un poco alejado, aunque se oye el habla, de todos modos, no puede hablar, sólo claman –lo llaman– para que venga hacia el que habla, y cuando se acerque un poco, habla con él. Y a esto se refiere: «La sabiduría clama fuera». Porque esos que aún están fuera no oyen sino únicamente el clamor *–rina–,* y en las calles, cuando se acerca a la calle –de la plaza–, entonces «eleva su voz; y llama en el frente de las multitudes, en las entradas de los portales». «En la ciudad». Y cuando se acerque a ella, entonces dirá todos sus dichos. Resulta, pues, que la Torá también se divide en dos que son cuatro: el sentido llano *–pshat–* y el oculto *–sod–*. Y con cada uno, dos. Lo oculto comprende: lo oculto mismo y las insinuaciones *–remez–*, que es la entrada del portal de lo oculto. Y el sentido llano comprende las disertaciones *–drash–* y el sentido llano. «La sabiduría fuera», a esos que aún están fuera, no les muestra sino solamente el sentido llano. Y a esto se refiere: «clama», que es el clamor *–rina–* de la Torá. Y a esto se refiere lo que dijeron nuestros sabios: «en el lugar de *rina,* allí sea la plegaria» (Berajot 6a). Porque los maestros de los niños pequeños de ellos se encontraban en las sinagogas, tal como se enseña en el Midrash Eija (Petija 1, 2), y en otros lugares (véase Taanit 23b), que allí donde estudiaban la *rina* de la Torá, allí se realizara la plegaria. «En las calles», que es la disertación que amplía la ley, allí «eleva su voz».

21. **«Llama en el frente de las multitudes, en las entradas de los portales».** Es una insinuación que alude a la entrada del portal. Y después: «en la ciudad», o sea, lo vinculado con lo interior de la Torá, dirás todos sus dichos y misterios.

22. «**Tontos, ¿hasta cuándo [...]?**». Porque las personas que se alejan a sí mismas de la Torá, lo hacen debido a tres asuntos: el primero, porque fueron convencidas por su instinto para ir detrás de los placeres de este mundo, y piensan que eso es bueno y así será también para siempre. El segundo, porque desean hablar palabras vanas, que aunque no hay con eso placer en este mundo, de todos modos es agradable para ellos. Tercero, a causa de que el estudio es difícil para ellos, y quieren que la Torá les venga por sí sola, sin esfuerzo, y cuando ven que la Torá no llega a sus manos, la abandonan, porque no ven su dulzura.

    Y a esto se refiere lo que se dijo: «Tontos, ¿hasta cuándo –irán detrás del convencimiento de su instinto para perseguir los placeres de este mundo–?». **«Estimarán la tontería»**, serán susceptibles para ser convencidos. «Y los burlones», en correspondencia con el segundo grupo, que son los que se sientan en las esquinas. **«Desearán el burlar»,** porque en eso no hay para ellos siquiera placer del cuerpo, sólo que ellos desearon el burlar porque es un grave pecado. **«Y los insensatos»**, en correspondencia con el tercer grupo, que no desean esforzarse en saber la Torá; ellos se denominan insensatos, porque el insensato es lo opuesto del que sabe. Y son estos tres grados –ascendentes, enumerados–, de abajo hacia arriba.

23. **«Retornad a mi amonestación».** En correspondencia con los tres asuntos mencionados anteriormente, menciona a cada uno su curación: en correspondencia con los que son convencidos por su instinto para ir detrás de los placeres de este mundo dice: «Retornad a mi amonestación». Porque su curación es quebrantar su placer y su instinto con palabras de reproche e instrucción, y por consiguiente se quebrantará su placer, tal como dijeron los sabios, de bendita memoria: «Y si no, recuérdale el día de la muerte» (Berajot 5a). **«He aquí os pronunciaré mi espíritu».** En correspondencia con los burladores y los que se sientan en las esquinas, que no tienen placer de este mundo, sino que la burla les es agradable. Porque el espíritu de ellos no se aplaca ni se calla hasta que pronuncien palabras de burla, y a través de eso se reconfortan los espíritus de ellos. Y la razón se debe a que para cada cosa que la persona realiza se le entrega un espíritu de lo alto, y éste le ayuda a hacer más cosas como ésa. Y ese espíritu no descansa ni se calla hasta que hace más cosas como ésa, y él tiene provecho de ellas y de eso tiene reconfortado de espíritu, tanto en los asuntos relacionados con preceptos, tanto en los asuntos relacionados con pecados. Y a esto se refiere lo que fue dicho: «El pecado arrastra un pecado, y el precepto arrastra un precepto» (Avot 4, 2). Y todo asunto de pecado que es grande, también el espíritu que viene a través de él es grande, y desea pecar más. Y lo mismo con un asunto de un precepto grande, viene un espíritu de un lugar muy santo, y desea mucho los preceptos, y por eso tiene gran provecho de los preceptos. Y es sabido que el precepto más grande de todos los preceptos es el estudio de la Torá, y lo contrario las palabras vanas y la burla, que son lo opuesto de la Torá. Por eso hay más placer de las palabras vanas y la burla que de todos los –otros– pecados, aunque no hay en eso nada de este mundo. Pero debido a que el espíritu de impureza es muy grande y es como un manantial de aguas surgentes, lo opuesto –en correspondencia– a la Torá, que es un manantial de aguas surgentes, por eso dice que no hay nada de este mundo en absoluto, sólo placer a causa de ser lo opuesto a la Torá, y es un gran pecado y el espíritu emerge. «He

aquí os pronunciaré *–abia–* mi espíritu», y entonces tendréis a través del espíritu de santidad un gran placer como un manantial surgente. Y ciertamente el placer será más grande que el de éste, porque la Torá equivale a todos, y el placer del espíritu de santidad es más grande que el del espíritu de la impureza, porque éste es un placer verdadero. «Os haré saber mis palabras». Corresponde a el tercer grupo, que son los insensatos, que aborrecerán la Torá por falta de entendimiento. A ellos dice: «Os haré saber mis palabras», y veréis su dulzura y la amaréis. Y éstos también –están ordenados en forma ascendente–, de abajo hacia arriba.

Y estos tres asuntos corresponden a las tres cosas que dijo anteriormente. Pues al comienzo la persona debe aprehender lección para sí mismo. Y a esto se refiere: «Para aprehender lección [...]» (Proverbios 1, 3). Y después el Eterno le otorgará ayuda de los cielos. Y a esto se refiere: «Para dar sagacidad a los tontos [...]» (Proverbios 1, 4). Y después: «Para entender [...]» (Proverbios 1, 6). Y así también aquí: al comienzo: «Retornad a mi amonestación», que es «aprehender lección [...]». «He aquí os pronunciaré *–abia–* mi espíritu [...]», es la ayuda de los cielos. «Os haré saber mis palabras», es «para entender [...]».

24. **«Porque clamé *–karati–*»**. La expresión *karati* significa también «llamar». Y la llamada se realiza cuando la persona gira para irse y aún no está lejos de él, entonces lo llama. Pero cuando ya está lejos a una distancia que no se oye su voz, entonces le hacen señales con las manos para que vuelva. Y a esto se refiere: *«karati»,* cuando estabais cerca, **«y os rehusasteis a oír»**. **«Extendí mi mano»**, aunque os rehusarais y os alejarais más, aun así me apiadé de vosotros y extendí mi mano para que volvierais a mí, «y no hubo quien atendiera», es decir, él mismo hizo como si no viera ni oyere.

25. **«Y anulasteis todo mi consejo»**. El modo de actuar del que ama es que al comienzo aconseja que vaya por este buen camino; y cuando no lo oyere y fuere por un camino que no es bueno, entonces le reprocha por ir por un camino que no es bueno. Y a esto se refiere: «Y anulasteis todo mi consejo», que os he dado

de ir por un camino bueno y recto, y no me oísteis y fuisteis tras la mala inclinación de vuestros corazones. «Y no aceptasteis mi amonestación». Después os reproché porque ibais por un camino que no era bueno, y no aceptasteis oír mi amonestación.

Y estos cuatro asuntos corresponden a esos cuatro versículos mencionadas anteriormente: «Porque clamé *–karati–*», corresponde a: «clama *–tikrá–* en el frente de las multitudes»; «extendí mi mano», corresponde a: «la sabiduría clama *–tarona–* fuera»; «y anulasteis todo mi consejo», corresponde a: «retornad a mi amonestación», que es un consejo; «y no aceptasteis mi amonestación», corresponde a: «tontos, ¿hasta cuándo estimarán la tontería?», que es una amonestación.

26. **«También yo, en vuestra aflicción me reiré».** Ahora menciona tres aflicciones en correspondencia con los tres malvados mencionados anteriormente, que son los convencedores, los burladores y los insensatos. En correspondencia con los burladores dijo: «También yo, en vuestra aflicción me reiré; me burlaré [...]». Y con cada aflicción dos asuntos: uno, cuando oiga la aflicción, antes de que ésta venga a él, le temerá a ella; y después, en el momento en que la aflicción misma venga. Y así con el burlador, al comienzo se burla, y después, cuando pronuncia su burla, entonces se ríe. Y a esto se refiere: «en vuestra aflicción *–beidjem–*», es decir, en el momento de venir la aflicción, «me reiré». **«Me burlaré cuando os viniere temor»**, es decir, aun antes de que viniere la aflicción.

27. **«Cuando vuestro temor viniere como genocidio»**, en correspondencia con los que persiguen los placeres de este mundo, y ellos son los tontos que se dejan convencer por su instinto y ellos son los que no pueden callar hasta que se sacien de sus placeres. Por eso dice en correspondencia con ellos: «cuando vuestro temor viniere como genocidio», antes de que venga la aflicción. **«Y vuestra aflicción viniere como tempestad»** se refiere al momento de la aflicción. **«Cuando viniere sobre vosotros congoja y angustia»**, en correspondencia con los insensatos que aborrecen el saber, vendrá sobre ellos congoja exterior, y angustia en el corazón, en el interior. Tal como está escrito: «Y me

angustia el espíritu en mi interior» (Job 32, 18). Semejante al odio, que es en el corazón. Y despreciarán sus vidas a causa de la congoja y la angustia.

28. «**Entonces clamarán a mí** [...]». Porque para la Torá se requieren dos cosas, como está escrito: «Buscad al Eterno y su poder; buscad siempre su rostro» (Salmos 105, 4). Es decir, se la debe buscar y escudriñar con empeño y esfuerzo, y pedir al Santo, bendito sea, que le ayude, como está escrito: («Y solicitaréis de allí al Eterno, tu Dios, y lo encontraréis si lo buscáis con todo vuestro corazón y con toda vuestra alma» Deuteronomio 4, 29). Y a esto se refiere: «Entonces clamarán a mí», en plegaria, «y no responderé». «**Me buscarán** *–ieshajaruni–*». Es decir, buscarán y escudriñarán con esfuerzo y no me hallarán. He aquí cuatro aflicciones para cada uno de los tres malvados mencionados anteriormente. Es decir: temor, aflicción, clamarán a mí y no responderé, y me buscarán y no me hallarán. Porque «clamarán a mí y no responderé, y me buscarán y no me hallarán» se refiere a los tres. Y esas cuatro aflicciones, en correspondencia con las cuatro cosas que dijo arriba acerca de ellos: «porque clamé [...]»; «extendí mi mano [...]»; «y anulasteis [...]»; «y no aceptasteis mi amonestación». Y eso es medida por medida concretamente. Es decir, en correspondencia con: «porque clamé [...]», también ellos clamarán y no responderé. «Extendí mi mano [...]», es a lo lejos, y con esfuerzo, y él en correspondencia con eso también buscará y se esforzará después de que se aleje de él, y no hallará; pues si la abandonaras un día, te abandonará dos días (Talmud de Jerusalén, tratado de Berajot). «Y anulasteis [...]», porque no habéis oído el buen consejo para residir seguros, también yo me burlaré al venir el temor. «**Y no aceptasteis mi amonestación**». Después, cuando os amonesté, aun así no aceptasteis, y «también yo, en vuestra aflicción me reiré».

29. «**Porque aborrecieron el conocimiento** [...]». Corresponde a los cuatro asuntos que mencionó desde el comienzo hasta aquí.

30. «**No aceptaron mi consejo**», corresponde a: «hijo mío, si los pecadores te quisieren convencer [...]», el cual es un consejo

bueno y correcto. «**Detestaron toda amonestación mía**», corresponde a: «tontos, ¿hasta cuándo [...]?», que es una amonestación.

31. «**Y comerán del fruto de su camino**». Ahora dice en correspondencia con las cuatro cosas mismas, que no oyeron y fueron tras las malas inclinaciones de sus corazones, que les pagará según la obra de sus manos. Es decir, en correspondencia con: «para conocer sabiduría», que no quisieron conocer el buen camino, dice que por eso: «comerán del fruto de su camino». «**Y de sus consejos serán saciados**», corresponde a: «hijo mío, si los pecadores te quisieren convencer [...]», que es un consejo bueno y correcto, y ellos no quisieron escuchar y fueron tras sus –propios– consejos: «de sus consejos serán saciados».
32. «**Porque la calma de los tontos**». Porque quienes son poseedores de temor, el temor de ellos está siempre en sus rostros, como está escrito: «para que su temor esté en vuestros rostros» (Éxodo 20, 17). Porque el yugo celestial está siempre sobre ellos; y lo opuesto ocurre con ese que anda en rebeldía según el camino de su corazón. Por eso, en correspondencia con el temor al Eterno dice: «Porque la calma de los tontos –*petaim*– [...]». Tontos –*petaim*–, porque si tuviera temor y temiera el final y lo que saldrá de ello, no se dejaría convencer. Por eso, quienes abandonan el temor al Eterno y se dejan convencer, se denominan *petaim*. «Los matará». Porque «el temor al Eterno incrementa días» (Proverbios 10, 27). Y ellos abandonaron el temor al Eterno, «y los años de los malvados serán acortados» (ibíd.). Y a esto se refiere: «los matará». «**Y el sosiego de los insensatos**», en correspondencia con los que abandonan la amonestación que reprocha: «Tontos, ¿hasta cuándo [...]?» (Proverbios 1, 22). Es decir, porque ellos quieren residir con sosiego, y no desean esforzarse en la Torá y los preceptos y abandonar los deleites y la paz de este mundo, «**los hará perder**» de este mundo y del Mundo Venidero, porque no hallará su deseo en este mundo, y finalmente heredará el purgatorio –*Gueinom*–.
33. «**Y quien me oyere**». Pero el que oyere mi consejo, y amare la amonestación, y eligiere el temor del Eterno, «habitará segu-

ro». Cuando viniere aflicción a otros, él habitará seguro, «y con sosiego», en el corazón, «de temor al mal», previo a la aflicción; no tendrá temor en absoluto. Y es en contraposición con el temor y la aflicción mencionados anteriormente. [Aclaración: y lo que dijo: «habitará seguro», que se refiere al momento de la aflicción, en primer lugar, antes de «y con sosiego de temor», que es antes de la aflicción, quiere decir que cuando oyere acerca de la primera aflicción, no estará sosegado, porque no se apoya en su –propio– mérito; pero cuando ya hubo aflicción, y no lo afectó en absoluto, estará sosegado posteriormente, cuando oyere malas noticias, porque entonces confiará en el Nombre del Eterno y estará sosegado en el corazón del temor, y no temerá en absoluto].

II

1. **«Hijo mío, si tomares mis palabras, y mis ordenanzas** [...]». Porque el hombre debe estudiar la Torá día y noche. Y todo el día es su tiempo. Por eso dijo: «tomares mis palabras», siempre. **«Y mis ordenanzas guardares en ti».** Pero los preceptos, aunque haya estudiado sus leyes y sentencias, no los ha de realizar, hasta que llegue el tiempo de ese precepto. Y por eso dijo: «guardares en ti», hasta que llegue su tiempo, y entonces lo realizarás.
2. **«Atendiendo tu oído a la sabiduría».** Sabiduría es lo que el hombre recibe de su maestro, por eso dijo: «Atendiendo tu oído a la sabiduría», para recibir. Tal como dijeron nuestros sabios: «Haz tu oído como un embudo» (Jaguigá 3b). «Inclinando tu corazón al entendimiento *–tebuná–*». La expresión *tebuná* se aplica tanto a la sabiduría *–jojmá–* como al entender *–biná–*; cuando la persona entiende el asunto cabalmente se denomina *tebuná*. Y respecto a *jojmá*, en Etz Jaim se denomina Israel Sava. Y para entender el asunto cabalmente se necesita inclinar el corazón, porque el corazón entiende *–mebín–*. Por eso dijo: «Inclinando tu corazón al entendimiento *–tebuná–*». Se refiere a la *tebuná* de la sabiduría *–jojmá–*. Es decir, entender el asunto que recibió de sus maestros cabalmente; lo que hay en el corazón de su maestro.
3. **«Cuando llamares *–tikrá–* al entender *–biná–*, y al entendimiento *–tebuná–* dieres tu voz».** *Biná* es el entender un asunto a partir de otro asunto. Y para entender un asunto a partir de otro asunto se los debe pronunciar *–likro–* con la boca; pues éste se incluye en la sabiduría *–jojmá–*, en las especificaciones y particularidades de la sabiduría; y a través de la pronunciación

de la sabiduría con la boca se revelarán sus especificaciones y particularidades. Por eso, a partir de la pronunciación entenderá el asunto a partir del otro asunto de la sabiduría *–jojmá–*. Y a esto se refiere: «Cuando llamares *–tikrá–* al entender *–biná–*». «Y al entendimiento *–tebuná–* dieres tu voz». Pues así como hay entendimiento *–tebuná–* en la sabiduría *–jojmá–*, como fue mencionado anteriormente, es decir, entender la sabiduría cabalmente, así hay entendimiento *–tebuná–* en el entender *–biná–*, y consiste en entender el asunto del entender cabalmente. Es decir: cómo ese entender *–biná–* depende de esa particularidad de la sabiduría. Tal como: «y si *–veim–* de los ovinos [...]» (Levítico 1, 2), –la letra *vav* de la expresión *veim* fue incluida– para disminuir al que cornea (Temura 28a). Esa disminución que surge de la letra *vav* adicional –mencionada en la expresión *veim–*, a eso se denomina entender *–biná–*. Y se incluye en la sabiduría *–jojmá–*. Y entendimiento *–tebuná–* es saber por qué a partir de la letra *vav* adicional se disminuye precisamente al que cornea. Y ésta se une con el entendimiento de la sabiduría. Y debido a que para esto se necesita más esfuerzo que el del entendimiento de la sabiduría, porque si entiende este entendimiento, entonces entenderá también el entendimiento de la sabiduría, porque el entendimiento de la sabiduría está oculto dentro del entendimiento del entender, por eso acerca del entendimiento de la sabiduría dijo: «tu corazón», y aquí: «tu voz». Porque es la revelación del corazón.

4. **«Si la buscares como a la plata»**. Porque la búsqueda es por lo que se pierde. Su lugar, ¿dónde está? Como está escrito: «Erré como oveja perdida; busca a tu siervo» (Salmos 119, 176). Y lo mismo con la plata para obtener ganancias, el hombre no sabe con qué obtendrá ganancias; y es común en las personas buscarlas e ir de lugar en lugar para obtener ganancias. Por eso dijo: «Si la buscares como a la plata». **«Y como a tesoros la escudriñares»**. Es común que algo que se guarda en un lugar sabido, y se coloca y guarda en el campo, en cierto lugar, y no se sabe su lugar concretamente, debe escudriñarse con las manos. Y a esto corresponde el escudriñado de algo guardado por él o por sus

padres. Y a esto se refiere: «Y como a tesoros la escudriñares». Y eso que se mencionó corresponde a la Torá y los preceptos. Porque a la Torá debe buscarla como a la plata, e ir de ciudad en ciudad, y de provincia en provincia para estudiar Torá. Y a esto se refiere: «Si la buscares como a la plata». Es decir, a la Torá. «Y como a tesoros la escudriñares» se refiere a los preceptos. Porque ellas están guardadas y ocultas en su mano hasta que llegue el momento de realizar ese precepto. Y entonces escudriñará tras sus leyes y sus especificaciones en el lugar en que están guardadas, bajo su mano. Es decir, en esas leyes que ya estudió, ahora las escudriñará, semejante a tesoros, tal como escribió más arriba: «y mis ordenanzas guardares en ti».

5. «**Entonces entenderás**», si hicieres como se mencionó anteriormente, entonces entenderás **«el temor del Eterno»**. **«Y el conocimiento de Dios hallarás»**. El conocimiento de los ángeles. Es decir, la aprehensión de los ángeles. [Aclaración: y se refiere al misterio de la conducción de este mundo, según el misterio indicado en lo que menciona más adelante: «Cubrir un asunto –insondable– es honor de Dios; y escudriñar un asunto, honor de reyes» (Proverbios 25, 2). Y se refiere al misterio de la obra del Génesis y el misterio del Carruaje, según el misterio de: «Y no –se estudia– la obra del Génesis con dos, y el misterio del Carruaje, uno solo» (Jaguigá 11b). Y es –un estudio que se refiere a– el interior y el exterior del mundo y lo que hay en él].
6. «**Porque el Eterno otorga sabiduría**». Es decir, al ir con las cinco cosas que son: sabiduría, entendimiento, comprensión, Torá y acción, «el Eterno otorga sabiduría». Y «de su boca», vendrá «el conocimiento y el entendimiento». Y es suficiente para que el entendido entienda. [Aclaración: explicación: el Santo, bendito sea, le dará ayuda celestial para que se incremente en él la adquisición de la sabiduría, porque la sabiduría se halla en lo Alto, para que estudie más cosas y halle cosas que no sabía al comienzo. Y «de su boca». De la sabiduría que estudie y saque de su boca, aprehenderá la sabiduría en forma cabal mediante dos grados: percepción y entendimiento. Y el entendimiento también está vinculado con la percepción, sólo que mediante la percep-

ción conoce la sabiduría en forma cabal para sí mismo, pero aún no la puede explicar a otros, y mediante el entendimiento podrá explicar y enseñar también a otros. Y a esto se refiere: «de su boca». Es decir, de lo que saque de su boca el Eterno le dará comprensión para que lo sepa en forma cabal, y entendimiento para que pueda enseñar a otros].

7. **«Y oculta los secretos de la sabiduría –tushia– para los rectos».** Recto es el que dispone sus caminos y sus cualidades en su mente y los afirma según el camino recto de acuerdo con la Torá. Y por eso es imposible que el recto tropiece, porque siempre revisa y reflexiona sobre sus caminos. Pero necesita la Torá, para no apartarse del consejo de la Torá. Y a esto se refiere: «Y oculta *–itzpon–* los secretos de la sabiduría para los rectos», que es el consejo de la Torá, y quebrantará sus cualidades según la Torá. Y por eso dijo aquí: *tushia,* –que es una expresión que indica debilitamiento y quebrantado–, porque debilita su fuerza con el quebrantado de sus codicias y cualidades. Y mencionó la expresión: «Y oculta *–itzpon–»,* porque es algo que está oculto en el corazón. **«Protege a los que van con integridad».** Se refiere al íntegro, que va en el camino de la integridad y no se aparta de la Torá a derecha ni a izquierda. E incluso en lo que respecta a las cualidades, no se apoya en su mente en absoluto y anda con integridad. Y éste no necesita el consejo porque no tiene guerra en la mente, ya que se pone a sí mismo como un animal, tal como dijeron –los sabios–: «astutos en percepción y se ponen a sí mismos como un animal» (Julín 5b). Pero es posible que tropiece sin intención y necesita protección, para que lo proteja de no tropezar, por eso dijo: «Protege a los que van con integridad».
8. **«Para proteger *–lintzor–* los senderos del juicio».** La expresión *lintzor* indica una protección selecta, y es superior a la expresión de cuidado denominada *shemirá.* Como está escrito: «como ciudad protegida *–netzurá–*» (Isaías 1, 8). Y esto es así, pues, porque juicio *–mishpat–* es la Torá, y aquel que va por el camino de la Torá, es decir, se sienta y estudia, tiene ante él muchos caminos, y asimismo, caminos pequeños, porque éstos son ex-

clusivos para pocas personas selectas cuya ocupación exclusiva es la Torá, y ellos necesitan un cuidado grande y selecto, porque el Mal Instinto los hostiga mucho, tal como dijeron nuestros sabios: «porque deja a los iletrados y hostiga a los sabios estudiosos» (Berajot 54b). Y a esto se refiere: «para proteger *–lintzor–*», como ciudad protegida *–netzurá–*, los caminos pequeños que se denominan senderos *–orjot–;* porque *oraj* es un camino pequeño y angosto. Ya que ése es el camino de los señores de la Torá. «Y preserva *–ishmor–* el camino de sus piadosos». Se refiere a los que persiguen yendo tras los preceptos, y ellos andan por un camino grande y abierto, porque de los preceptos se ocupan también las multitudes del pueblo, aunque no sean sabios y estudiosos. Y dijo «camino», en singular, porque ante los que se ocupan de los preceptos no hay sino un camino. Pues los preceptos son continuos, y es imposible estudiar en relación con eso otra explicación. Por eso no necesitan tanto cuidado del Mal Instinto, y tampoco el Mal Instinto mismo los hostiga tanto. Por eso dijo: «preserva *–ishmor–*».

9. «**Entonces entenderás justicia** [...]». Porque cuando el Eterno te otorgue sabiduría, comprensión y entendimiento, es decir, para explicar a otros, como fue mencionado anteriormente, y también te dé capacidad mental para dar consejos a otros, los íntegros y rectos y los que andan según la Torá y los que se ocupan de los preceptos, y de esto entenderás los consejos correctos, es decir: justicia y juicio, y rectitudes. Y es como fue mencionado anteriormente, justicia a la derecha, para hacer bondad y bien a todas las criaturas, y juicio a la izquierda, porque es necesario juzgarse a sí mismo y fortificarse contra su instinto, y no saciar su deseo. «**Y rectitudes**», es el camino intermedio entre él y el Omnipresente. Tal como dijeron nuestros sabios: «Quien desea ser piadoso que cumpla los asuntos de las bendiciones» (Baba Kama 30a). Ya que eso es entre él y el Omnipresente. Porque todo el que tiene provecho de este mundo sin –recitar la– bendición –correspondiente–, es como si robara al Santo, bendito sea. Y uno –de los sabios–dijo: «Que cumpla los asuntos de los daños», que es un asunto entre él y las criaturas

–personas–. Y uno –de los sabios–dijo: «Que cumpla los asuntos de los patriarcas». Se refiere a la ética y moral y las cualidades, cómo debe comportarse una persona entre él y él mismo. Y así, cada uno necesita estas tres cualidades.

10. «**Porque la sabiduría vendrá a tu corazón**». Es decir, aunque entiendas y sepas todo lo mencionado anteriormente, no digas: ¿Qué más será? Sino que venga más sabiduría a tu corazón, lo que no has visto y no has oído jamás. «Y la precepción». Y por la percepción, ya que percibirás a la sabiduría, «agradará a tu alma». «Porque la sabiduría vendrá a tu corazón». Es decir, además tendrás esto, que la sabiduría que has aprendido vendrá a tu corazón y no la olvidarás. «**Y la percepción agradará a tu alma**». Es decir, a través de esto, que sabrás todo y no lo olvidarás, «agradará a tu alma». Como está escrito: «Porque serán agradables cuando las guardes en tus entrañas» (Proverbios 22, 18).

11. «**Cuidará tu pensamiento** *–mezima–*». *Mezima* se vincula con el misterio de la precepción *–daat–*. Es decir, cuidará sobre ti los pensamientos de la Torá. «**Preservará el entendimiento**». Fuera. Porque el entendimiento se expande más hacia fuera, como es sabido, y por eso, lo preservará por fuera, de las faltas activas –vinculadas con la acción–. Y para eso necesita más cuidado, porque ya tuvo el pensamiento y no se apartó, y se dispone a hacer –lo que pensó– y necesita protección: «como ciudad protegida». Y él se cuida del entendimiento, que está –en un grado– más elevado que la percepción, y se expande más. Y eso está vinculado con el misterio de –los entes cósmicos vinculados con el aspecto– masculino y femenino.

12. «**Para salvarte** [...]». En el Otro Lado –el de la impureza–, también hay –entes cósmicos vinculados con el aspecto– masculino y femenino. Y están vinculados con el misterio del ávido y el iracundo. Y el bien es peor que el mal, como está escrito: «Es mejor la ira que la risa» (Cantar de los Cantares 7, 3). Porque a través del bien del Otro Lado la persona es convencida. Y cada uno se divide en dos en el ávido, y lo mismo en el iracundo. Es decir, en el iracundo: mal y engaño. Y el mal es mal en esencia,

y él y su boca coinciden para hacer mal. Y engaño es que habla bien, y su corazón piensa en hacer mal. Y se denomina: «labios lisos *–jalakot–*» (Salmos 12, 4) –la expresión *jalakot* significa también «dividir»–, se parece a los labios, que se dividen, así se divide su boca. Y a esto se refiere: «Guarda *–netzor–* tu lengua del mal, y tus labios de hablar engaño» (Salmos 34, 14). Porque en lo que respecta al mal, su boca y su corazón coinciden para hacer mal, es decir, no están divididos. Y es semejante a la lengua. Por eso está escrito: «tu lengua» –en singular–. Y el que habla engaño, su corazón no coincide con su boca, estando dividido de ella, semejante a los labios, y por eso está escrito: «y tus labios de hablar engaño». Y a esto se refiere: «Para salvarte del mal camino», que es el mal en esencia, y su boca y su corazón coinciden para hacer mal. Por eso dijo: «mal camino», porque su camino es hacer mal siempre. **«Del hombre que habla controversias *–tapujot–*»** –la expresión *tapujot* significa literalmente «opuestos»–, se refiere al engañador, que habla lo opuesto a lo que hay en su corazón. Porque habla paz con su compañero y en su corazón hay mal. Y por eso dijo aquí: «habla», porque habla controversias y da malos consejos.

13. **«Los que abandonan los senderos *–orjot–* de la rectitud».** Ya sabes que el sendero *–oraj–* es una senda pequeña y estrecha, y es el camino de los justos, porque los que van por ellos son pocos, y por eso está escrito acerca de ellos: «senderos *–orjot–»*, como está escrito: «Y el sendero de los sabios es como la luz del día; aumenta constantemente hasta que el día alcanza su plenitud» (Proverbios 4, 18). Y debido a que el camino de la rectitud es el camino intermedio, y hay en él muchos caminos, por eso está escrito: «los senderos de la rectitud». **«Para andar por caminos oscuros».** Pero los caminos de los malvados son anchos, porque fueron transitados por muchos, ya que son cómodos para andar. Y en los malvados también hay varios tipos, por eso dijo: «por caminos oscuros».

14. **«Los que se alegran haciendo el mal».** Ellos son los malos en la práctica, porque su boca y sus corazones coinciden para hacer el mal, y ellos se alegran con hacer el mal. **«Aquellos que se rego-**

cijan de las malas controversias». Son los que hablan engaño, y cuyas palabras aparentan ser buenas, y en verdad es un mal consejo. Y ellos se alegran cuando se invierte para mal el bien que hablaron. Y a esto se refiere: «Aquellos que se regocijan de las malas controversias». Porque ellos hablaron controversias, palabras buenas que se invirtieron en malas. Y dijo junto a los malos un lenguaje de alegría *–simjá–* y junto a los que hablan controversias un lenguaje de regocijo *–guilá–;* y la explicación del asunto es que la diferencia entre *guilá* y *simjá* es que *simjá* se refiere a algo nuevo y *guilá* a algo que ya estaba y no hay novedad en eso. Y a esto se refiere: «Alégrense los cielos», (Salmos 96, 11), porque son nuevos por las mañanas, «y regocíjese la tierra» (ibíd.), porque no hay nada nuevo debajo del sol, por eso no corresponde a ellos –sus componentes– la expresión de alegría *–simjá–,* sino –que tienen correspondencia– con el asunto de la obra de la creación, que ya estaba. Y así también aquí, para el que hace mal, la realización del mal para él es algo nuevo, pero para el que habla engaño, cuando el asunto se invierte en mal no es algo nuevo para él, porque estaba en su corazón al comienzo, en el momento en que le dio ese consejo para que caiga en el mal, pero en forma oculta. Y cuando fue con ese consejo ya su corazón estaba alegre; y ahora, cuando se invierte y se completa el mal, es para él *guilá* y no *simjá,* y por eso está escrito: «aquellos que se regocijan *–iaguilu–*».

15. **«Quienes sus senderos son tortuosos»**. Dijo aquí tres cosas: 1. «Para salvarte del mal camino [...] Los que abandonan». 2. «Los que se alegran haciendo [...]». 3. «Quienes sus senderos [...]». Y corresponden –en contraposición– con la Torá, preceptos y cualidades. Como está escrito: «Porque el precepto es lámpara, y la Torá es luz; y camino de vida las reprensiones de instrucción» (Proverbios 6, 23). «Para salvarte del mal camino [...]», corresponde –en contraposición– con las cualidades, que se denominan «caminos». Tal como dijeron nuestros sabios, que sean recordados para bendición: «Apégate a sus caminos; así como él es compasivo [...]» (Ketuvot 111b). Y lo opuesto es el mal camino. Y en correspondencia –en contrapo-

sición– con la realización de los preceptos: «Los que se alegran haciendo [...]». Y en correspondencia –en contraposición– con la Torá: «Quienes sus senderos son tortuosos». Porque acerca de la Torá está escrito: «Sus caminos son caminos agradables» (Proverbios 3, 17). Y lo opuesto: «Quienes sus senderos son tortuosos», y no son agradables. Y en correspondencia –en contraposición– con: **«y todas sus sendas, paz»** (ibíd.), dijo: «y sus sendas torcidas», que es lo opuesto a la paz. Y corresponden a el que hace el mal en forma revelada y miente.

16. **«Para salvarte de la mujer extraña».** Ahora explica el Aspecto Femenino del Otro Lado. Y está vinculado con el misterio del ávido. Y ése también se divide en dos: avidez y codicia. Y avidez se refiere a ese que se sienta en su casa y no mira otra cosa que completar su deseo y su placer. Y codicia es lo que no hay en ello placer para el cuerpo, como vestimentas bellas, y casas bellas, como tener mucho dinero, que no hay en ello placer para el cuerpo, sino que la persona los codicia en su interior –*nefesh*–. Y a esto se refiere lo que dijeron –los sabios–: «Por el robo y las relaciones prohibidas, el interior –*nefesh*– de la persona tiene avidez y codicia» (Jaguigá 11b). Porque en lo que respecta al robo corresponde –la denominación– codicia, porque no hay placer del cuerpo, y en lo que respecta a las relaciones prohibidas corresponde la expresión de avidez, porque hay placer del cuerpo, y por eso dijeron: «tiene avidez y codicia». Y ese que codicia cosas en las cuales no hay placer para el cuerpo pues no descansa ni reposa, sino que va siempre tras ellos. Y esos dos asuntos están escritos en los diez mandamientos, pero en las últimas tablas está escrito al revés: junto a la mujer de tu prójimo –no codicies–; y junto a la casa de tu prójimo –no tengas avidez– (Deuteronomio 5, 18). Y en las primeras tablas está escrito acerca de ambos: «no codicies» (Éxodo 20, 14). Resulta que la avidez es un placer del cuerpo concretamente, y la codicia, lo que no hay en ello placer del cuerpo. Y esa avidez se denomina extraña, porque la avidez no es apropiada para las personas en absoluto. Porque no es propicio para nosotros ir tras la avidez de este mundo en absoluto. Por eso se compara

con la hija de un dios extraño, a la que está prohibido tocar en absoluto. Y la codicia se denomina mujer extraña, porque la mujer que es de los hijos de Israel se permite –para los hijos de Israel– tomarla por mujer. Sólo una mujer extraña, que fue tomada por otro hombre, a ella se prohíbe tocarla en absoluto. Asimismo, la codicia del sustento y el dinero no es prohibido en su totalidad, porque así está escrito: «para que te bendiga el Eterno, tu Dios, en toda la obra de tus manos que realizas» (Deuteronomio 14, 29). Pero con mucha fidelidad, y –la persona– no debe obrar deslealmente, para no tocar el dinero que no es de él concretamente, o sea –dinero– de un hombre extraño, como dijeron –los sabios–: «comerciarás con fidelidad» (Shabat 31a). Por eso la codicia se denomina mujer extraña, porque la codicia lleva a codiciar dinero de un hombre extraño. Y a esto se refiere: «Para salvarte de la mujer extraña» se refiere a la codicia, como se dijo anteriormente. «De la ajena» se refiere a la avidez, como se dijo anteriormente. «Que lisonja *–hejelika–* con sus palabras». Porque la avidez se muestra a sí misma en su beneficio, porque la avidez es muy dulce al paladar, y a través de eso la persona se convence para ir tras ella. Porque el alma existencial desea mucho eso, y por eso es fácil de convencer con lo que hay en ello placer y provecho para el cuerpo. Por eso dijo que las palabras de la avidez *hejelika* –significa literalmente «liso», que hace resbalar–. Porque son lisas, de aceite, y entran en los oídos de la persona, lo que no es así con la codicia, cuyas palabras no son lisas, porque no hay en eso placer del cuerpo, y no es apropiado ir tras ella; y por el contrario, jamás descansa y reposa. Por eso sus palabras no son lisas como ocurre con la avidez.

17. **«La cual abandona al esposo de su juventud».** Corresponde –en contraposición– con la mujer extraña, que en lugar de su marido tomará extraños y abandona al esposo de su juventud. **«Y olvida el pacto de su Dios».** Corresponde –en contraposición– con la mujer ajena, que abandona a su especie y a su pueblo, y se une a otro pueblo. Es decir, corresponde a la codicia que persigue; y no se aplaca ni calla día y noche, «por-

que en la noche su corazón no reposa, y todos sus días son enojo y dolores» (Eclesiastés 2, 23). Y «abandona al esposo *–aluf–* de su juventud», que es la Torá, que no se necesita moverse siempre tras eso, sino por el contrario, sentarse con sosiego, paz y silencio, y confianza. Y por eso está escrito: *aluf,* que es la Torá, como está escrito: «Te enseñaré *–aalefja–* sabiduría» (Job 33, 33). «Y olvida el pacto de su Dios», corresponde a la ajena, que es la avidez, porque se sienta en su casa y observa para saciar su avidez. Ése se olvida del pacto de su Dios, que son los 613 preceptos, y todos se incluyen en el Pacto –de la circuncisión–; tal y como dijeron –los sabios–: «el Pacto –de la circuncisión– es equivalente a todos [...]» (Nedarim 32a). Porque debe perseguir tras los preceptos para que se hallen en su mano para cumplirlos, y ése se sienta en su casa y no persigue tras ellos, por lo que el precepto no viene a su mano, y resulta que olvida el Pacto de su Dios.

18. **«Porque su casa está inclinada a –los senderos de– la muerte».** También corresponde –en contraposición– con la avidez, porque se sientan en sus casas y observan para saciar su avidez, por lo tanto, «su casa está inclinada a –los senderos de– la muerte». Porque está aquel que se sienta en su casa y se ocupa de la Torá, que es la vida, como está escrito: «Porque es tu vida [...]» (Deuteronomio 30, 20), y ellos se sientan en sus casas, pero se ocupan de sus avideces, para saciarlas, y no se ocupan de la Torá. Por eso, sus casas están inclinadas a –los senderos de– la muerte. **«Y hacia los muertos –acabados– sus trayectos».** Corresponde –en contraposición– con los que van siempre detrás del dinero, y llevan mercancía a toda provincia; y cuando vienen a la Torá y los preceptos, son pesados para ellos, y aflojan de cuidarse a sí mismos de los pecados. Y a esto se refiere: «y hacia los muertos *–refaim–*», porque allí estarán los *refaim,* que aflojan *–merapim–* de la Torá y los preceptos, allí estarán «sus trayectos *–maglotea–*», (la expresión *maglotea* comparte raíz con *maagal,* que significa literalmente «círculo»), porque siempre da vueltas para llevar mercancía e ir tras el dinero. Y esas persecuciones que realiza y da vueltas, lo llevarán a él a congregación de *re-*

faim, porque a través de eso se afloja a sí mismo de las palabras de la Torá y los preceptos, porque se extenúa de los caminos y las vueltas que dio. Y *refaim* y *mavet* son muerte y tronchado; y así también después de la muerte, según el misterio de la Muerte y el purgatorio *–Gueinom–*. Y así en Mundo Venidero.

19. **«Todos los que vienen a ella, no volverán»**. Para que la persona no diga: «Iré según el deseo de mi corazón y después volveré». Por eso dijo que todos los que vienen a ella, no volverán. No podrán volver a ella porque no podrán sentarse con sosiego y silencio después de que es su camino perseguir siempre el dinero y la codicia. A esto se refiere, en contraposición con la codicia; por eso, «los que vienen a ella, no volverán». Porque van y vienen siempre, y hacen pecados y maldades, por eso dijo: «no volverán». «Y no alcanzarán los senderos de la vida». Corresponde –en contraposición– con los poseedores de avidez, cuya casa está inclinada a –los senderos de– la muerte, porque no se ocupan de la Torá, que es la vida. Por eso dijo que no alcanzarán los senderos de la vida, porque inmediatamente después de que se aparten de ella irán a satisfacer sus avideces y no alcanzarán los senderos de la vida en absoluto. Porque la avidez es lo contrario de la Torá, como dijeron los sabios en el Midrash: «Hasta que tú solicitas entre la Torá en tus entrañas, solicita que no entre comida y bebida al interior de tus entrañas» (Tana Dbei Eliahu Raba XXVI). Y dijo: «los senderos de la vida», como explicamos arriba, que los caminos de los justos se denominan senderos, los cuales son ocultos y son pocos los que andan en ellos, y son caminos angostos y pequeños. Y también dijo tres asuntos en correspondencia con las tres especificaciones que hay en el asunto –mencionado–, y también en correspondencia con lo mencionado anteriormente, es decir, Torá, preceptos y cualidades.
20. **«Para que vayas** [...]». Se refiere a lo mencionado anteriormente, que la Torá te protegerá y te guardará del mal, y a través de eso podrás ir por el camino de los buenos, porque el mal impide ir por el buen camino siempre. **«Por el camino de los buenos».** Bueno se denomina aquel que hace bien a las criaturas, y justo

se denomina a aquel que hace justicia y da de lo de él a las criaturas gratuitamente, aunque no era apropiado; y también para hacerles el bien, y hace más justicia con ellos, a ése se denomina justo. Y es superior a los buenos, por eso ellos son pocos. Porque es más difícil para la persona hacer también justicia con las criaturas –darles generosamente de lo de él–; pero hacer el bien a las criaturas, es decir no hacerles mal, ése es el camino de la mayoría de las personas, incluso con aquel que era apropiado hacerle mal según las normas. Por eso, junto a los buenos está escrito: «camino», que es un camino amplio, pero junto a los justos está escrito «senderos». Y también dijo: «guarde», porque no es el camino de la mayoría de las personas hacerlo, por eso, eso necesita guardado.

21. **«Porque los rectos habitarán la tierra».** Porque los rectos son poseedores de inteligencia y poseedores de astucia –para elaborar estrategias–. Y es usual que cuando se necesita hacer la guerra se elija a los poseedores de inteligencia y a los poseedores de astucia –para elaborar estrategias– para la guerra. Y por eso: «habitarán la tierra». Es decir, después de salir a la guerra volverán y habitarán la tierra después de volver de la guerra. **«Y los íntegros»**, son los que van por camino de integridad y no son poseedores de inteligencia, y no es usual que ellos salgan a la guerra, por eso dijo: **«permanecerán en ella».** Es decir, los rectos sirven al Eterno con inteligencia y con la afirmación de su intelecto y con sus cualidades, aunque salieron del camino intermedio. Porque así debe hacer la persona cuando quiere quebrantar una naturaleza o una cualidad, es imposible quebrantarla a menos que se aleje hasta el extremo opuesto de esa naturaleza o cualidad. Y alejarse al otro extremo no es un buen camino, por eso dijo: «habitarán la tierra», para que después, cuando se habitúen, vuelvan al nivel intermedio, como escribió Maimónides en Leyes de conductas –*Hiljot Deot*–. «Y los íntegros», ellos sirven con integridad y no se apoyan en su inteligencia en absoluto. Ellos van siempre por un camino intermedio, tal como está escrito en la Torá. Ellos: «permanecerán en ella», porque no salieron en absoluto del nivel intermedio.

22. **«Y los malvados serán tronchados de la tierra»**. Los malvados son los sabios para hacer el mal, y ellos son lo opuesto de los rectos. Y cuando salgan a la guerra de lo intermedio serán tronchados y no volverán más al buen camino. Y a esto se refiere lo que dijo, que serán tronchados de la tierra. **«Y los rebeldes»**. Ellos son lo opuesto de los íntegros, que no saben enderezar sus cualidades, y ellos no salen en absoluto a la guerra. Por eso dijo que los rebeldes serán extirpados de ella y no permanecerán en ella, lo opuesto a los íntegros, que permanecerán en ella. Y anteriormente dijo cuatro cosas que son: bueno, recto, justo e íntegro. Y bueno y justo ambos son entre una persona y su prójimo. Sólo que bueno es exteriormente y justo es interiormente. Y eso corresponde –en contraposición– con mal camino y hombre de controversias, que es también entre una persona y su prójimo, exteriormente e interiormente. Y recto e íntegro es entre la persona y el Omnipresente: recto exteriormente e íntegro interiormente; y corresponde en contraposición con la mujer extraña y la ajena, que es entre la persona y el Omnipresente interiormente y exteriormente. Y dijo que la Torá te salvará de las cuatro cosas mencionadas anteriormente, que son: el mal, el engaño, la mujer extraña y la ajena. Y a través de eso podrás andar con esas cuatro cosas mencionadas: bueno, recto, justo e íntegro. Y a esto se refiere: «Para que vayas [...]».

III

1. **«Hijo mío, no olvides mi Torá».** Tal como hemos explicado anteriormente (Proverbios 2, 1), la persona debe esforzarse en la Torá día y noche, siempre. Y por eso dijo: «no olvides». **«Y tu corazón guarde mis preceptos».** Porque los preceptos hay que realizarlos cada uno en su tiempo, por eso dijo: «tu corazón guarde», hasta que llegue su tiempo. Y dijo: «preceptos», en plural, porque se refiere a los preceptos activos y a los pasivos.
2. **«Porque largura de días».** Corresponde a los preceptos activos, como está escrito: «Que el hombre realizará y vivirá con ellos» (Levítico 18,5). **«Y años de vida».** Corresponde a los preceptos pasivos, porque al que comete un pecado se le hace mal, y cuando no comete pecado y se arrepiente y vuelve a la senda correcta, se le invierte de mal en bien, porque los acusadores mismos se convierten para él en queridos. Y a esto se refiere lo que dijeron en el Talmud: «Y años de vida». ¿Y acaso hay años que no son de vida? Por lo tanto, no se refiere sino a esos días del hombre que se convirtieron para él de malos en buenos (Ioma 71a). **«Y paz»**, corresponde a la Torá, como está escrito: «Sus caminos son caminos agradables, y todas sus sendas, paz» (Proverbios 3, 17). He aquí que estos tres asuntos corresponden a los tres mencionados anteriormente, en el versículo de arriba, que son: Torá y preceptos activos y pasivos. Y así como la Torá corresponde a todos los preceptos –equivale a todos–, y lleva a la realización de todos, tal como dijeron nuestros sabios: «Grande es el Talmud [...]» (Kidushín 40b), así es su recompensa; «la paz», que es lo principal y contiene a todas las bendiciones, tal como dijeron –los sabios–: «el Santo, bendito sea, no halló un

recipiente que contuviera a la bendición para Israel, sino la paz» (Okatzim 3, 12). [Aclaración: y me parece a mí, que ésta es la explicación del versículo que manifiesta: «El Eterno dará poder a su pueblo» (Salmos 29, 11), que es la Torá, «El Eterno bendecirá a su pueblo con paz» (ibíd.)].

3. **«La bondad y la verdad no se aparten de ti».** Bondad se denomina a aquello que la persona no está obligada a dar a su compañero, y eso que da lo da a modo de bondad. Y verdad es retribuir a su prójimo porque hizo así con él. «No se aparten de ti». Observa que siempre estén contigo. Y lo que escribió al comienzo: «bondad», y después: «verdad», se debe a que ya que hace bondad con las personas a las cuales no está obligado a –hacer bondad con– ellas, ¿cómo es posible que no recompense con bien a quién lo hizo? Y así acerca del Santo, bendito sea, está escrito: «Y de mucha bondad y verdad» (Éxodo 34, 6). Es decir, la bondad es grande en calidad, pero no en cantidad, porque el que da en calidad de bondad no dará mucho, pero la recompensa es según la obligación. Y a esto se refiere lo que dijo, que «la bondad y la verdad no se aparten de ti», para que des incluso a quien aún no te ha hecho una bondad, en calidad de bondad, y también dando mucho, que es: «y verdad». Y por eso está escrito acerca del Santo, bendito sea: «y de mucha bondad», es decir, lo que da en calidad de bondad también es mucho, o sea, una gran cantidad. Y después otorga la recompensa a la persona, es decir, más aún. Pues si con la bondad es así, forzosamente más aún con la verdad. Y por eso al comienzo dijo: «y de mucha bondad», y después: «y verdad». Y esto, entre un hombre y su prójimo. Y así entre un hombre y el Omnipresente, «bondad» es enseñar a otros, y «verdad», estudiar para sí, tal como dijeron nuestros sabios: está escrito: «Y Torá de bondad» (Proverbios 31, 26). ¿Y acaso hay una Torá que no es de bondad? Por lo tanto, enseñar a otros es Torá de bondad (Sucá 49b). Y no enseñar, no es de bondad. Porque lo que el hombre estudia para sí mismo es algo a lo que está obligado, pues para eso vino al mundo, como dijeron los sabios: «Si has estudiado mucha Torá no te adjudiques un bien a ti mismo, pues para eso has sido

formado» (Avot 2, 8). Pero enseñar es bondad. Estas dos cosas, es decir bondad y verdad, entre un hombre y su prójimo y entre un hombre y el Omnipresente: «no se aparten de ti». Es decir, están siempre en tu mano para hacerlas. Y esto, en lo que respecta a la acción: **«átalas a tu garganta»** se refiere al habla, que esto esté siempre en tu boca. **«Escríbelas en la tabla de tu corazón».** En el pensamiento. Es decir, que estén: «en tu boca y en tu corazón para hacerlo» (Deuteronomio 30, 14). En el pensamiento, en la palabra y en la acción.

4. **«Y hallarás gracia *–jen–* y buena aprehensión *–sejel–*».** *Jen* viene del término *jinam* –que significa «gratuito»–. Por eso siempre está escrito junto a la palabra *jen* hallazgo. Como está escrito: «Si he hallado gracia *–jen–*» (Génesis 18, 3). Y *sejel* es la prosperidad, que hará prosperar tus caminos. Es decir, en recompensa por la bondad, que es un regalo gratuito, hallarás también gracia *–jen–*, que es un regalo gratuito. Y en recompensa por la verdad, hará prosperar tus caminos en los ojos de Dios y las personas. Así como la bondad y la verdad son en dos asuntos, entre un hombre y su prójimo, y entre un hombre y el Omnipresente, como se dijo anteriormente, por eso hallarás: «gracia y buena aprehensión *–sejel–*», también en los ojos de Dios y en los ojos del hombre.
5. **«Confía en el Eterno con todo tu corazón».** Es decir, que tu corazón esté íntegro en el atributo de la confianza, y no con parte del corazón. **«Y no te apoyes en tu entendimiento».** Para que no digas: confiaré en el Eterno, pero yo estoy obligado a hacer y apoyarme también en mi intelecto. Por eso dijo: «Y no te apoyes». Tu intelecto no sea para ti incluso por apoyo –como un bastón–; sino confía en el Eterno con todo tu corazón.
6. **«Reconócelo en todos tus caminos».** El camino es revelado tal como hemos explicado anteriormente (Proverbios 2, 13). Es decir, en todos los caminos revelados observa para conocerlos. Y dijo: «Reconócelo *–daehu–*» (la expresión *daehu* está escrita con las letras *dalet* y *ain,* que forman la palabra *da,* que significa «conoce»; y las letras *he* y *vav,* que son las dos últimas letras del Tetragrama), para que lo hagas en el nombre de los cielos. «Y él

enderezará tus senderos». El sendero es oculto, es decir: te limpiará de los ocultos y enderezará tus senderos para que no tropieces. Y la explicación del asunto es que las letras *he* y *vav* se refieren a lo revelado: el valor numérico de la letra *he* es 5, en correspondencia con los cinco libros del Pentateuco, y el valor numérico de la letra *vav* es 6, en correspondencia con los 6 órdenes de la Mishná. Y es sabido que en ellos están guardados los misterios, que son los ocultos, y eso está vinculado con el misterio de la letra *alef,* que es lo maravilloso *–pele–*. Por eso, cuando unes las letras *he* y *vav,* con la letra *alef* –se forma la palabra *pele,* y– enseña lo oculto y recóndito. Y ellos mismos son lo revelado, tal como fue mencionado anteriormente. Y a esto se refiere: «Reconócelo *–daehu–* en todos tus caminos». Es decir, conoce *he* y *vav,* que es lo revelado, «y él» (esta expresión se escribe con las letras: *he, vav,* y *alef),* que es lo oculto de *he* y *vav,* enderezará los caminos ocultos.

7. **«No seas sabio en tus –propios– ojos».** Para situarte en los misterios de las razones de la Torá y digas: «He hallado sabiduría». Sólo «teme al Eterno». Antes del pecado teme de él y no hagas, y quebranta tu Mal Instinto. **«Y apártate del mal».** Y si has tropezado en tu pecado, teme para apartarte del mal y hacer rectificación con arrepentimiento para volver al camino del bien. Y ellos corresponden a la sabiduría y el entendimiento. Porque temer al Eterno es sabiduría, y apartarse del mal es entendimiento. Y arriba dijo: «Reconócelo en todos tus caminos», que es la percepción *–daat–*. He aquí: sabiduría, entendimiento y percepción.
8. **«Será remedio a tu cuerpo *–leshareja–*».** El apartarte del mal, que es el volver en arrepentimiento, será remedio para tu carne, como está escrito: «y volvió y lo curó» (Isaías 6, 10). **«Y refresco para tus huesos».** Se refiere al temor, que son los preceptos activos. Pues si se sentó y no transgredió, se le considera como si hubiera cumplido un precepto, y tomará el pago por el precepto. Y a esto se refiere: **«Y refresco para tus huesos *–atzmoteja–*».** Como está escrito: «Y salvará tus huesos *–atzmoteja–*» (Isaías 58, 11). Y lo que está escrito junto a los preceptos pasi-

vos: «a tu cuerpo», y junto a los preceptos activos: «para tus huesos», es porque carne y hueso son los 248 huesos *–evarim–*, y 365 vasos sanguíneos *–guidim–*, y por eso, la carne, que es «tu cuerpo», corresponde a los preceptos pasivos, y «tus huesos», corresponden a los preceptos activos.

9. «**Honra al Eterno de tus bienes**». Porque lo que la persona da se divide en dos: uno, lo que está obligado a dar según la Torá, que son las ofrendas y los diezmos; y lo segundo es lo que da generosamente *–tzedaká–* a los pobres de todo lo que tiene. Por eso dijo: «Honra al Eterno de tus bienes», que es la *tzedaká;* «de tus bienes *–honeja–»,* de todo lo que el Eterno te ha agraciado *–janaja–*. Tal como dijeron –los sabios en el Midrash–: «con lo que tu Dios te ha agraciado» (Midrash Tanjuma, sección Ree XII). Y dijo: «honra», siguiendo lo que está escrito: «Y quien agracia al necesitado, lo honra» (Proverbios 14, 31). «**Y de las primicias de todos tus frutos**». Se refiere a las ofrendas, pues la Torá lo obliga a dar de sus frutos.

10. «**Y tus graneros *–asameja–* serán llenos con abundancia**». Se refiere a los depósitos de dinero, que son lo oculto *–samui–* del ojo. Tal como dijeron en Sifrei (Deuteronomio 11, 12). Y por eso dijo: «serán llenos», es decir, con mucho. Y ése es el pago de dar generosamente *–tzedaká–*. «**Y tus lagares rebosarán de vino**». La recompensa por las ofrendas y los diezmos, ya que habrá bendición en el vino.

11. «**Hijo mío, no rechaces la instrucción *–musar–* del Eterno**». Es decir, a los flagelos *–isurim–* que vienen sobre ti, no los rechaces, sino recíbelos con amor y con cariño. «**Y no deseches su reprenda**». La represión es a través de la palabra. No deseches a los que te reprochan.

12. «**Porque el Eterno reprende al que ama**». Pues el reprender no es común sino solamente en el que ama, cuyo corazón se angustia por su mal, y ve que va por un camino que no es bueno para él, él le reprende. Y así, obviamente, cuando te reprende el Santo, bendito sea, que obviamente te ama. «**Y como padre al hijo que quiere**». Se refiere a la instrucción *–musar–*, que no la rechaces, porque no es el modo de instruir con castigo, sino un

padre a su hijo. E incluso al que ama, si no escucha su reprensión, entonces lo deja para que vaya en el camino que desea. Pero el padre a su hijo si no escucha su reprensión, aun así no lo deja, sino que le reprende con castigo hasta que abandona el mal camino. Y eso se debe a su amor que aumentó sobre él más que todo. Así pues, su corazón le duele por su mal y desea su rectificación, y por eso lo instruye con castigo para hacerle bien. Y la señal de que es por amor es que después, cuando aparte la vara de él, desea satisfacer su voluntad y hablará con él palabras de consuelo para apaciguarlo. Y a esto se refiere lo que dijo, que no rechaces la instrucción –los castigos–, porque cuando te instruye con castigos, obviamente eres preciado para él como un hijo. Y después, como un padre con su hijo, te apaciguará y hará satisfacer tu voluntad.

13. **«Bienaventurado el hombre que encuentra la sabiduría».** Porque: «la sabiduría, ¿de dónde *–meain–* se halla [...]?» (Job 28, 12). Es decir, la ha de escuchar de su maestro, o hallarla escrita en un libro. Por eso está escrito acerca de ésta el término «hallar». **«Y el hombre que extrae entendimiento –de la sabiduría–».** A través de entender la sabiduría en forma cabal se revelará la voluntad de la sabiduría. Y a esto se refiere: «extrae», porque hará surgir entendimiento de la sabiduría. Y dijo dos veces «hombre», porque hay tres hombres, como está escrito en el Zohar, que hay hombre de la creación *–bria–* [...], como está escrito en Eclesiastés: «Y no hay *–ain–* en el hombre más que en el animal [...]». (Eclesiastés 3, 19). Y uno es oculto, por eso no mencionó aquí sino dos veces –hombre–. Y sabiduría y entendimiento se refieren al hombre.
14. **«Porque su beneficio** [...]; **y su producto** [...]». Porque el hombre que se ocupa de los asuntos del mundo comprende dos asuntos: uno es que el que lleva mercancía de región a región, o sea, para ganar dinero; y el segundo es el que trabaja la tierra y siembra. Y el objetivo fundamental, incluso del comerciante, es comprar de la cosecha para comer. Y la ganancia de la mercancía es poca en comparación con el valor de la ganancia de la cosecha. Porque con la cosecha a veces gana cinco veces en co-

rrespondencia con lo que sembró y más. Y con la mercancía –aplicando las ganancias permitidas por la ley– gana un valor aproximado de un quinto o un poco más. Por eso dijo: «Porque su beneficio *–sajra–* es mejor que el beneficio *–sjar–* de la plata», que gana con la mercancía. «Y su producto –del campo, o sea, la cosecha–, que el oro selecto». Es algo valioso y selecto, es decir, muy selecto, porque es muy necesario; ya que el producto del campo es muy necesario, más que la plata. «Producto» se refiere a su fruto, Y corresponde a la sabiduría y el entendimiento, porque la sabiduría es semejante en comparación a la mercancía que es llevada de región en región, así debe ir y estudiar de su maestro, como está escrito: «Es como barco de mercader *–sojer–;* de las lejanías trae su pan» (Proverbios 31, 14). Y el entendimiento es lo que extrae de la sabiduría. Así es el producto –del campo, o sea, la cosecha–, es lo que sembró o adquirió con la plata que ganó de la mercancía, y eso viene en forma directa y por el esfuerzo de sus manos, como está escrito: «Considera un campo y lo adquiere; y del fruto de sus manos planta viñedo» (Proverbios 31, 17). Y anteriormente dijo: «bienaventurado [...]», y ahora: «es mejor *–tov–*». –La expresión *tov* significa literalmente «bueno»–. Tal como dijeron –los sabios–: «Bienaventurado y bueno *–tov–* para ti» (Salmos 128, 2). En este mundo y en el Mundo Venidero (Berajot 8a).

15. **«Es más valiosa que las perlas»**. Porque es común en la persona ir tras una cosa y adquirirla por dos causas: porque es algo valioso y no se encuentra en absoluto, por ejemplo, piedras preciosas y perlas, y eso es para su honor; o porque lo necesita mucho, como el grano o cosas semejantes. Y a esto se refiere lo que dijo, que se debe ir mucho tras la Torá, porque está dentro de la categoría de lo valioso; es más valiosa incluso que las perlas, que son más valiosas que toda cosa del mundo. Y también está en la categoría de lo necesario: «todo lo que deseares no se compara a ella». Pues es más necesario que toda otra cosa, «porque ella es tu vida [...]» (Proverbios 4, 13). ¿Y qué es más necesario que la vida? Y corresponde a las dos cosas mencionadas anteriormente, que son la plata y el producto –la cosecha–, que

corresponden a la sabiduría y el entendimiento, y aquí se encuentra la percepción, que está incluida de ambos.

16. «Prolongación de días en su derecha». Corresponde a los que estudian la Torá en el nombre de ella, y se refiere al Mundo Venidero, es decir, tendrá prolongación de días en el Mundo Venidero, tal como dijeron nuestros sabios, de bendita memoria (véase Shabat 63a). **«En su izquierda».** En correspondencia con esos que no estudian en el nombre de ella, es decir –lo hacen– en forma forzada, o por dinero, o por honor; por eso les será así, «riqueza y honra».

17. **«Sus caminos son caminos agradables».** Es decir, los caminos de la Torá son caminos para alcanzar el agrado, como está escrito: «Para observar el agrado del Eterno» (Salmos 27, 4). Y dijo: «sus caminos», es decir se refiere a los caminos amplios, donde es imposible errar en absoluto. Resulta, pues, que para los que estudian la Torá en el nombre de ella, son caminos de agrado supremo. «Y todas sus sendas, paz». Corresponde a los que andan en sendas pequeñas, donde es posible errar y apartarse de ellas. Es decir, los que no estudian en el nombre de ella, de todos modos, si estudiaran y fueran así, será para paz *–shalom–,* como dijeron nuestros sabios: «Siempre ha de ocuparse [...]» (Pesajim 50b). Y tal como está escrito: «y el Eterno te recompensará *–ieshalem–*» (Proverbios 25, 22). Y –nuestros sabios– dijeron: «No leas *ieshalem,* sino *iashlimenu* –es decir, el Santo, bendito sea, te ayudará con el Mal Instinto, para estar en paz con él y que no te ataque para instarte a pecar– [...]» (Sucá 54a).

18. **«Es árbol de vida para los que se aferran a ella».** El modo de aferrarse del que aferra es hacerlo con las dos manos. Es decir se refiere a los que cumplen los preceptos activos y los pasivos. «Y dichoso el que la apoya *–tomjea–*». –La expresión *tomjea* está escrita en plural–. Se refiere a los dos pies, los que apoyan la Torá. Y son dos: uno, el que apoya con dinero, y el segundo, el que apoya con el cuerpo; y son los que sirven a los sabios estudiosos, y por eso dijo: *tomjea,* es decir, dos apoyos. Y mencionó aquí las siete presentes que el Santo, bendito sea, dio a Israel

vida, riqueza, hijos, sabiduría, honor, gracia y paz. «Prolongación de días» se refiere a la vida. «Riqueza y honra», textualmente. «Agradables *–noam–*» se refiere a la sabiduría, como está escrito: «Porque la sabiduría vendrá a tu corazón, y la percepción agradará a tu alma» (Proverbios 2, 10). «Árbol de vida» se refiere a los hijos, como está escrito: «El fruto del justo es árbol de vida» (Proverbios 11, 30). «Dichoso *–meushar–*» se refiere a la gracia, porque a través de ésta se le otorga dicha *–meashrin–*. Y paz: «y todas sus sendas, paz».

19. **«El Eterno fundó la tierra con sabiduría** [...]». Los asuntos mencionados corresponden a los tres Firmamentos: sabiduría, entendimiento y comprensión. Y en correspondencia con ellos en el mundo: cielos, y tierra y mares. Como está escrito: «Tú hiciste los cielos y la tierra y el mar» (Nehemías 9, 6). «Pues el Eterno hizo los cielos y la tierra, el mar y todo lo que hay en ellos, en seis días» (Éxodo 20, 11). Y a esto se refiere: **«El Eterno fundó la tierra con sabiduría; dispuso los cielos con entendimiento»**.

20. **«Con su comprensión fueron abiertos los abismos»**. Debido a que la comprensión está incluida de ambas, por eso dijo «abismos», que es de la tierra. «Y los cielos *–shejakim–* destilan rocío». *Shejakim se refiere* a los cielos (véase Jaguigá 12b). Y de ellos vienen la lluvia y el rocío. Porque ellos unen a los cielos y a la tierra; porque el rocío viene del cielo a la tierra, y asimismo la lluvia, que es de la tierra, como está escrito: «Y vapor ascendía de la tierra» (Génesis 2, 6). Aquí dijo tres grados. Pues los cielos incluyen tres firmamentos que son –los niveles denominados–: Maón, Majón y Zevul. Y los abismos se corresponden a –el nivel de cielo denominado– Rakia, y Vilón, que son uno. Y Shejakim –que está en plural–, incluye dos. Y Aravot son tres firmamentos: sabiduría, entendimiento y comprensión, como está escrito: «Alabad al que anda en los cielos –Aravot–; Y"a es su nombre» (Salmos 68, 5). (Véase lo relacionado con estos siete niveles de cielos en Jaguigá 12b).

21. **«Hijo mío, no se aparte de tus ojos»**. Que la sabiduría y el entendimiento no se aparten de tus ojos. **«Guarda la acción y el**

pensamiento». Se refiere a la comprensión, que es más revelada. Y es sabido que ésta requiere más cuidado para no tropezar con su sabiduría y su inteligencia. Y debe cuidar la acción y el pensamiento, que son interiores y exteriores, que son la Torá y los preceptos, activos y pasivos, como fue mencionado anteriormente.

22. «Y serán vida [...]». Es decir, los cinco asuntos, que son: sabiduría, entendimiento y comprensión, y la comprensión incluye dos: acción y pensamiento, ellos también darán cinco cosas. Es decir, en correspondencia con sabiduría dijo «vida», como está escrito: «Y la sabiduría será vida para sus poseedores» (Eclesiastés 7, 12). Es decir, el interior de la sabiduría, porque: «En la irradiación del rostro del rey hay vida» (Proverbios 16, 15). Dará vida al nivel del alma existencial denominado *nefesh,* que también es interior. Y el entendimiento que es exterior con respecto a la sabiduría, tal como hemos mencionado anteriormente, dará «**gracia para tu garganta**», porque tus palabras serán oídas, como está escrito: «Derramará gracia en tus labios» (Salmos 45, 3). Por el entendimiento, porque podrás explicar a otros la sabiduría.

23. «**Entonces andarás** [...]». Porque el día se divide en dos: día noche. Y el día mismo se divide en dos: mañana y tarde. Pero la noche no se divide. Y así las tres plegarias. En la mañana es el tiempo de estar de pie *–amida–* y el regreso de las almas al cuerpo. Y por eso, respecto a Abraham está escrito: «Al lugar en el cual estuvo allí de pie» (Génesis 19, 27). Y la tarde es tiempo de andar, y por eso está escrito: «E Isaac salió» (Génesis 24, 63). Y la noche es tiempo de dormir, y está escrito: «Y durmió allí» (Génesis 28, 11). Y por eso arriba, que corresponde a la mañana dijo: «Y serán vida para tu alma», porque entonces es el tiempo del regreso de las almas. Y ahora, en correspondencia con la tarde dijo: «**Entonces andarás seguro por tu camino**», y se refiere al interior, porque no temerás en absoluto incluso en el corazón. «**Y tu pie no se golpeará**» se refiere al exterior. Y además se refiere a dos asuntos relacionados con cualidades: uno, que así era en su naturaleza, y el segundo, que no era así en su natura-

leza, sólo que se habituó a hacerlo. Y a esto se refiere: «Entonces andarás seguro por tu camino», pues se refiere a esas cualidades que son sus caminos y su naturaleza, «y tu pie», o sea, lo que te has habituado a hacer, igualmente «no se golpeará».

24. **«Cuando te acuestes** [...]**».** Corresponde a el tiempo de la noche, como está escrito: «Y durmió allí» (Génesis 28, 11). Y es común en el que se acuesta a dormir temer de las cosas que ocurren en el sueño, por eso dijo que no temerá. **«Y te acostarás, y tu dormir será agradable».** Después, en el momento del sueño, el sueño que será agradable. Y eso es en el interior y en el exterior: «cuando te acuestes», en el exterior; «y tu dormir será agradable», en el interior. Y respecto a lo que escribió arriba, al comienzo lo interior y después lo exterior, y aquí menciono primero lo exterior y después lo interior, es porque arriba se refiere al misterio de la sabiduría y el entendimiento, mañana y tarde, Abraham e Isaac; y aquí se refiere al misterio de Jacob, según el misterio de la percepción, y en la percepción es al revés. Y éstos corresponden a lo que se menciona en el versículo que manifiesta: «Cuando andes, te guiará, cuando te acuestes, te cuidará; y cuando despiertes, será tu habla» (Proverbios 6, 22). Y éstos corresponden a los tres caminos que la persona debe transitar después de su muerte: por el desierto, y por la zona habitada, y por el mar, tal como está escrito en Tikunei Hazohar (Tikun XVIII), y allí están las tres entradas del purgatorio –*Gueinom*– (y así en este mundo).

25. **«No tendrás temor de espanto repentino».** Porque es común en el temor venir repentinamente; pues al comienzo no escuchó nada, y ahora oye que viene un asaltante. Y tú no temerás del espanto que viene antes de la aflicción repentinamente. **«Ni de holocausto de malvados».** Es decir, después, cuando vengan los malvados y se arrojen como mar, tampoco temerás. Y eso también es interior y exterior, en correspondencia con la Torá y las cualidades.

26. **«Porque el Eterno será tu seguridad».** Porque la persona tropieza con el pecado por dos factores: uno, a causa de falta de conocimiento, y el segundo, aunque sabe, a veces el instinto

prevalece sobre él, y es prendido por su red. Y a esto se refiere lo que está dicho: «Porque el Eterno será tu seguridad *–kisleja–*». Es decir, en lo que eres insensato *–kesil–*, en eso que no sabes, incluso así, no tropezarás, porque el Eterno estará contigo. «**Y cuidará tu pie ser prendido**». Para que no seas prendido por la red y prevalezca sobre ti. Y corresponde a los preceptos; y hay también interior y exterior. He aquí cinco cosas en correspondencia con las cinco cosas que mencionó anteriormente. Y en correspondencia con éstas hay en el hombre: alma existencial denominada *nefesh,* espíritu, alma suprema denominada *neshama,* cuerpo y fisonomía *–guevía–*. El cuerpo es exterior y la fisonomía *–guevía–*, interior. Considérese que está escrito: «Y el Eterno Dios hizo a Adán y a su esposa túnicas de piel *–or–* y los vistió» (Génesis 3, 21). (Y la expresión *or* está escrita con una letra *ain* al comienzo, pero se sabe por tradición que hay libros en los que estaba escrita con una letra *alef* al comienzo, y en ese caso la palabra *or* significa «luz» – véase Midrash Raba II). Resulta, pues: «Túnicas de piel *–or con ain–*», «túnicas de luz *–or con alef–*», y allí están todos los preceptos, según el misterio de: «Por eso, en los *urim* honrarán al Eterno» (Isaías 24, 15).

27. «**No impidas** [...]». Corresponde a los tres caminos de retorno, que son: «justicia juicio y rectitud» (Proverbios 1, 3). La justicia es hacer justicia *–tzedaká–* y bondades con las creaciones. Y ahora dijo que no impidas **«el bien a sus señores»**. Es decir, si el que recibe es señor de ese bien, porque es propicio para recibir ese bien, **«cuando estuviere a tu alcance hacerlo»**, cuando esté a tu alcance ahora hacerlo, y no hay impedimento de tu parte ni tampoco del lado del que recibe: «no impidas [...]».
28. «**No digas a tu prójimo: "Ve y vuelve"**». A tu prójimo que está alejado de ti: «Ve ahora, y en otro momento vuelve y te daré». «Y mañana te daré». Es decir, al prójimo que está cercano a ti, no lo desplaces diciendo: «Ve ahora, y mañana te daré», cuando «tienes contigo».
29. «**No trames mal contra tu prójimo**». Corresponde a el juicio, es decir, reñir con los malvados; de todos modos, no trames mal

en tu corazón contra tu prójimo. «**Y él habita confiado**». Es decir, después de que él habita confiado contigo.

30. «**No riñas con un hombre** [...]». No riñas con un hombre que no es tu compañero. «**Sin motivo**», cuando tu riña no servirá, incluso cuando te hubiera hecho mal. «**Si no te ha hecho mal**». Es decir, aunque no sea de balde, cuando supieras que tu riña servirá, de todos modos, no riñas con él si no te ha hecho mal.
31. «**No envidies**». Corresponde a «la rectitud» mencionada anteriormente. Viene a decir que no envidies al hombre que llena su casa de plata y oro con despojo. «**Y no escojas todos sus caminos**». Incluso sus caminos buenos, no digas: «Iré y aprenderé de sus buenas acciones, y al mal no lo recibiré». Por eso dijo: «No escojas todos sus caminos». Porque las bondades de los malvados son mal para los justos. Y debido a que corresponde a la «rectitud», que incluye justicia y juicio, por eso los incluyó en un versículo. Y anteriormente dijo para cada uno dos versículos, y aquí considera tres asuntos que –en total– son seis.
32. «**Porque la tortuosidad es abominación** [...]». Ahora considera otros cuatro asuntos, ya que se refiere a: rectos, justos, humildes y sabios. Dos entre un hombre y el Omnipresente, y dos entre un hombre y las creaciones –personas–. Sabio y justo: entre un hombre y el Omnipresente, Torá y preceptos. Recto y humilde: entre un hombre y las creaciones –personas–, que son las buenas cualidades. Y con cada uno existe su opuesto, he aquí diez; en correspondencia con los diez que mencionó anteriormente. «**Porque la tortuosidad es abominación del Eterno**». Porque el recto va por un camino recto y no se desvía a derecha ni a izquierda; y lo opuesto ocurre con el que va por un camino tortuoso. Y a esto se refiere, que el que va por camino tortuoso es abominación del Eterno. Pero a los rectos los ama tanto, hasta que les revela su secreto. Pues no es común revelar el secreto sino a una persona muy amada.
33. «**La maldición del Eterno está en casa del malvado**». Porque para el malvado, este mundo es como su casa, que es algo fijo, pero para los justos es morada *–naveh–*. Porque *naveh* es una morada temporal. Y dice que para el malvado será maldición

del Eterno incluso en su casa. Porque ya que aquí es su lugar fijo, será también la maldición del Eterno, y más aún en el Mundo Venidero. **«Y bendecirá la morada de los justos».** Y para los justos, incluso la morada de ellos, porque para ellos este mundo es como una morada, temporal, y más aún en el Mundo Venidero.

34. **«Él hará burlar a los burladores».** Porque el burlador es lo opuesto del humilde. Ya que el humilde es de los que son avergonzados y no avergüenzan, oyen su humillación y no responden. Y el burlador es lo opuesto, ya que ofende y se burla de toda persona. Y el Santo, bendito sea, lo pondrá en humillación, porque otros se burlarán de él. Y a esto se refiere: *«im* a los burladores». (Porque en el texto original hebreo, antes de «los burladores», está escrita la expresión *im,* que es un sí condicional. O sea, según esta regla, literalmente está escrito): «Si a los burladores». Es decir: si se une a los burladores, él se burlará a través de otros. **«Y a los humildes»**, a los que oyen su humillación y no responden, y se someten ante toda persona del mundo, **«dará gracia».** El Santo, bendito sea, les dará gracia en los ojos de las personas.

35. **«Los sabios heredarán honor».** No sólo se les dará honor a los sabios, sino que han de hacer heredar honor también a sus hijos. Y a esto se refiere lo que se dijo: los sabios harán heredar el honor a sus hijos. **«Y los necios apartan humillación –sobre ellos mismos–».** Es decir, el honor que el Santo, bendito sea, les da es para aumentar después su humillación, semejante a Hamán. Porque si no hubiera tenido honor al comienzo, la humillación no hubiera sido grande. Y son diez grados, tal como fue mencionado anteriormente.

IV

1. «**Recibid** –*shimu*–, **hijos, la instrucción del padre**». La expresión *shimu* tiene tres significados –que se aplican de acuerdo con las circunstancias y el contexto–: uno es una expresión de recepción, como: «El que reciba –*hashomea*–, reciba –*ishma*–; y el que se abstenga, que se abstenga» (Ezequiel 3, 27). «Y será si recibieres –*shamoa*–» (Deuteronomio 11, 13). El segundo es una expresión de entendimiento, como está escrito: «Porque nosotros entendemos –*shomim*–» (II Reyes 18, 26). Y el tercero es lenguaje de oír, textualmente. Y en él se incluye una expresión de atender. Porque también es una expresión de oír, sólo que inclinando el oído más que para entender. Y a esto se refiere: «Recibid –*shimu*–, hijos, la instrucción del padre». Y atended e inclinad vuestro oído, para saber y entender el entendimiento de la sabiduría; y ellos son: la sabiduría –*jojmá*– y el entendimiento –*biná*–. Y a la «instrucción», a veces la menciona junto a la sabiduría y a veces junto al entendimiento, porque está vinculada con el misterio de la percepción, que incluye a ambos, tal como fue mencionado anteriormente.
2. «**Porque os he otorgado un buen presente** –*lekaj*–». (La expresión *lekaj* significa literalmente «tomar»). Se refiere a los preceptos, como está escrito: «El sabio de corazón tomará preceptos» (Proverbios 10, 8). Porque a los preceptos se los toma en las manos para hacerlos. «**A mi Torá no la abandonéis**». Se refiere a la Torá; porque los preceptos no se realizan en cualquier momento, sino cada uno en su tiempo, pero la Torá en cualquier momento y tiempo, como está escrito: «Nunca se apartará de tu boca este libro de la Torá, sino que meditarás en él de día y de

noche, para que guardes y hagas conforme a todo lo que en él está escrito; porque entonces prosperarás en tu camino, y tendrás éxito» (Josué 1, 8). Por eso dice: «no la abandonéis», en absoluto. Y dijo aquí cuatro cosas, que son: sabiduría y entendimiento, Torá y preceptos. Y esos cuatro son tres, porque Torá y preceptos son uno.

3. **«Porque yo he sido hijo –preciado– para mi padre».** Como está escrito: «Yo seré para él por padre y él será para mí por hijo» (I Crónicas 17, 13). **«Tierno y único».** Como está escrito: «Salomón, mi hijo, único, lo ha elegido [...] tierno y joven [...]» (I Crónicas 29, 1). **«Delante de mi madre».** Se refiere a la Congregación de Israel, como está escrito: «La profecía con que lo instruyó su madre» (Proverbios 31, 1). Y está dicho en el Zohar que la Congregación de Israel[2] lo instruía siempre. Y esos tres –asuntos– corresponden a los tres mencionados anteriormente.
4. **«Y me enseñaba».** Debido a que era hijo amado ante él, y único, y también tierno, ciertamente lo que me enseñó era muy bueno y el asunto no es difícil de realizar. Y también yo os digo las mismas palabras concretamente que me dijo. ¿Y cuáles son esas palabras? «Mis palabras sostengan tu corazón». Porque la Torá es como el pan, que el corazón del hombre se sacia, como está escrito: «Venid, comed mi pan» (Proverbios 9, 5). Y se necesita siempre como el pan, por eso: «Meditarás en él de día y de noche» (Josué 1, 8). Pero los preceptos son como medicina, porque son buenos cada tanto –según corresponda– y en su tiempo, semejante a la medicina, que viene de tiempo en tiempo. Y a esto se refiere: «Mis palabras sostengan tu corazón». Se refiere a la Torá, como fue mencionado anteriormente. «Guarda mis preceptos», en sus tiempos, «y vivirás». Como está escrito: «Porque el hombre los realizará y vivirá con ellos» (Levítico 18, 5). Y tal como: «Y revivió el espíritu de Jacob» (Génesis 45, 27). Pues es el incremento de espíritu, semejante a la medicina, pero lo esencial del saciado del corazón es con la Torá.

2. Los sabios cabalistas explicaron que la Congregación de Israel se refiere a Presencia Divina, denominada Shejiná.

5. «**Adquiere sabiduría**». Si no es posible estudiar de forma gratuita, adquiere para ti un maestro por dinero para aprender de él. «**Adquiere entendimiento**». Adquiere para ti un compañero para debatir con él, para entender un asunto a partir de otro asunto. Y son –cuatro cosas–: Torá, preceptos, sabiduría y entendimiento. Y todo se halla en los preceptos, porque Torá y preceptos, todo es uno; pero se divide en preceptos activos y pasivos. Por eso dijo aquí los cuatro asuntos mencionados anteriormente en relación con los preceptos activos, y después, con los preceptos pasivos, estos cuatro. «**No te olvides**», de la Torá. «**Ni te apartes de los dichos de mi boca**» se refiere a los preceptos.
6. «**No la abandones**», a la sabiduría que ya has estudiado, «**y te guardará**». La sabiduría te guardará a ti. «**Ámala**», repasando siempre y debatiendo para entender un asunto a partir de otro asunto, que es el entendimiento. «**Y te protegerá**». Como está escrito: «Preservará el entendimiento» (Proverbios 2, 11). Tal como hemos explicado anteriormente. Y aquí no corresponde «no», sino que el entendimiento se incluye en la sabiduría. Y son cuatro asuntos en –relación con– los preceptos pasivos.
7. «**El principio de la sabiduría: adquiere sabiduría**». Es decir, al comienzo, cuando vienes a estudiar, procura primeramente adquirir sabiduría y estudiar mucho, tal como dijeron –los sabios–: «Siempre estudie primeramente y después esfuércese [...]» (Berajot 63b). «**Y con todas tus adquisiciones, adquiere entendimiento**». Después, cuando ya has estudiado mucho, entonces, con todo lo que ya has adquirido, adquiere para ti un compañero, para entender un asunto a partir de otro asunto de lo que ya has adquirido.
8. «**Pálpala y te enaltecerá**». Se refiere al entender. El entendimiento del entender. Para que repases y des vuelta al asunto siempre, para entender en forma cabal. «**Te honrará cuando la abraces**». Corresponde a la sabiduría; y también, con el entendimiento de la sabiduría. Para que no abandones a la sabiduría de entenderla en forma cabal. Y corresponden a los dos –niveles de– entendimientos.

9. **«Dará prendedores de gracia a tu cabeza».** Como hemos explicado anteriormente (Proverbios 1, 9), que el atavío de la cabeza es de una sola pieza; y el atavío hace ascender gracia sobre la persona. Así, de la sabiduría y el entendimiento ascenderá gracia sobre ti. [Aclaración: debido a que el entendimiento se incluye en la sabiduría, por eso es un atavío, de una sola pieza. Y debido a que ellos son muy elevados y ocultos, por eso hacen ascender solamente gracia en los ojos de todos los que lo ven]. **«Te otorgará corona de hermosura».** Pero la corona no hace ascender gracia, aunque se ensalzan con quien viste la corona; porque no es común vestir una corona sino en los grandes. Y se ensalzan con él sus familiares y amigos. Y además, la corona protege, porque todos temen a quien viste una corona, ya que es una vestimenta real. Y se corresponde a la sabiduría y el entendimiento. [Aclaración: es decir, el entendimiento de la sabiduría y el entender; porque los entendimientos se dividen en dos, para ensalzar y para proteger, según el misterio de los cabellos de la cabeza y la barba] Y estos tres versículos están dispuestos en relación con la sabiduría y el entendimiento.
10. **«Oye, hijo mío».** Ahora menciona tres versículos en relación con la Torá y los preceptos que son uno, tal como fue mencionado anteriormente. «Oye, hijo mío». Porque al comienzo necesita escuchar de su maestro. **«Y toma mis dichos».** Y después toma para ti mis dichos y repásalos. O, «toma *–tikaj–* mis dichos», como está escrito: «Porque os he otorgado un buen presente *–lekaj–*» (Proverbios 4, 2), es decir, para cumplir los preceptos, y como está escrito: «El sabio de corazón tomará preceptos» (Proverbios 10, 8). **«Y se te aumentarán años de vida».** Tal como mencionaron nuestros sabios, de bendita memoria, como he escrito anteriormente: ¿Y acaso hay años que no son de vida? Por lo tanto, no se refiere sino a esos días del hombre que se convirtieron para él de malos en buenos (Ioma 71a). Es decir, la Torá convierte de mal a bien.
11. **«Según el camino de la sabiduría te he enseñado».** Porque el hombre necesita dos cosas: Torá y buenas acciones. Y la Torá trae a la persona a todo, que a eso se refiere lo que está escrito:

«Según el camino de la sabiduría te he enseñado», pues se refiere a la Torá. **«Y te he conducido por las sendas de la rectitud».** Se refiere a las buenas acciones. Pero ocuparse de la Torá como sea es bueno. Por eso dijo: «según el camino», que es un camino para ocuparse de la Torá. Pero para las buenas acciones necesita resguardar y hacer cercos para no apartarse de la Torá. Por eso dijo: «por las sendas», en plural. Porque hay muchos caminos –para indicar– como comportarse en rectitud, es decir: «justicia, juicio y rectitud» (Proverbios 1, 3), como fue mencionado anteriormente.

12. «**Tus pasos no se estrecharán cuando andes**». Porque el que va en los caminos del Eterno necesita dos cosas: una, ir por una entrada angosta y pequeña, y con instrucción *–isurim–* hasta que venga al camino recto. Como dijeron nuestros sabios, de bendita memoria (en el Menajot 29b): entrar por ésta no le ayudará, porque «el pecado está en la puerta» (Génesis 4, 7). Y no es posible, sino por una entrada pequeña, tal como se dijo en el Talmud. Y la segunda, no saltar hacia arriba del nivel que es apropiado para él, como dijeron los sabios: «Por si dijeres: "Todo el que viene a saltar, salta [...]"» (Sucá 49b). Y a esto se refiere lo que dijo, que la Torá te protegerá de todo: «Tus pasos no se estrecharán cuando andes», porque no necesitarás entrar en forma estrecha; **«y si corrieres»**, de nivel en nivel, **«no tropezarás»**, como fue mencionado anteriormente.
13. **«Fortalécete en la lección, no aflojes».** Aférrate a la lección que has comenzado con ella y fortifícate a ti mismo. «No aflojes». Incluso en forma momentánea, no aflojes de la lección *–musar–*. **«Guárdala».** Es decir, sino por el contrario, aumenta siempre cercos y preceptos sobre la lección, para que no llegues a aflojar, **«porque ella es tu vida».** Porque lo que el hombre vive es para quebrar lo que aún no quebró hasta aquí de esa cualidad, por eso necesita fortificarse siempre. Y si no se fortifica, ¿para qué su vida?
14. **«Por el sendero de los malvados no vengas».** Porque «malvados» son –considerados los que cometen pecados– entre una persona y el Omnipresente; y «malos», entre una persona y las –demás–

personas. Y dijeron nuestros sabios: «La mayoría por robo y la minoría por relaciones prohibidas» (Baba Batra 165a). Resulta, pues, que los malos son más que los malvados. Por eso dijo junto a los malvados «sendero», pero junto a los malos «camino», como fue explicado anteriormente. Y además, lo que ocurre entre una persona y el Omnipresente es en oculto, por eso dijo «sendero», y asimismo, «no vengas», con ellos. Pero el camino de los malos es en revelado, porque son el mal para las personas; por lo tanto, no necesita decir: «no vengas», porque es algo obvio, pero «no andes *–teasher–* por el camino de los malos». [Aclaración: y me parece haber escuchado del maestro, que deriva del término mencionado en el versículo que manifiesta: «porque me ha alabado con *–ishruni–* hijas» (Génesis 30, 11). Es decir, no recomiendes ni hables bien por ellos y sus caminos].

15. **«Suprímelo, no pases por él»**. Porque el hombre que quiere quebrantar su avidez es imposible que dé un brinco repentino y aferre inmediatamente el otro extremo, y lo contrario a lo que estaba acostumbrado. Sino que debe alejarse poco a poco, hasta que llegue al otro extremo, y entonces quebrantará su avidez, hasta que se sitúe en camino de rectitud. Y a esto se refiere al comienzo: **«Suprímelo»**, para que desistas de que ése sea tu camino, y después: **«desvíate de él»**, incluso de sus proximidades, como está escrito: «He aquí que tres hombres estaban de pie junto a él [...]» (Génesis 18, 2). Es decir, próximos a él. «Y pasa». Incluso en las proximidades, pasa y no andes por él.
16. **«Porque no duermen sin haber hecho mal»**. Porque los malos no necesitan el tiempo del sueño, sólo «no duermen», porque piensan en cómo hacer el mal, y se disminuye el sueño de ellos y no duermen como las demás personas. **«Y se les quita el sueño si no han hecho tropezar»**. Es decir, en su tiempo de dormir se les quita el sueño, porque ellos necesitan que otros duerman, como está escrito: «El ojo del adúltero aguarda el anochecer» (Job 24, 15). Por eso se les quita para otro momento. Y «no duermen» en absoluto en el tiempo de dormir «si no han hecho tropezar» con pecado. Y corresponde a –el tipo de precepto– entre una persona y el Omnipresente.

17. «**Porque comen comida**». Por eso se les quita el sueño si no hacen tropezar, porque para ellos el mal y el pecado son como pan, y es común en el que tiene hambre de pan, no poder dormir en absoluto; por eso, ellos no duermen. «**Y beben vino de despojos**». Pero para los que hacen el mal, el mal es para ellos como el vino, que es posible dormir sin vino, pero si bebe, entonces dormirá mejor. Así es el que hace mal, no necesita el tiempo del sueño y puede dormir. Pero debido a que tiene malos pensamientos, ya que piensa en cómo hacer mal, no puede dormir tanto; y después, a causa de eso, duerme más. Y compara a la maldad con el pan y al mal con el vino, porque pan es avidez, porque la mujer se denomina pan, como está escrito: «sólo el pan que comía» (Génesis 39, 6). Y el vino está vinculado con el misterio del que se irrita, como es sabido.

18. «**Y el sendero de los sabios**». Porque el camino de los sabios es un camino estrecho y pequeño, como hemos explicado anteriormente, por eso está escrito «sendero». «Como la luz del día». Se refiere al comienzo del despuntar del día, y esa luz aún está mezclada con oscuridad y no ilumina tanto. «**Aumenta constantemente**». Después ilumina progresivamente, hasta que ilumina concretamente sin estar mezclada en absoluto. «**Hasta que el día alcanza su plenitud**». Porque entonces la luz está en su plenitud e ilumina mucho. Así ocurre con los justos, iluminarán progresivamente hasta la que el día esté en su plenitud.

19. «**El camino de los malvados**». Debido a que los caminos de los malvados son abiertos y anchos, por eso dijo: «camino», y aun así: «**es como las tinieblas**». Porque: «**no saben en qué tropezarán**». Porque ellos están inmersos en los pecados hasta que tropiezan por si solos y no saben con qué tropezarán.

20. «**Hijo mío, atiende a mis palabras** *–devarai–*». El hablar *–dibur–* es la palabra de la Torá misma, tal como es; y dicho *–amirá–* es el interior de la Torá, y sus intenciones y razones. Y a esto se refiere –en numerosos versículos de la Torá–: «Y el Eterno habló a Moisés para decir». Porque a Moisés no necesitaba decirle, sino solamente hablarle tal como es, y él entendía por sí solo las intenciones y las especificaciones. Pero para Israel: «para

decir», con todas las especificaciones. «**A mis dichos**», a mis especificaciones: «**inclina tu oído**», es decir, más que atender, para entender la intención.

21. «**No se aparten de tus ojos**». Porque en la Torá hay Torá escrita y Torá oral, y en ambas, misterios de la Torá. Y la Torá escrita depende del ojo para ver, y la Torá oral depende del oído para escuchar de su maestro. Y los misterios de la Torá, en el corazón para entender. Porque no se entregan sino al sabio que entiende con su percepción. Y el camino es estudiar en primer lugar la Torá escrita, y después la oral, y después los misterios de la Torá. Y para olvidar es al revés, primero se olvida los misterios de la Torá, y después lo oral, y después lo escrito. Y a esto se refiere: «Engorda el corazón de este pueblo» (Isaías 6, 10), porque olvidaron lo que está en el corazón, que son los misterios de la Torá, y después: «y hace pesados sus oídos», que es la Torá oral, y después: «y quita sus ojos», que es la Torá escrita. Y –el Mal Instinto– teme por si vuelve en arrepentimiento y comienza a estudiar; y entonces comienza primeramente por la Torá escrita. Y a esto se refiere: «por si viere con sus ojos». «Y oiga con sus oídos», la Torá oral, «y su corazón entienda», los misterios. «Y vuelva y sea sano» (ibíd.). Y a esto se refiere lo que escribió al comienzo: «Atiende a mis palabras; inclina tu oído a mis dichos», que es la Torá oral, y ahora dice: «No se aparten de tus ojos» se refiere a la Torá escrita; «guárdalos dentro de tu corazón» se refiere a los misterios de la Torá escrita.

22. «**Porque son vida [...]**». Anteriormente se refirió a la Torá interior y a la exterior, que son dos. Y dijo que asimismo es en la persona, hay interior y exterior, cuerpo y alma. Y a esto se refiere: «**Porque son vida para los que las hallan**». Se refiere a los misterios, que son interiores. Ellos también son vida para el alma existencial –*nefesh*– que es el interior. «**Y para toda su carne**», que es el cuerpo, y lo exterior, «**medicina**», lo exterior de la Torá. Tal como en el recitado del Shemá, donde hay 248 palabras en correspondencia con los 248 huesos que hay en el hombre, ya que cada palabra es medicina para un hueso, incluso si no se conoce la concentración –apropiada–. Como dijeron

nuestros sabios: «Todo el que es puntilloso con sus letras, le enfrían el purgatorio –*Gueinom*–» (Berajot 15b).

23. **«Más que a todo lo que guardas, guarda tu corazón».** Porque en el hombre hay cuatro «cabezas»: corazón, boca, ojos, y cuerpo. Y el final del cuerpo son los pies; por eso el cuerpo se denomina a nombre de los pies. Y comenzó con el corazón, que es lo principal. Y a esto se refiere: «Más que a todo lo que guardas». Es decir, más que toda cosa que necesita ser guardada, por ejemplo, piedras preciosas y perlas: «guarda tu corazón», como ciudad protegida –*netzurá*–, **«porque de él surgen las cosas de la vida».** Porque toda cosa guardada se guarda debido a su valor y porque no se halla –fácilmente–. ¿Y acaso hay para ti algo más valioso que la vida? Y de ella surgen las cosas de la vida; por eso debes cuidarla más que a toda cosa.

24. **«Aparta de ti la tortuosidad de la boca».** La tortuosidad –*ikshut*– es la inclinación de la línea recta a derecha o izquierda, y la desviación –*naloz*– es la inclinación de la línea circular –*magal*– hacia este lado o al otro lado; y corresponden a el mal y el engaño. Porque el mal es tanto con la boca como con el corazón, y son iguales para hacer el mal; y el que habla engaño es semejante a la línea circular, porque da consejos que de acuerdo a lo que ven los ojos se ven como buenos, pero en sus giros los consejos se invertirán para mal, y por eso la inclinación de ellos se denomina «sendas –circulares– torcidas –*naloz maguelotam*–» (véase Proverbios 2, 15). Y a esto se refiere: «Aparta de ti la tortuosidad de la boca». Quien tiene la boca tortuosa. Es decir, ése es el mal para todo y por igual. **«Y la desviación de los labios».** Se refiere a los labios lisos –y resbalosos–, ya que habla una cosa con la boca y tiene otra cosa en su corazón, y su boca y su corazón no son iguales. Y este tipo de tortuosidad se denomina desviación de labios, porque proviene del término *naloz maguelotam*; y es el que habla engaño. «Aleja de ti». Porque es peor que el mal, como mencionamos anteriormente. Por eso, aléjalo mucho de ti, más que al mal, porque allí –respecto al mal–, no dice sino solamente: «aparta de ti».

25. **«Tus ojos miren verdad».** La explicación del asunto es tal como está escrito: «No seas demasiado justo y no hagas mucho mal» (véase Eclesiastés 7, 16-17). «No seas demasiado sabio y no seas demasiado insensato» (ibíd.). Es decir: «No seas demasiado justo y no hagas mucho mal», para que no te desvíes a la derecha e izquierda, porque la persona debe andar por camino recto. Y, no sea demasiado sabio, es decir, no ir en las grandezas y las maravillas de él, porque quien cae, caerá de él. Y además, no sea demasiado insensato, para que no sea él mismo como un animal, siendo insensato en la sabiduría en absoluto, sólo –debe andar– en camino llano y recto. Y para desviar hacia la derecha o a la izquierda necesita mover los ojos a la derecha o a la izquierda solamente; y para desviar hacia arriba o hacia abajo necesita valerse de los párpados, levantándolos o bajándolos. Y a esto se refiere: «Tus ojos miren hacia el frente», y no a la derecha o a la izquierda. «Y tus párpados sean rectos ante lo que está frente a ti», no elevándolos hacia arriba ni bajándolos hacia abajo, sólo: «sean rectos ante lo que está frente a ti». Es decir, no seas demasiado sabio, y no seas demasiado insensato.

26. **«Endereza la senda de tus pies».** Ya hemos mencionado que estos dos asuntos se refieren a cualidades. Es decir, cualidades que nacieron con él en forma natural, y cualidades a las que se acostumbró él. Y esas que nacieron con él se denominan «sus caminos». Pues ése es su camino desde el comienzo de su creación. Y ésas a las que él se acostumbró a sí mismo se denominan «pies *–reguel–*». Porque se acostumbró *–hirguil–* a sí mismo. Y esas a las que se acostumbró necesita guardarlas y enderezarlas mucho. Y cuando las guarde, entonces esas que tenía por naturaleza, por consiguiente, estarán guardadas. Y a esto se refiere: «Endereza *–pales–* la senda de tus pies». A esas que se acostumbró necesita enderezarlas y quitar las malas cualidades poco a poco, como es común en la vara de la balanza *–peles–* (respecto al equilibrio de los platillos), y no tomar inmediatamente el extremo opuesto, hasta que se acostumbre a sí mismo y sean para él como naturales. **«Y todos tus caminos serán correctos».** Y por consiguiente, esos que eran sus caminos desde el momen-

to de su nacimiento «serán correctos *–ikonu–»*, del término que significa pie y base *–kan–*. Y si no cuidara ésas a las cuales se acostumbró, tampoco sus caminos serán correctos. Porque las cualidades se asemejan al hilo de eslabones, pues si se hace el nudo al final, entonces todos se conservan, y si no, todos se pierden. Así también son las cualidades. Por eso dice que a través de enderezar la senda de sus pies, también sus caminos serán correctos.

27. **«No te desvíes a la derecha o la izquierda».** Porque al comienzo la persona debe ir poco a poco hasta el extremo opuesto, y permanecer en el extremo opuesto hasta que se habitúe así a sí misma. Y cuando se habitúe a la buena cualidad y no toque el mal, entonces ha de volver al camino intermedio. Y a esto se refiere lo que se dijo, que después de que se enderece poco a poco y esté en el extremo opuesto, después: «No te desvíes a la derecha o la izquierda». **«Aparta tu pie del mal».** Aunque ya te has acostumbrado a ti mismo y estás en el camino recto, no te sitúes en una cosa mala, y no digas: ya me he acostumbrado a mí mismo y no tengo miedo, sino aparta tu pie del mal.

V

1. «**Hijo mío, atiende a mi sabiduría**». Como fue explicado anteriormente, que en el comienzo el hombre necesita aprender y recibir de su maestro, y después esforzarse en entender. Y es sabido que para entender y conocer un asunto de forma cabal es necesario inclinar el oído en mayor medida, para que ninguna palabra de su maestro caiga a tierra. Por eso al comienzo dijo: «**atiende a mi sabiduría**», que es recibir del maestro. «A mi sabiduría». Para –meditar y– entender el asunto en forma cabal, «**inclina tu oído**», más, como fue mencionado anteriormente.
2. «**Para cuidar los pensamientos**» se refiere a lo interior. «**Y tus labios conserven** *–intzoru–* **percepción**» se refiere a lo exterior. Porque la percepción es una rama de la sabiduría. Y está escrito: «preservará *–tintzreka–* el entendimiento» (Proverbios 2, 11). Y éstos corresponden a los tres firmamentos: sabiduría, entendimiento y comprensión.
3. «**Porque miel** [...]». Por eso se debe cuidar mucho la sabiduría y el entendimiento, «porque miel [...]», y ellos te cuidarán de la mujer extraña. «**Miel destilan**». Porque para un asunto de un precepto, antes de realizar el precepto le es muy difícil ir tras el precepto, ya que el Mal Instinto le hace difícil el asunto. Y quien lo quebranta debe ir por una entrada angosta y pequeña, y soportar los flagelos y fortificarse ante el impedimento del Mal Instinto. Y después, en el momento de hacerlo, tampoco tiene placer concretamente de él en este mundo, y todo a causa del Mal Instinto, porque se le hace pesado como una carga de barro (véase Habacuc 2, 6). Pero la mujer extraña destila miel en el momento de seducirlo, antes de la realización del pecado. «**Y su paladar es más liso que el aceite**». Cuando pruebe del

pecado será más liso que el aceite para el paladar, como dijeron nuestros sabios: «Desde que fue destruido el Templo Sagrado fue tomado el sabor del allegamiento y fue entregado a los pecadores» (Sanhedrín 75a).

4. **«Y su fin es amargo como el ajenjo»**, en contraposición con «miel destilan», su final es amargo como el ajenjo. **«Filosa como espada de dos filos»**. En contraposición con «y su paladar es más liso que el aceite», dijo que ella es filosa como espada de dos filos, que es imposible tocarla en absoluto. Y son tres cosas: le recompensa en este mundo, le arroja su amargor y después lo mata. Y dijo: «de dos filos», porque mata completamente, en este mundo y en el Mundo Venidero. Y corresponde –en contraposición– con el amargor y el filo, mencionados anteriormente (Proverbios 5, 4). Y esos dos asuntos corresponden –en contraposición– con la sabiduría y el entendimiento, y ellos te protegerán de esos dos.
5. **«Los pies de ella descienden a la muerte; sus pasos afirman el Seol»**. Esas dos generalidades son juicios que corresponden después de la muerte, es decir, Muerte y Seol según el misterio del tronchado y la muerte en este mundo, y así, tronchado y muerte en el Mundo Venidero.
6. **«Para que no tuerzas el sendero de la vida»**. Para que no permitas, Dios libre, que la mujer extraña tuerza y desvíe el sendero de tu vida, y fueras levemente en alguna cosa pequeña tras ella. **«El movimiento de sus sendas no conozcas»**. Su entorno y sus sendas, que son sus caminos, te harán moverte y desplazarte hasta que no sepas en absoluto cuál es el camino de la vida, como escribió anteriormente: «Todos los que vienen a ella, no volverán» (Proverbios 2, 19). Porque: «no alcanzarán los senderos de la vida» (ibíd.).
7. **«Y ahora, hijos, oídme, y no os apartéis de los dichos de mi boca»**. Desde el comienzo: «oídme», a la sabiduría. «Y no os apartéis de los dichos de mi boca». Desde el comienzo no os apartéis de los dichos de mi boca siquiera por un solo instante; es decir, no dejéis que la mujer extraña os tuerza en absoluto. Y además, «oídme *–shimu li–*», o sea, recibid mis palabras para

hacerlas. «Y no os apartéis de los dichos de mi boca». Pues habéis de repasarlos siempre, como hemos explicado anteriormente, cuando los recibáis para hacerlos. Y lo principal del estudio ha de ser para hacer, es decir, ved de repasar siempre para que no se os olvide ninguna cosa, y a través de eso: «no os apartéis de los dichos de mi boca».

8. **«Aleja tu camino de ella».** Corresponde a dos cosas: la avidez y la codicia, como fue mencionado anteriormente (en la explicación a Proverbios 2, 16). Pues es común en los poseedores de codicia ir de lugar en lugar para acumular dinero y comerciar con mercancías. Por eso dijo: «Aleja tu camino de ella». Es decir, aleja tu camino incluso de las proximidades de ella. **«Y no te acerques a la entrada de su casa».** Corresponde a los poseedores de avidez, pues se sientan en sus casas y sacian sus avideces.
9. **«Para no dar a otros tu esplendor».** Se refiere al alma existencial, el espíritu, y el alma suprema. Y en cada una hay interior y exterior.
10. **«Para que extraños no se sacien** [...]». Se refiere a dos asuntos del espíritu. Y en el espíritu está la codicia. Y en ellos hay también dos asuntos –relacionados con lo mencionado–: uno, el que va de lugar en lugar para hallar ganancias de dinero; y el segundo, el que se sienta en su casa y piensa siempre y se esfuerza con los pensamientos para encontrar el modo de obtener lo que codicia. Y a esto se llama tristeza, porque el que piensa ardides está siempre inmerso en angustia. Y a esto se refiere: «Para que extraños no se sacien de tu fuerza». Corresponde a el que va tras el dinero de lugar en lugar y a lugares distantes, y extenúa su fuerza concretamente. **«Y tus esfuerzos –*atzaveja*–».** (La expresión *atzaveja* significa literalmente «tristeza»). Se refiere al que piensa cavilaciones en su casa y siempre está con angustia, estará **«en casa de ajeno».** Y el misterio del ajeno y el extraño está vinculado con el Aspecto Masculino de la Mujer Extraña y Ajena, como está escrito: «No tendrás dios extraño, y no te postrarás a dios ajeno» (Salmos 81, 10). Se refiere a lo interior y lo exterior.
11. **«Cuando se consuma tu carne y tu materia».** Corresponde al alma existencial. Porque en el alma existencial hay también dos

asuntos: alma existencial *–nefesh–* y vida, como está escrito: «Y el Eterno Dios formó al hombre de polvo de la tierra y le exhaló en sus fosas nasales un alma *–nefesh–* de vida; y el hombre fue un ser con alma de vida» (Génesis 2, 7). La vida es el alma existencial que vivifica al hombre, y el alma existencial es el alma que lo hace existir, como está escrito: «Y su vida aborrecerá el pan, y su alma existencial el alimento deseable –de avidez–» (Job 33, 20). Y de la vida nace la carne, y del alma existencial nacerán las membranas y los vasos de los cuales viene la avidez, y ellos se denominan «materia *–sheer–*». Y a esto se refiere: «cuando se consuma tu carne y tu materia *–sheer–*». Y todo –está relacionado– con la avidez. Y estos tres asuntos mencionados corresponden a lo que se dijo anteriormente: «Y ahora, hijos, oídme» (Proverbios 5, 7) se refiere a la Torá. Y en correspondencia con eso dijo: «Para no dar a otros [...]» (Proverbios 5, 9). Porque por la Torá el hombre merece el alma suprema, como está escrito: «Pues por mí se aumentarán tus días, y se te agregarán años de vida» (Proverbios 9, 11). Y en correspondencia con «Aleja tu camino de ella [...]» (Proverbios 5, 8), que es la codicia, dijo: «Para que extraños no se sacien de tu fuerza [...]» (Proverbios 9, 10), que es la codicia. Y en correspondencia con «Y no te acerques a la entrada de su casa» (Proverbios 5, 8), dijo: «cuando se consuma tu carne y tu materia» (Proverbios 5, 11), que es la avidez.

12. «**Y digas: ¿cómo aborrecí la lección?**». Ahora menciona en correspondencia con los tres asuntos mencionados anteriormente también tres asuntos que cada uno de ellos incluye dos asuntos: «lección *–musar–» se refiere* a las aflicciones *–isurim–*, –o sea, los castigos–. Por eso dijo: «aborrecí». Pero en la amonestación con palabras no corresponde aborrecimiento. Por eso dijo: «y mi corazón despreció». Es decir, mi corazón despreció eso.
13. «**Y no oí la voz de mis instructores**» se refiere a la Torá oral. «Y a mis maestros no incliné mi oído» se refiere a la Torá escrita.
14. «**Por casi nada** [...]». Es decir, por un breve tiempo del que tuve provecho en este mundo. «**En medio de la asamblea y la congregación**». Corresponde a los preceptos; y se refiere a los pre-

ceptos activos y a los pasivos. Y es común que los preceptos pasivos no los profanen tampoco los de la multitud del pueblo, que no van tras los preceptos activos. Y los justos cumplen también los preceptos activos y van tras ellos. Por eso, cuando se castiga a un hombre por un pecado correspondiente un precepto pasivo, se lo castiga en medio de toda la congregación, porque todos no profanan y él profanó. Y cuando se castiga por preceptos activos, lo castigan entre los justos. Y a esto se refiere: «en medio de la asamblea» se refiere a la multitud del pueblo, «y la congregación» se refiere a los justos. Como está escrito: «Y si toda la congregación de Israel [...]» (Levítico 4, 13). Y dijeron –nuestros sabios–: se refiere a –los miembros– del Sanhedrín (Oraiot 7b). Y esos tres asuntos corresponden a los tres mencionados anteriormente.

15. **«Bebe el agua de tu pozo».** Porque el que viene a beber agua del pozo, que son aguas reunidas, necesita entrar en su interior, o extraer agua de allí, y eso es algo que requiere gran esfuerzo; pero el que viene a beber de un manantial no necesita sino solamente ir a ese lugar, y no necesita esforzarse tanto, porque no es mucho más profundo que él –el nivel en el que se encuentra–. Y lo del manantial que sale lejos, afuera, y a la calle, no necesita siquiera ir. Y a esto se refiere: «Bebe el agua de tu pozo», al comienzo mediante esfuerzo; y después fluirá: **«la destilación de tu manantial».** Se refiere a la fuente surgente. Es decir se refiere a tres tiempos de la Torá: uno, cuando estudia de su maestro; el segundo, cuando estudia por sí mismo; y el tercero, cuando enseña a otros; tal como escribió –el maestro– en su explicación el Cantar de los Cantares, respecto al versículo que manifiesta: «Con la corona con la que lo coronó su madre» (Cantar de los Cantares 3, 11). Y a esto se refiere lo que dijo: «Bebe el agua de tu pozo», es decir, cuando reúne agua de otro lugar, porque estudia de otros. «Y la destilación de tu manantial». Cuando tú estudias solo y renuevas cosas, y es para ti como un manantial surgente.
16. **«Tus fuentes se expandirán fuera»**, es decir después enseñarás también a otros. **«Tus corrientes de aguas, por las calles».** Por-

que en el enseñar a otros hay también dos asuntos: uno, cuando él mismo enseña a otros; y el segundo, son esos que no estudiaron con él, pero sus enseñanzas de la Torá se expandieron por todos los lugares y oyen sus enseñanzas, y las estudian. Y a esto se refiere: «por las calles». Porque se expanden por todas partes y las aguas se reparten a cada uno y uno.

17. **«Serán para ti».** Pues cuando estudias de otros no debes decir: «No hay nada para mí en ella». Por eso dice: «serán para ti». «Solo». Para que no digas: «Yo me he esforzado mucho, ¿y ahora enseñaré a los alumnos que no se esfuerzan en ella?». Por eso dice: «Solo». Es decir, no tomarán contigo de lo que te has esforzado. **«Y no para extraños –*lezarim*– contigo».** (La expresión *lezarim* puede interpretarse también así: «por extraños»). Corresponde a esos que no han estudiado de ti, los cuales solamente oyeron de lejos, no pongas tu atención en eso y no digas: «He aquí que ellos son extraños de mí porque no han estudiado de mí». Por eso dice que no consideres de ese modo, sino: «no –sean– por extraños contigo». Aunque ellos no son tus hijos, es decir, tus alumnos que se denominan hijos, sino extraños.

18. **«Tu fuente será bendita».** Pues serás como manantial surgente, ya que se bendecirá tu fuente. **«Y te alegrarás de la mujer de tu juventud».** Aun así, te alegrarás con lo nuevo que ya has deducido –*jidashta*–, como está escrito en el Zohar, en la sección Mishpatim. Es decir, aunque tu fuente sea bendita, y seas como un manantial surgente, y entiendas los misterios en forma cabal, entonces: «te alegrarás de la mujer de tu juventud». Es decir, lo nuevo que ya has deducido –*jidashta*– según el sentido llano; pues cuando entiendas el sentido profundo, verás cómo el sentido llano es correcto y verdadero, y cómo no hay en él nada excedente en absoluto, y te alegrarás aún más con lo nuevo que ya has deducido del sentido llano en tu juventud.

19. **«Cual gacela amada** [...]». Así como en el misterio del vínculo supremo, en el que hay tres cosas: abrazo, beso y unión. Y la cuarta es que ella es lo principal de la casa. Y –esas correspondencias– son: «gacela amada», corresponde a la unión. **«Y elevadora –*iaalat*– de gracia»**, está vinculada con la vida, que se de-

nomina *iael,* y es poseedora de gracia, y corresponde a el beso. «**Sus pechos estarán saciados**», corresponde a el abrazo. «Con su amor estarás ocupado siempre» se refiere a que ella es lo principal de la casa. Por eso dijo acerca de ella: «siempre». Y así es con la Torá: «gacela amada» se refiere a los misterios de la Torá. «Elevadora de gracia» se refiere a las indicaciones a modo de alusión –de la Torá–. «**Sus pechos estarán saciados en todo momento**» se refiere a las disertaciones, porque sacian en todo momento. «Y con su amor estarás ocupado siempre» se refiere al sentido llano. Por eso estarás ocupado de ella siempre, sin interrupción en absoluto.

20. «¿Y por qué, hijo mío, te has de ocupar con la extraña?». Corresponde –en contraposición– con la mujer extraña, que es la codicia. «**Y abrazarás el seno de la ajena**». Se refiere a la avidez. Y junto a la extraña dijo: «Te has de ocupar *–tishgue–*», porque con la codicia, en verdad no hay placer en absoluto. Y va en pos de ella siempre, y se esfuerza, y su corazón no se aplaca tampoco en la noche, o sea, lo enloquece *–mashgue–*. Y por eso dijo: «¿Y por qué, hijo mío, te has de ocupar *–tishgue–* [...]?». Pero en relación con la avidez, que se sienta en su casa y sacia su avidez, dijo: «y abrazarás [...]». Y corresponde a los cuatro –asuntos– que dijo anteriormente, es decir, en correspondencia con la tercera dijo: «y abrazarás». [Aclaración: porque el abrazo está asociado al misterio de la percepción que incluye sabiduría y entendimiento; y en correspondencia con «y con su amor estarás ocupado *–tishgue–*», dijo: «¿Y por qué, hijo mío, te has de ocupar *–tishgue–* (...)?»].

21. «**Porque los caminos del hombre están ante los ojos del Eterno**». Corresponde a la codicia; pues ellos son caminantes que andan por los caminos, como fue mencionado anteriormente. Por eso dijo que «los caminos del hombre están ante los ojos del Eterno». «**Y sopesa todas sus sendas**». Corresponde a la avidez. Porque la senda es más pequeña que el camino. Es decir, debido a que el poseedor de avidez no anda por el camino, sino que se sienta en su casa y observa cómo saciar su avidez a través de vueltas y causas, por eso dice que el Eterno sopesa todas sus

sendas. Es decir, para que el hombre no diga que lo que él va en pos de la avidez y la codicia es en el nombre de los cielos, por eso dice en correspondencia con la codicia, que los caminos están ante los ojos del Eterno; y él sabe si es en el nombre de los cielos o no. Ahora bien, respecto a la codicia, que es revelada, dijo: «ante el Eterno». Pero la avidez es en privado, por eso dice que sopesa, cuánta es su intención en el nombre de los cielos y cuánta es su intención en el nombre de su avidez.

22. **«El malvado será prendido por sus pecados** [...]». Es tal como hemos explicado anteriormente. Pues respecto a los preceptos activos no se le castiga, pero en momento de irritación –se castiga– también por los activos. Es decir, cuando hay en él pecados de preceptos pasivos, y se le castiga por los pecados, entonces se le castiga también por los activos. Y a esto se refiere: «por sus pecados *–avonotav–»,* o sea, los preceptos pasivos, «el malvado será prendido», para –ser llevado a– el purgatorio *–Gueinom–*. Y después: **«y será sostenido con las cuerdas de su falta *–jatato–*».** Porque la falta *–jet–* es el precepto activo, tal como hemos escrito anteriormente, del término que indica disminución. Y a través de la falta *–jet–* es sostenido para que no salga del purgatorio *–Gueinom–*. Y lo que dijo: «con las cuerdas», es porque al precepto activo es común anularlo, y ellos son muchos, por eso dijo: «cuerdas».

23. **«Él morirá sin corrección».** Corresponde a la avidez, que es lo opuesto a la corrección. Y no deseó la corrección, por eso morirá, ya que ése es el castigo de la avidez, como escribió anteriormente: «Porque su casa está inclinada a –los senderos de– la muerte» (Proverbios 2, 18). **«Y errará por su mucha insensatez».** Corresponde a la codicia, como dijo: «¿Y por qué, hijo mío, te has de ocupar *–tishgue–* con la extraña?» (Proverbios 5, 20). Y eso lo hace ocupar *–mashgui–* para ir el purgatorio *–Gueinom–*, y la Catapulta, ya que tal como el que va en pos de la codicia, así lo perseguirán y lo arrojarán detrás de la muerte; y todo medida por medida.

VI

1. «**Hijo mío, si has dado garantía a tu prójimo**». Porque hay dos tipos de garantías: uno, el garante sin especificar, que si el que pidió prestado no paga, paga él; y el segundo se denomina *shlof dutz* (véase Ievamot 109b), y es el garante que responde por un extraño. Y a esto se refiere: «si has dado garantía a tu prójimo» se refiere al garante sin especificar. Y si «**has dado tu mano por un extraño**». Se refiere al garante que responde por extraño, el cual está en su mano *–kaf–* concretamente. Y la explicación es que corresponden a dos tipos de líderes de Israel, que son garantes, como está escrito: «Y buscad para vosotros hombres sabios *–jajamim–*, entendedores *–nebonim–* y conocidos en vuestras tribus, y los pondré por vuestros líderes» (Deuteronomio 1, 13). Y tal como está escrito: «No se apartará el cetro de Yehuda, y los gobernantes de entre sus descendientes» (Génesis 49, 10). Y dijeron –nuestros sabios–: «No se apartará el cetro de Yehuda» se refiere a los líderes de los exilios de Babilonia que castigan al pueblo con varas. «Y los gobernantes de entre sus descendientes» se refiere a los ministros de la tierra de Israel, y estudian la Torá con la multitud. Y esos que estudian la Torá son garantes sin especificar, que están obligados a ver que no salga tropiezo *–mikshol–* de su mano; es decir, que estudie con ellos lo bueno y les explique para que no se equivoquen. Y si «has dado tu mano por extraño», corresponde a los jueces, que penden como el garante que recibió sobre él –la responsabilidad directa por el que solicitó el préstamo–, que entra en su lugar concretamente; así los jueces entraron ellos mismos, porque el que toma dinero de éste y le da a este otro

sin el acuerdo del litigante, he aquí que entra él mismo como garante responsable.

2. «**Te has prendido con los dichos de tu boca**». En correspondencia con esos que estudian dice: «Te has prendido con los dichos de tu boca». Es decir, si no observa bien a fin de no tropezar con un asunto de una ley, he aquí que te has prendido con los dichos de tu boca. Porque enseña un asunto que no está de acuerdo con la ley. «**Te has apresado con los dichos de tu boca**». Se refiere a los que determinan *–tokim–*, que son los jueces, que toman dinero de éste y dan a este otro, se apresa concretamente, porque él mismo saca dinero incorrectamente. Y mencionó el término «apresado», porque es algo entre un hombre y su prójimo; y cuando saque en forma incorrecta, estará en manos de su prójimo. Y a esto se refiere: «apresado», pues es apresado en mano de su prójimo. Pero respecto a esos que estudian, es un asunto entre un hombre y el Omnipresente, y dijo que tropieza *–nikshal–*. Y a esto se refiere: «Te has prendido».
3. «**Ahora, hijo mío, pues *–eifo–*, haz esto**». Es decir: ¿qué más te haré a ti, ya que has entrado en esta aflicción? Sólo debes hacer esto. Y así –es el significado de la expresión *eifo*–, cada vez que aparece el término *eifo* en los escritos sagrados, como está escrito: «¿y qué te haré a ti, pues *–eifo–*, hijo mío?» (Génesis 27, 37). Si esto viene a tu mano. Y corresponde a los que estudian la Torá. «**Y sálvate, porque estás en la mano de tu prójimo**». Corresponde a los jueces. Por eso dijo que veas cómo salvarte, porque estás en la mano de tu prójimo, como fue mencionado anteriormente. Es decir, que veas cómo salvarte, tal como el que está en la mano de otro y es apresado por la red, y considera todas las estrategias para poder salvarse, así observa también tú para salvarte de su mano, ya que estás en su mano. «Ve, humíllate *–hitrapes–*». Corresponde a los jueces. Es decir, ¿cómo harás para salvarte de su mano? Desamarra *–hater–* la palma *–pas–* de tu mano. Además, *hitrapes* quiere decir que seas como el umbral, que es pisado, para no impedir ningún juicio, y las personas que necesitan juicio vendrán corriendo a ti (véase Shabat 10a). «Y fortifica a tu prójimo». Corresponde a los estudio-

sos. Es imposible salvarse a menos que veas de fortificar a tu prójimo. Es decir, hacerlo crecer hasta que sea estudioso y pueda estudiar por sí mismo.

4. **«No des a tus ojos que duerman».** Dormir es el apartado de los pensamientos. Es decir, cuando se sumerge en sueño. Y dormitar es exterior, cuando está un poco dormido y un poco despierto, es decir, sus párpados cerrados, pero su pensamiento no se interrumpe de él, pues lo llaman y responde. Y a esto se refiere: «No des a tus ojos que duerman». En el interior, con el apartado del pensamiento. **«Ni a tus párpados que se adormezcan»**, es interior, pues sus párpados están cerrados. Es decir, los que estudian no necesitan ser expertos sino en las leyes de la Torá, para no enseñar en contra de la ley, pero no necesitan ser expertos en los asuntos del mundo. Y frente a ellos: «No des a tus ojos que duerman», que es el apartado de la meditación y los pensamientos, que son interiores. Es decir, que sean expertos en las leyes de la Torá. Pero los jueces deben ser expertos también en la naturaleza del mundo, para que no haya juicio engañoso. Ya que si no fuese experto en los asuntos del mundo, aunque fuese experto en las leyes de la Torá, el juicio no será completamente verdadero. Es decir, aunque sentencie con verdad, no será absoluta, porque es posible que hubiera engaño en el juicio. Por eso, el juez debe ser experto en ambos asuntos.
5. **«Sálvate de la mano –del cazador– como ciervo –cuando se le presenta una oportunidad–».** Corresponde a los jueces, que son apresados en mano de sus compañeros, como hemos explicado anteriormente (Proverbios 6, 2). Por eso dice: «Sálvate de la mano como ciervo», inmediatamente. Es decir, que no des siquiera adormecimiento a tus párpados, y así verás de salvarte como ciervo inmediatamente. **«Y como ave de la mano del cazador».** Corresponde a los estudiosos. Pues anteriormente dijo: «Te has prendido con los dichos de tu boca» (Proverbios 6, 2). Y ahora dice: «y como ave de la mano del cazador». Es decir, para que vea de salvarse de esto no dando sueño a sus ojos, como ave de la mano del cazador. Es decir, el juez debe ser experto en la Torá y en los asuntos del mundo, así se salvará inme-

diatamente. Y el estudioso de la Torá, cuando sea experto en la Torá, entonces se salvará de la mano del cazador.

6. «**Ve a la hormiga**». Porque el hombre necesita tres cosas para los caminos del Eterno: sabiduría y cualidades y buenas acciones. Y la hormiga es excelente en su proceder en estos tres asuntos. Y a esto se refiere: «**Ve a la hormiga, perezoso**». Si tú eres perezoso para realizar buenas acciones ve y aprende de la hormiga, de su diligencia, pues recoge mucho aunque no necesita sino un poco, tal como dijeron los sabios en el Midrash, que una hormiga no come sino un trigo y medio en el año y una vez encontraron en los hoyos de la hormiga trescientas –medidas denominadas– *cor.* Y esto en lo que respecta a las buenas acciones. «**Observa sus caminos**». Se refiere a las cualidades, porque no toca lo que no es de ella, como dijeron en el Midrash, que una vez cayó cereal, y se reunieran todas y olieron, porque pensaron que era de ellas, y cuando percibieron a través del olor que no era de ellas no tomaron nada. Por eso: «Observa sus caminos», y sus cualidades, y aprende de ella». «**Y obtiene sabiduría**». Se refiere a la sabiduría, tal como dijeron en el Midrash, que la hormiga hace tres hoyos, y no deja el cereal –el alimento que recoge– no en el superior ni tampoco en el inferior, sino en el del medio, porque teme de las lluvias de arriba, y de las aguas subterráneas de lo bajo. Por eso observa sabiduría y obtiene sabiduría.
7. «**Pues ella no tiene oficial, ni alguacil, ni gobernante**». «Oficial» se refiere a la sabiduría, pues estudia la Torá en público y enseña la ley en Israel. «Alguacil» se refiere a la acción, para ejecutar la sentencia y perseguir y obligar a realizar el asunto. «Gobernante» se refiere a las cualidades, para que no hubiera maldad, robo y rapiña en la ciudad.
8. «**En el verano *–kaitz–* prepara su alimento**». Porque la hormiga en el tiempo de la siega no produce en absoluto, únicamente recoge, sólo al final, que es el tiempo de cortar los higos, y se denomina *kaitz,* entonces prepara todo lo que recoge para que sea apropiado para comer. Y a esto se refiere: «su alimento». Es decir, entonces prepara para que sea alimento, lo que «**en la**

siega reúne su comida». Y dijo: «alimento», y «comida», porque recoge y reúne únicamente lo que es apropiado para alimento, y no para otra cosa en absoluto. Y enseña que la persona en los días de su juventud, que es el tiempo de la siega, debe recoger y reunir, es decir, estudiar mucha Torá, y después, en el verano –*kaitz*–, es decir, en el final de sus días, en el tiempo de su ancianidad, debe molerlo para entender cada asunto en forma cabal. Y a esto se refiere lo que fue enseñado: «Si no hay harina, no hay Torá; si no hay Torá, no hay harina» (Avot 3, 17). Es decir, si no tuviera en su mano mucha Torá, no tendrá qué moler. Y «si no hay harina», es decir, si no muele y hace mucho hincapié –en lo aprendido–, «no hay Torá». Es decir, aunque estudió mucho, no hay nada en su mano. «En la siega reúne su comida». Corresponde a el comienzo de sus días en los cuales debe reunir e incorporar mucha Torá.

9. **«¿Hasta cuándo, oh perezoso, estarás acostado?»**. Tal como fue enseñado: «Si yo no –lo hago– por mí, ¿quién –lo hará– por mí? Y si no es ahora, ¿cuándo?» (Tratado de Avot 1, 14). Y corresponden a dos asuntos: sabiduría y acción. «Si yo no –lo hago– por mí, ¿quién –lo hará– por mí?», corresponde a la sabiduría, es decir, si yo no pienso por mí, ¿quién pensará por mí? «Y si no es ahora, ¿cuándo?», corresponde a la acción, porque si ahora no haré, ¿cuándo haré? Y se dijo: «ahora» y se dijo: «hoy», es decir, en ese mismo día, si no lo hago ahora, ¿cuándo? Y eso es así también aquí: «¿Hasta cuándo, oh perezoso, estarás acostado?». Está ausente la acción, porque cuando está acostado no hace nada, pero puede pensar. **«¿Cuándo te levantarás de tu sueño?»**. Está ausente el pensamiento. Es decir, si tú no haces ahora, ¿cuándo harás? Y si tú ahora no piensas por ti, ¿quién pensará por ti?
10. **«Un poco dormir»**. Hay ausencia de pensamiento. **«Un poco dormitar»**. Se refiere a cerrar los párpados solamente, como hemos explicado anteriormente (Proverbios 6, 4). **«Un poco abrazar –su propio cuerpo– con las manos para descansar»**. Hay ausencia de acción. Y corresponden a la Torá, los preceptos y las cualidades. Porque la Torá, que es la sabiduría, –se

encuentra– en el cerebro, ya que allí está el pensamiento. Y a esto se refiere: «Un poco dormir», en lo que respecta al pensamiento. «Un poco dormitar», en las cualidades, para controlarse siempre. «Un poco abrazar –su propio cuerpo– con las manos para descansar». Si no, ha de ser presto para realizar los preceptos. Y corresponden –en contraposición– con los cielos y la tierra; y el hombre los vincula, tal como escribió explícitamente en su explicación el libro de Isaías, véase allí, en la explicación al versículo que manifiesta: «Escuchad Cielos, y oye tierra [...]» (Isaías 1, 2).

11. **«Y así vendrá –repentinamente– como caminante tu pobreza».** Porque un hombre que va a ver a su compañero no corre rápidamente, sino que camina y se acerca hasta que llega junto a él. Pero si su compañero está inmerso en la aflicción y quiere protegerlo, corre rápidamente para salvarlo. Y a esto se refiere: «tu pobreza». Porque aquello en lo que tú eres pobre y falto, ese asunto vendrá a ti como caminante, mas no rápidamente. **«Y tu necesidad».** Y aquello de lo que hay necesidad en ti, vendrá a ti «como hombre armado», es decir, rápidamente y en forma inmediata. Y el asunto es tal como está escrito: «Los leoncillos necesitan y tienen hambre; y a los que buscan al Eterno no les faltará todo bien» (Salmos 34, 11). Es decir: «necesitan», en los preceptos, y «tienen hambre», en la Torá; porque la Torá es alimento. Pero, «a los que buscan al Eterno no les faltará todo bien». Porque «bien» es la Torá, y «todo bien», son los preceptos. Y a los preceptos no puede dar un brinco y tomarlos, sino cuando vienen a sus manos y en su tiempo, pero a la Torá puede tomarla y estudiar en todo momento y en todo tiempo. Y a esto se refiere: «tu pobreza», que son los preceptos, vendrán como caminante, no rápidamente, sino en su momento y en su tiempo. Pero la Torá vendrá **«como hombre armado»**, rápidamente, porque puede estudiar siempre, en todo momento y a toda hora. Y, asimismo, estos asuntos corresponden a los tres mencionados anteriormente.

12. **«El hombre sin yugo».** «Sin yugo», es el que se quita de él el yugo del reino celestial y el yugo de las personas, y no hay sobre

él ningún yugo, y se conduce según los deseos de su corazón. «El hombre perverso». Porque el mal se divide en tres: el que va y chismorrea, y el que provoca controversias y el que hace mal en la práctica. Y a esto se refiere: «El hombre sin yugo», en la práctica. «El hombre perverso», en su pensamiento; y es que el que habla controversias, porque sus palabras son buenas, pero en su corazón piensa perversidad. «Anda con boca tortuosa». Es el que habla chismorreo y tiene la boca tortuosa.

13. **«Gesticula con los ojos»**, corresponde al que habla con engaño y controversias; palabras buenas en su corazón, y piensa perversidad, y es común en él gesticular con los ojos, cuando su compañero hace según su consejo y cae en mal, para mostrar que ésa era su intención. **«Se expresa con los pies»**, corresponde a el hombre sin yugo y que hace mal en la práctica, él se expresa con los pies en el momento de su enojo. **«Señala con sus dedos»**, corresponde a el que anda con chismorreo, que señala con sus dedos a ése del cual habló; y eso es en el pensamiento, diciendo: «Observad que sus palabras son ciertas y verdaderas».
14. **«Hay controversia en su corazón»**. Corresponde al que habla controversias y engaño. **«Labra el mal»**. Se refiere al que labra el mal contra su prójimo, y eso es en la práctica, en correspondencia con «el hombre sin yugo». **«En todo momento provoca discordias»**. Corresponde al que anda con chismorreo. Y esos tres versículos también corresponden a el pensamiento, el habla y la acción.
15. **«Por eso, su hecatombe vendrá de forma repentina»**. «De forma repentina *–pitom–*» es un percance, porque no podía cuidarse a sí mismo. Y «súbitamente *–peta–*» es de forma involuntaria, porque podía cuidarse a sí mismo, pero ocurrió de forma involuntaria, pues no sabía. Tal como se dijo en Sifrei: «Y cuando un muerto muriere junto a él súbitamente *–peta–*, de forma repentina *–pitom–*» (Números 6, 9). «Súbitamente *–peta–*» es de forma involuntaria, «de forma repentina *–pitom–*» es percance. Y también aquí es así: «de forma repentina *–pitom–*», porque no se podía cuidar de una hecatombe, ya que la hecatombe del aborrecedor viene sobre él de forma repentina. Pero

el aborrecedor lo golpeará de forma intencionada. **«Se quebrará súbitamente».** Es de forma involuntaria, sin intención. Y el que da un golpe de forma involuntaria es más grande que el golpe que se da de forma intencionada. Porque para dar un golpe grande con intención se necesita mucha crueldad, pero sin intención, es posible que un hombre dé un golpe tan grande como ningún aborrecedor del mundo daría. Y a esto se refiere lo que dijo: «se quebrará súbitamente», de forma involuntaria. El golpe será muy grande –y fuerte–, por eso dijo «se quebrará», que es muy grande –y fuerte–. **«Y no habrá remedio».** Porque no habrá remedio para su golpe. Y esos tres castigos corresponden a los tres asuntos mencionados anteriormente.

16. **«El Eterno aborrece seis asuntos».** Tal como en la santidad hay seis, y el séptimo es el alma existencial *–nefesh–*, también aquí es así: **«El Eterno aborrece seis asuntos, y –aun– siete, que son abominación de su alma *–nefesh–*»** (y se detallan a continuación).
17. **«Los ojos altaneros»** se refiere a la arrogancia. Y considera aquí toda la medida estructural del hombre malvado. **«La lengua mentirosa»** se refiere al habla. **«Y las manos que derraman sangre inocente»** se refiere a la acción. Y corresponden a el pensamiento, el habla y la acción.
18. **«El corazón que trama pensamientos perversos»** se refiere al pensamiento y el habla. Porque «el corazón que trama pensamientos» es en el pensamiento, y «perversos» se refiere al habla, como está escrito: «y palabra de perversidad» (Isaías 58, 9). «Los pies que se apresuran a correr al mal» corresponde a la acción.
19. **«Las palabras perversas *–kezavim–*».** *Kazav* es el que asegura y no cumple; y se asemeja a un testigo falso, en cuyas palabras no hay nada concreto. Y ése no da lo que aseguró, y es apropiado dar lo que aseguró. Y ese que a través de él se le quita lo que no está obligado en absoluto, dijo: «Las palabras perversas *–iafiaj kezavim–*». (La expresión *iafiaj* significa literalmente «echar viento»). Es decir, no son sino palabras volátiles, y no hay en ellas algo concreto. **«Y el que provoca discordia entre hermanos».** Se refiere a la séptima, que es «abominación de su alma

–nefesh–». Como está escrito: «y mi alma *–nefesh–* os rechazará» (Levítico 26, 30). Y como está escrito: «Pues él con uno –un único consejo–, ¿quién lo hará volver atrás?» (Job 23, 13). Es decir, cuando los miembros de Israel están unidos, entonces la Presencia Divina se posa en Israel. Y a esto se refiere: «Su alma deseó *–nefesh–*, e hizo» (ibíd.). Pero cuando hay «discordia entre hermanos», entonces: «y mi alma *–nefesh–* os rechazará [...]».

20. «**Hijo mío, guarda la ordenanza de tu padre**». Ya he mencionado anteriormente que los preceptos no son sino en su tiempo y cuando vienen a su mano, por eso dice: «guarda», hasta el tiempo –de realizarlo–, o hasta que venga a tu mano. «**Y no abandones la enseñanza –Torá– de tu madre**». Siempre, incluso por un solo instante, porque a la Torá es necesaria estudiarla siempre, en cada momento y a toda hora. Y dijo junto a la «ordenanza», que son los preceptos: «tu padre», y junto a la «enseñanza –Torá–»: «tu madre», porque Padre y Madre –en el lenguaje cabalístico– son la Sabiduría *–jojmá–*[3] y el Entendimiento *–biná–*. Y la gota –seminal– en el padre es oculta y recóndita, y cuando llega a la madre se dibuja allí –la forma humana primaria–. Así, la sabiduría está oculta al ojo de todo ser viviente, porque está en el pensamiento, y en el entendimiento se dibuja y allí está en forma más revelada. Y la raíz de los preceptos está en la Sabiduría (según el misterio de: «que nos ha santificado con sus preceptos»). Y la Torá está en el Entendimiento, según el misterio de: «El Eterno fundó la tierra con sabiduría; dispuso los cielos con entendimiento» (Proverbios 3, 19). [Aclaración: así se entiende que en la Torá siempre se realizan nuevas deducciones *–jidushim–*, pero los preceptos son fijos y no hay innovaciones en absoluto].

21. «**Átalos siempre en tu corazón**». Se refiere al pensamiento, porque en el versículo mencionado anteriormente se habló de los preceptos, que es la acción, y ahora dice que esté en tu corazón,

3. En el texto original dice Jesed.

en el pensamiento. «**Únelos a tu garganta**». Se refiere al habla, o sea, pensamiento, habla y acción.

22. «**Cuando andes, te guiará**». Porque en las personas hay tres situaciones: estar de pie, andar y estar acostado. Y asimismo hay tres tiempos, como dijeron nuestros sabios: «Cuando andes, te guiará», en este mundo, «cuando te acuestes te cuidará», en el sepulcro, «**y cuando despiertes, será tu habla**», en la resurrección de los muertos (Sota 21a). Y asimismo corresponden a los tres mundos en los que la persona mora después de su muerte, que son: el mundo bajo *–shafel–,* y el Jardín del Edén inferior y el Jardín del Edén Supremo. Pues allí moran el alma existencial, el espíritu y el alma suprema. Y además, corresponden a que en la noche el alma asciende y el cuerpo permanece. Y entonces se reúnen las cortezas, tal como está escrito en el Zohar.

Y a esto se refiere: «Cuando te acuestes, te cuidará; y cuando despiertes, será tu habla». Después, cuando el alma *–neshama–* vuelve a él, le dice todo lo que estudió en la noche en el Mundo Supremo. Y a esto se refiere: «será tu habla». «Cuando andes, te guiará», todo el día. Y corresponden a los preceptos activos, y los pasivos y la Torá. «Cuando andes, te guiará», en los preceptos. Y el hombre debe ir y realizarlos. «Cuando te acuestes, te cuidará» se refiere a los preceptos pasivos que requieren acostarse, es decir, no andar y realizarlos. «Y cuando despiertes, será tu habla» se refiere a la Torá, como está escrito: «Bienaventurado el hombre que no anduvo en consejo de malvados» (Salmos 1,1). Se refiere a los preceptos pasivos. «Y no se detuvo en camino de pecadores» (ibíd.) se refiere a los preceptos activos. Porque no se detuvo, sino que anduvo. «Y en residencia de burladores no se sentó» (ibíd.) se refiere a la Torá. Porque dos –hombres– que están sentados y no hay entre ellos palabras de la Torá, es ése un recinto de libertinos, como está dicho: «Bienaventurado [...] y en residencia de burladores no se sentó» (Mishná, tratado de Avot 3, 2). Y corresponden a las tres plegarias, la nocturna, la matutina y la vespertina, que corresponden al tiempo de acostarse, y andar y estar de pie. Y corresponden a lo que el hombre debe andar en las tres partes del mundo: un tercio, desierto; un tercio, tierra habitable; y un tercio, mar.

23. **«Porque el precepto es lámpara, y la Torá es luz; y camino de vida las reprensiones de instrucción».** Aquí dijo tres cosas: Torá, preceptos y cualidades. He aquí tres que cada de una de ellas incluye tres, en correspondencia con lo que dijo anteriormente acerca del hombre sin yugo.

24. **«Para guardarte de la mala mujer».** Se refiere a la codicia, que es el Aspecto Femenino del mal, como explicamos anteriormente (véase explicación a Proverbios 2, 16). Porque no le deja dormir y va siempre tras las vanidades del mundo, y no tiene placer concretamente incluso de este mundo, por eso se denomina: «mala mujer *–eshet ra–»,* porque no hay en ella bien en absoluto. **«De la suavidad *–jelkat–* de la lengua de la ajena».** Se refiere a la avidez que se denomina ajena, tal como hemos explicado anteriormente. Y esa avidez tiene suavidad en la boca porque se muestra a sí misma a la persona como amada para darle los placeres de este mundo, por eso dijo: «De la suavidad *–jelkat–* de la lengua de la ajena». (Considérese además que la expresión *jelkat* significa literalmente «resbalar»).

25. **«No codicies su belleza en tu corazón».** Corresponde a la codicia, por eso dijo: «No codicies». Y dijo: «su belleza en tu corazón». Porque la codicia no tiene seducción y suavidad de la boca, sólo que el hombre codicia por sí solo a causa de que la necesita un poco para sustentarse a sí mismo y a los miembros de su casa. Y a través de eso se arrastra hacia lo permitido y lo persigue siempre, y dice que todo es necesario para él para poder estudiar y servir al Eterno con amplitud, y sustentar a su mujer y sus hijos, por eso dijo: «No codicies», por ti mismo. «Su belleza», es decir, lo suplementario. «En tu corazón *–bilbabeja–»*. –La expresión *bilbabeja* contiene dos letras *bet,* aludiendo a dos, es decir, con tus dos inclinaciones, la inclinación al bien y la inclinación al mal, para decir que también esto es necesario para el servicio del Eterno. **«Y no te tome con sus párpados».** Porque la codicia es el Aspecto Femenino del engaño; ya que muestra bien al hombre y son seducciones, y la seducción es

exterior, porque se muestra a sí misma como buena para él y el mal está oculto en ella. Por eso dijo: «con sus párpados». Es decir, exteriormente, con palabras buenas, y también en su aspecto, porque es común en el engañador gesticular con sus ojos, por eso dijo: «con sus párpados».

26. **«Porque por una mujer meretriz el hombre –empobrece– hasta –necesitar pedir– pan»**. Corresponde a la avidez, y es lo contrario a la Torá, tal como hemos explicado anteriormente (Proverbios 2, 19). Como dijeron los sabios en el Midrash: «hasta que tú solicitas entre la Torá en tus entrañas, solicita que no entre comida y bebida al interior de tus entrañas» (Tana Dbei Eliahu Raba XXVI). Y por eso dice que por una mujer meretriz el hombre llegará hasta –necesitar pedir– pan. Es decir, no sabrá siquiera una sola ley. Porque pan es la Torá, y tal como dijeron los sabios del Talmud, que en el futuro la mujer tomará un pan de ofrenda –*terumá*– e irá a la casa de estudios, y preguntará si es impuro o puro, y no sabrán (Shabat 138b). «Y la mujer de un hombre –*ish*–». Se refiere a la codicia, que es la mala mujer, la cual es sabida, y se denomina *Ish*. **«Caza al alma preciada»**. Porque es lo contrario a los preceptos, y es un poco necesaria; por eso dice que incluso «al alma preciada», que es el poseedor de Torá y temor, ella lo cazará con su red. Porque le mostrará que es necesaria para el establecimiento del mundo y para el servicio del Eterno. Y la Torá es buena con el camino de la tierra –el trabajo–, como fue enseñado: «El estudio de la Torá es bello junto con el camino de la tierra –el trabajo–, ya que esforzarse en ambos hace que el pecado sea olvidado; y toda Torá que no va seguida de trabajo, finalmente quedará anulada y provocará el pecado» (Avot 2, 2).

27. **«¿Acaso el hombre pondrá fuego en su pecho y sus ropas no se quemarán?»**. Es tal como he mencionado anteriormente (Proverbios 4, 26) y explicado extensamente en el Cantar de los Cantares (5, 3), que hay dos tipos de cualidades: una se refiere a esas que nacen con él en su naturaleza, y el segundo, aquéllas a las que se habituó a sí mismo. Y las cualidades se denominan vestimentas, como dijeron nuestros sabios: «su medida», según

su medida (Sifre Levítico 6, 3). Y a esto se refiere lo que dijeron nuestros sabios: ¿cuál es considerado sabio estudioso? Todo el que puede invertir su vestimenta y vestirla como es debido (Shabat 114a). Es decir, habituar sus cualidades y establecerlas según la Torá, y que sean su conducta y su naturaleza concretamente, aunque su naturaleza era inversa. Y esas que nacen con él se denominan sus vestimentas, y ésas a las que se habitúo se denominan sus pies. Y a esto se refiere lo que dijo: «¿Acaso el hombre pondrá fuego en su pecho?» se refiere al que abraza el pecho de la ajena, que es la avidez, que tiene lugar en el interior, en su casa, por eso dijo: «en su pecho». «Y sus ropas no se quemarán». Se refiere a esas cualidades que nacen con él, las cuales perdió por haberse habituado, por saciar su avidez; y con más razón que no quebrantará su cualidad y su naturaleza para habituarse a sí mismo a las buenas cualidades, porque desea satisfacer su avidez, y para eso necesita quebrantar su avidez, y que no permanezca en él en absoluto. Por eso dice: «se quemarán».

28. «**¿Acaso el hombre andará sobre las brasas?**». Corresponde a la codicia, el que va siempre a lugares lejanos y persigue siempre en las plazas y en las calles. «**¿Sus pies no se quemarán?**». Porque ése no tiene tiempo de reparar en sí mismo para observar qué necesita quebrantar. Y también incluso a lo que se habituó desde su juventud, de todos modos, debido a que no es su naturaleza concretamente, fácilmente se apartará de ellas. Y él no presta atención a eso a causa de sus ocupaciones y permanece en su naturaleza. Por eso dice: «y sus pies no se quemarán».

29. «**Así ocurre con quien se llega a la mujer de su prójimo**». Como dijeron nuestros sabios: «su prójimo», y no, ajeno (Sanhedrín 52b). Y corresponde a la mujer extraña, que es la codicia, el que se llega a ella no será absuelto. «**Todo el que la tocare no será absuelto**». Corresponde a la avidez, porque es peor que la codicia, tal como hemos explicado anteriormente (Proverbios 2, 12). Porque lo bueno del mal es peor que el mal del mal, por eso debe alejarse más. Y esos asuntos también corresponden a la Torá, los preceptos y las cualidades.

30. «**No despreciarán al hurtador**». Es decir, aunque el hurtador es muy malo, de todos modos, no lo despreciarán como a ésos. «**Por hurtar para saciar su alma cuando tiene hambre**». En el hombre –hay dos asuntos– alma existencial –*nefesh*– y vida, como expliqué anteriormente (Proverbios 5, 11), y como está escrito: «Y su vida aborrecerá el pan, y su alma existencial el alimento deseable –de avidez–» (Job 33, 20). Y el alma existencial es la que desea, y la vida es la vitalidad. Y a esto se refiere: «para saciar su alma –*nefesh*–», porque así es su voluntad y su deseo. «Cuando tiene hambre». Porque no tiene de qué vivir, por eso hurta, porque el hombre no hurtará sino por uno de estos dos factores.

31. «**Y si se lo hallara, pagará –hasta– siete veces**». Es decir, para el ladrón hay rectificación, que pague. Y dijo: «siete veces», pues en la Tosefta del Baba Kama 7, 3, se dijo que son siete –tipos de– ladrones: uno, el que roba y devuelve –lo que robó– a la vista; dos, el que roba y paga dinero; tres, el que paga el doble; cuatro, el que paga el cuádruple y el quíntuple; cinco, el que roba del dueño del depósito; seis, el cuidador mismo que robó; siete, el que roba un hombre. «**Dará todo lo que tiene en su casa**». Después, en el Mundo Venidero, su prójimo tomará su parte, como dijeron nuestros sabios: «Si lo merece, toma su parte y la parte de su prójimo en el Jardín del Edén; si no lo merece [...]» (Jaguigá 15a). Y no tiene rectificación sino a través de reencarnación y que le adquiera su parte nuevamente; aun así, tiene rectificación.

32. «**El que fornica con una mujer le falta corazón –entendimiento–**». Se refiere a la avaricia y la codicia. Quien desea arruinar su alma «hace eso», porque destruye completamente su alma. Y la explicación del asunto es que hay siete niveles de purgatorio, como dijeron nuestros sabios, (Sota 10b), y quien va a tras la avaricia y la codicia, es juzgado en el Pozo de la Ruina, como está escrito: «Porque la meretriz es pozo profundo; y la extraña es fuente estrecha» (Proverbios 23, 27). Y el que es juzgado en los siete niveles del purgatorio es juzgado doce meses; es decir, en cada uno doce meses, y en dos, en cada uno un mes, como

los siete cuerpos celestes que cumplen su ciclo en el año sobre las doce constelaciones zodiacales. Y el rabí Ieojanan, hijo de Nuri, consideró siete semanas en correspondencia con los siete niveles. Pero el que es juzgado en el Pozo de la Ruina es destruido allí, y por eso: **«arruina su alma»**, porque es «pozo profundo». Y es un manantial surgente que fluye siempre, medida por medida. Y a esto se refiere: «Y Dios observó la tierra y he aquí que estaba corrompida, ya que toda la carne había corrompido su camino sobre la tierra» (Génesis 6, 12). Y por eso es juzgado en la ruina.

33. **«Hallará llaga y humillación»**. Aquí considera los siete juicios que pasarán sobre la persona, como está escrito en el Zohar, en la sección Nasó. Uno es, tal como fue enseñado, que inmediatamente antes de su muerte vienen tres ángeles. Uno de ellos considera todos los instantes que estuvo en el mundo y realiza la cuenta de lo que hizo en ellos; y el segundo considera los pecados que realizó; y el tercero, que estudió con él Torá en el vientre de su madre, ahora viene a ver si ellos están completos con él. El segundo, después de la muerte, cuando lo llevan al sepulcro, pregona ante él: «¡Ay de fulano que se rebeló contra el rey!». Y entonces lo juzgan. El tercero, cuando lo ingresan al sepulcro es juzgado en lo Alto. El cuarto es el golpe del sepulcro *–jivut hakever–*, que es juzgado todo miembro y miembro que ha tenido provecho en este mundo fuera de un precepto. El quinto es el juicio de los gusanos, porque los gusanos lo consumen y su alma hace duelo por él. Sexto es la Catapulta, haciéndose espíritu. El séptimo es el purgatorio. Y a esto se refiere: «llaga», en el purgatorio. «Y humillación», en la Catapulta, porque se hace espíritu y toda la carne se torna abominable *–deraon–*, y todos ven, incluso los vivos. (Y a esto se refiere: «Y saldrán, y verán los cadáveres de los hombres que se rebelaron contra mí; porque su gusano no morirá, ni su fuego se apagará, y serán abominables *–deraon–* a todo hombre» – Isaías 66, 24). «Y su afrenta no será suprimida». Se refiere a su carne que es comida por los gusanos y su alma guarda duelo por la magnitud

de su humillación. Y dijo: «**no será suprimida**», como está escrito: «porque su gusano no morirá» (ibíd.).

34. «**Porque los celos enfurecen al hombre**». Se refiere al momento en que lo llevan al sepulcro y pregonan ante él: entonces Zutano vistió el celo del Eterno de los ejércitos por apartarse de los preceptos del Eterno. Y hace con él grandes crueldades. «**Y no se apiadará**», en el momento del golpe del sepulcro.

35. «**No admitirá ningún rescate**». Se refiere al momento de su enfermedad, si se decretó sobre él que moriría, si la persona diera todo el dinero de su casa no serviría, sólo si fuera decretado que pudiera rescatarse a sí mismo entonces le servirían las generosidades –dar de su dinero–. «**Y no querrá aceptar aunque aumente soborno**». Explicación: en el momento de la cuenta ante el Rey de Reyes, el Santo, bendito sea, no querrá aceptar de él soborno. Es decir, considerar los preceptos contra las faltas; y lo mismo, cuando se lo introduce en el sepulcro.

VII

1. **«Hijo mío, guarda mis dichos».** Guárdate de traspasar mis dichos, y eso, en forma constante. **«Y mis ordenanzas reserva contigo».** Cuando venga el tiempo de ellas, tal como hemos explicado anteriormente (Proverbios 2, 1). Y la explicación del asunto es que en la Torá hay cuatro niveles: sentido llano, alusiones, disertaciones y sentido oculto. Y ahora dice acerca del sentido llano: «guarda mis dichos», para repasarlos siempre, para que los guardes en ti y no los olvides. **«Y mis ordenanzas reserva contigo».** Se refiere a los preceptos textualmente, para realizarlos y cumplirlos.
2. **«Guarda mis ordenanzas y vivirás».** Porque la vida de la persona depende de los preceptos, como está escrito: «Y cuidaréis mis estatutos y mis juicios, que el hombre hará y vivirá con ellos; yo, el Eterno» (Levítico 18, 5). Y se refiere a las disertaciones de la Torá, y por eso dijo: «y vivirá». Porque el que dice que las filacterias no son un precepto de la Torá, y está exento, y el que dice que las filacterias requieren cinco compartimentos, es considerado *zaken mamre,* y está obligado a ser sancionado con la pena capital a través del hombre y a través de los cielos. Y el que no recita el recitado del Shemá en absoluto está exento. Y el rabí Tarfon, que recitó y se inclinó dijo: «Eras apropiado para tornarte obligado tú mismo [...]» (Berajot 10b). Por eso: «Guarda mis ordenanzas», de las palabras de los sabios [y vivirás] **«y mi enseñanza, como a la niña de tus ojos».** Se refiere a la Torá oral. Como dijeron nuestros sabios: «Sé meticuloso con el estudio –Talmud–, pues el error involuntario –cometido– por –falta de meticulosidad en– el estudio –Talmud–, se considera intencio-

nal» (Tratado de Avot 4, 13). Porque allí lo principal son los juicios. Y a esto se refiere lo que está dicho: «Únicamente cuídate y cuida mucho tu alma, para que no olvides las cosas que vieron tus ojos y para que no se aparten de tu corazón todos los días de tu vida, y las harás saber a tus hijos y a los hijos de tus hijos» (Deuteronomio 4, 9).

3. **«Átalos a tus dedos».** Porque es común en el que teme olvidarse de lo que debe realizar, hacer un nudo en un lugar revelado para acordarse. Y si es algo vinculado con la Torá, escribe los comienzos de los asuntos, de modo que si verás, recordarás. Y a esto se refiere: «Átalos a tus dedos» se refiere a la acción, que son los preceptos. **«Escríbelos en la tabla de tu corazón».** Se refiere a la Torá. Y corresponde a las alusiones, porque el que ata o el que escribe para no olvidarse es a modo de alusión.
4. **«Di a la sabiduría: "Tú eres mi hermana"».** Porque la sabiduría es la Torá que aprendió de su maestro, es necesario que esté unida con él siempre. Por eso dijo: «mi hermana», que está con él siempre. **«Y llama "conocido" al entendimiento».** Y para entender un asunto de otro asunto, que no es algo permanente, dijo que esté junto a ti como conocido, que es una persona cercana, como está escrito: «Y Naomí tenía un conocido –es decir, un pariente–» (Rut 2, 1). Porque el cercano no está siempre junto a él como su hermana. Y debido a que al entendimiento se lo debe dilucidar bien, mencionó el término: «llama –*kria*–». Y corresponde a el sentido oculto de la Torá, y también Torá y preceptos.
5. **«Para cuidarte de la mujer extraña».** Se refiere a la codicia. «Y de la ajena [...]». Se refiere a la avidez, como hemos explicado anteriormente (Proverbios 2, 16).
6. **«Porque por la ventana de mi casa».** Tal como –el maestro– escribió en su explicación al Cantar de los Cantares, como está escrito: «Observa desde las ventanas, atisba desde las rendijas» (Cantar de los Cantares 2, 9). Porque quien desea saber y observar algo revelado, lo que sucede en la plaza, observa desde la ventana de su casa. Pero el que desea observar un asunto secreto, que hacen en privado, no se puede observar desde la ventana

porque no se hace en la plaza, ni siquiera en su casa frente a la ventana, en un lugar que es posible observar desde la ventana, y debe atisbar por una rendija pequeña. Y corresponde a la codicia, que persigue siempre en las plazas y en las calles y su tontería es revelada, porque en verdad no tiene placer, no en este mundo ni en el Mundo Venidero, al respecto dijo que observa desde la ventana de su casa. Y en correspondencia con la avidez, que es en privado en su casa, y además aparentemente en forma revelada es algo dulce y bueno, dijo: «He observado por mi celosía».

7. **«Y vi a los tontos».** Corresponde a los poseedores de codicia. Y debido a que lo hacen en forma revelada mencionó la expresión: «Y vi». Y la tontería también es revelada, porque fueron convencidos por su instinto. Por eso dijo: «a los tontos». **«Y entendí que había entre los hijos».** Corresponde a los poseedores de avidez, que están ocultos en sus casas, por eso dijo: «y entendí». Y debido a que ellos siempre están con ellos, como un hijo, por eso fueron denominados «hijos». «Un joven». Corresponde a los poseedores de codicia, que actúan sin inteligencia en absoluto, porque persiguen siempre las vanidades, y no descansan día y noche. **«Falto de corazón –entendimiento–».** Corresponde a los poseedores de avidez, que aparentemente es algo bueno y dulce, pero es un falto de corazón y no ve su futuro.
8. **«Pasaba por la calle».** Es sabido que el Mal Instinto en un comienzo se denomina andante, y después huésped, y después hombre (Sucá 52b). Y además, el Mal Instinto no comienza con la persona, sino con el pensamiento, pero no con la acción. Por eso dice: «Pasaba por la calle». Porque comenzaba a pasar por la calle, simplemente a pasar, y solamente en la calle. Y si después abandona un día, abandonará dos días. Y debido a que se aleja más de la Torá, se acerca a sí mismo al Mal Instinto. Y a esto se refiere: «junto a la esquina». Es decir, a la esquina que lo condujo el Mal Instinto. Y después: **«e iba rumbo a la casa de ella».** Ella lo guía, y todo está en la casa de ella, y él va camino a la casa de ella, y ella es la dueña de casa.

9. «**Al atardecer, en la penumbra** [...]». Porque en la noche hay cuatro tiempos: el tiempo del comienzo de la noche en el que declina el día se denomina: «atardecer *–neshef–*». «En la penumbra *–erev–»,* es el comienzo de la noche, cuando salen las estrellas, que entonces el día está mezclado *–meorav–* con la noche. «**En la oscuridad de la noche**». En medio de la noche concretamente, cuando hay oscuridad y una persona no se ve sino con dificultad y estando cerca. «**Y en tinieblas**», es antes del amanecer, cuando la oscuridad es muy intensa. Y la explicación del asunto es que los días del mundo se denominan noche, y la Torá es la luz con la que se ilumina este mundo. Y hay cuatro niveles de Torá: sentido llano, alusiones, disertaciones y sentido oculto. Y cuando el hombre interrumpe su estudio es común olvidar primero los secretos de la Torá –el sentido oculto–. Y después las alusiones, y después las disertaciones, y después el sentido llano, y entonces está en tinieblas concretamente, ya que no hay en él luz en absoluto.
10. «**Con atuendo de meretriz**». Es decir, una meretriz descubierta para incrementar su avidez. «**Y poniendo acecho al corazón**». Como está escrito: «Una pequeña ciudad, en la que había pocos hombres; y vino contra ella un gran rey, y rodeó la ciudad alzando contra ella grandes bastiones» (Eclesiastés 9, 14). Porque edifica sobre el corazón del hombre bastión alrededor hasta que no puede salir de él.
11. «**Ella era estruendosa**», porque asciende y acusa. «**Y se apartaba**», porque viene a él para tomar su alma. Y ese tonto cuando ve piensa en unirse a ella como antes, pero ella se aparta de él. «**Sus pies no permanecían en su casa**». Como dijeron nuestros sabios, de bendita memoria, que deja a los practicantes de idolatría y acecha a los de Israel, y deja a los iletrados y acecha a los sabios estudiosos (Sucá 52a). Y a esto se refiere: «en su casa», es decir, con esos que ya estaban en su casa: «sus pies no permanecían», no estaba entre ellos.
12. «**A veces estaba fuera**». Se refiere a lo mencionado anteriormente, que sus pies no permanecían en su casa, sólo acechaba siempre a los sabios estudiosos. Por eso dijo: «A veces estaba fuera»,

es decir, con esos que estudian el sentido llano de la Torá, porque ese estudio se denomina «fuera», como fue mencionado anteriormente: «La sabiduría clama fuera» (Proverbios 1, 20). **«A veces en las calles»**, con esos que estudian las disertaciones de la Torá, que se denominan «calles», como está escrito: «eleva su voz en las calles» (ibíd.). **«O acechando junto a toda esquina»**. Es decir, acechará junto a las esquinas de la ciudad por si saliese de allí, y entonces lo acechará también a él. Porque todo el tiempo que está en la ciudad ella no puede venir junto a él. Por eso dice: «acechando», porque ella acecha siempre porque tal vez saldrá de allí.

13. **«Y ella lo aferró»**. Al comienzo lo aferra para que no se vaya de ella y la abandone. **«Y lo besó»**. Y después lo besó, pegándose a él con amor. **«Actuó con insolencia y le dijo»**. Porque al comienzo no le dice nada, sólo cuando vi que no prevalece sobre ella, sino que va y se apega con ella, entonces le habla. Porque el Mal Instinto no comienza inmediatamente a seducir para pecar, sino que primeramente muestra amor y después habla.
14. **«Sobre mí sacrificios de paz»**. Porque el Mal Instinto no viene sobre el hombre para convencerlo de realizar un pecado, porque, ¿quién lo escucharía? Pero viene sobre él con preceptos, y a través de eso lo arrastrará. Y a esto se refiere: «sacrificios de paz». Porque con los sacrificios de paz es un gran precepto comer y alegrarse, y a través de eso se proyectará el Mal Instinto. Porque el Mal Instinto no viene sino en medio de comida y alegría. **«Hoy pagué mis promesas»**. Porque en las donaciones –*nedava*– no hay tanta alegría, pero con las promesas –*neder*– hay mucha alegría, porque está obligado a hacerse responsable –por esa ofrenda en caso de que le ocurra algo–. Y le dijo: «Hoy pagué mis promesas», y es un precepto comer –hoy–, para que no sobre –de éstas–.
15. **«Por eso he salido»**. Porque hay un precepto bajo mi mano, y yo sé que tú amas los preceptos, y yo te amo mucho; por eso salí a tu encuentro, para que realices el precepto, y hubo ayuda de los cielos porque te he hallado inmediatamente.

16. **«He ataviado mi cama con bellas colchas».** Porque este mundo se asemeja a la noche, y los asuntos de este mundo se denominan «cama». Y cuando él esté habituado a los deleites del precepto, entonces el Mal Instinto le dirá: «¿Por qué dejas este mundo que es bueno y bello?». «Recamadas *–jatuvot–*». Se corresponde a el término *jativa,* es decir: selecto. **«Con cordel de Egipto».** Lo que se trae de Egipto; es decir, de lo selecto que se lleva en Egipto. Porque en Egipto se encuentran todos los deleites de este mundo y allí está el misterio del Codicioso, y la raíz de las impurezas, como está escrito: «Porque la desnudez de la tierra [...]» (Génesis 42, 12).
17. **«He aromatizado mi aposento con mirra, áloes y canela».** Porque todo lo que se realiza en los asuntos de este mundo sin meditar en sus caminos se denomina «aposento *–mishcav–*». Porque se acuesta *–shojev–* en la cama y no hace nada. Y a esto se refiere lo que le dice: ahora tú no debes meditar en tus caminos sino ve tal como tu corazón desea. Y lo que temes de los pecados, por el contrario: «he aromatizado *–nafti–* mi aposento»; lo que yo no reflexiono contigo ahora, después te agitaré *–tenufa–*. Tal como dijeron nuestros sabios: «El arrepentimiento es tan grande que los pecados se convierten en méritos» (Ioma 86b). Y todo lo que se aumente, serán más méritos. «Mirra, áloes y canela». El asunto es tal como está dicho: «Mirra, áloe y casia emanan todos tus vestidos *–bigdoteja–*» (Salmos 45, 9). Y dijeron nuestros sabios: no leas *bigdoteja,* sino *begidoteja* (Talmud de Jerusalén, tratado de Pea 1, 1). Es decir, los pecados serán como méritos.
18. **«Ven, embriaguémonos de amores hasta la mañana».** Es decir: «hagámoslo hasta la mañana». O sea, hasta el final de sus días. **«Alegrémonos con actos de amor».** Después, cuando despunte la mañana y me aparte de ti, de todos modos, nos alegraremos con el mucho amor que hay entre nosotros. Es decir: al final de tus días, incluso te arrepientas, de todos modos, nos alegraremos con el amor antiguo.
19. **«Porque el hombre no está en su casa».** Y tú no has de temer de él. Y si dijeras: «Por si viniera», por eso ella le dijo: **«Se ha ido a**

camino lejano», y ahora no vendrá en absoluto y podremos embriagarnos hasta la mañana.

20. «**Tomó la bolsa de dinero en su mano»**. Y si dijeras: «Por si olvidó sus monedas y volviese», o: «Por si viniera a tomar más monedas», por eso ella le dijo: «Tomó la bolsa de dinero en su mano». Y no ha quedado nada y no volverá ciertamente. **«El día del plazo volverá a su casa»**. Porque si no había un tiempo para su venida es posible que ahora venga del lugar al que viajó, pero él estableció un tiempo para su venida y aún no ha llegado ese tiempo. Y la explicación del asunto es que el hombre necesita cuatro caminos del Eterno, como está escrito: «Porque el precepto es lámpara, y la Torá es luz; y camino de vida las reprensiones de instrucción» (Proverbios 6, 2). Éstos son: Torá, preceptos, temor y sabiduría. «El precepto es lámpara, y la Torá es luz» se refiere a la Torá y los preceptos. «Camino de vida» es la sabiduría, como está escrito: «Y la sabiduría será vida para sus poseedores» (Eclesiastés 7, 12). Y el temor es «las reprensiones de instrucción». Y el Mal Instinto le dijo con sus seducciones que no dirija su corazón a las cuatro cosas ahora. En correspondencia con la sabiduría dijo: «Porque el hombre no está en su casa». Porque el Templo Sagrado está destruido y el Santo, bendito sea, no mora en Sion, que de allí viene la sabiduría, como está escrito: «Y se perderá la sabiduría de sus sabios» (Isaías 29, 14). Y en correspondencia con el temor dijo: «Se ha ido a camino lejano». Porque el temor se proyecta del entendimiento, que de allí se despiertan los juicios, y el entendimiento se denomina «lejos», como está escrito: «El Eterno se me apareció de lejos» (Jeremías 31, 2). Y ahora no hay entendimiento, como está escrito: «Y el entendimiento se ocultará de sus entendidos» (Isaías 29, 14). Y a esto se refiere: «se ha ido a camino lejano». «Tomó la bolsa de dinero en su mano». Corresponde a la Torá, que se denomina: «Bolsa de conocimiento *–tzor teuda–* [...]» (Isaías 8, 16). Es decir, la Torá ahora está sellada, y aunque te esfuerces tú mismo, no la sabrás, porque: «Su rey y sus príncipes están entre las naciones, no hay Torá» (Lamentaciones 2, 9). «El día del plazo volverá a su casa». En el tiempo postrero volverá y vendrá a su

casa. Entonces los preceptos estarán con completitud; pero ahora los preceptos no se acostumbran –realizarlos–, por eso no dirijas tu corazón a ellos, porque ahora incluso aunque los persigas, no los alcanzarás.

21. **«Lo doblegó con sus muchas técnicas»**, como está dicho: «Y ella lo aferró [...]» (Proverbios 7, 13). Y dijo: «con sus muchas técnicas», en correspondencia con: «y le besó» (ibíd.). **«Con la ternura de sus labios».** Con el decirle las palabras de seducción: «lo desplazó», de todo. Porque al comienzo, con las técnicas con que lo tomó y lo aferró: «lo doblegó *–hitató–*» –es decir, lo hizo inclinar y torcer el camino–, y aún se inclina hacia aquí y hacia allí, pero con sus palabras lo desplazó de todo.

22. **«Fue tras ella».** Ya que lo desplazó del camino de la vida entonces él mismo va tras ella y ya no necesita convencerlo. **«Repentinamente».** En correspondencia con lo que dijo anteriormente: «He aromatizado mi aposento [...]» (Proverbios 7, 17). Es decir, que después se arrepentirá y rectificará, por eso dijo: **«repentinamente como el toro va al degolladero».** Y él no sabía que estaba preparado para él el día de oscuridad, que son los cuatro juicios que pasarán sobre él: la muerte, el golpe del sepulcro, la Catapulta y el purgatorio *–Gueinom–*. En correspondencia con la muerte dijo: «fue tras ella», tal como está escrito en el Zohar, que cuando ella desciende para tomar el alma él piensa que también ahora viene para saciar su avidez. Pero ella le vuelve la nuca y lo mata. Y a esto se refiere: «fue». **«Y como la víbora con su veneno para castigar al necio».** Se refiere al golpe del sepulcro, y lo calcina como el veneno de la víbora, a cada miembro y miembro que tuvo provecho de este mundo sin ser por precepto.

23. **«Hasta que –tropieza con ella, pues– la flecha –de ella– traspasa su hígado».** Se refiere a la Catapulta, pues se lo arroja de lugar en lugar y los ángeles dañadores le arrojan flechas y los perros lo devoran. **«Cual ave que se dirige presurosamente a la red».** Se refiere al purgatorio, como dijeron nuestros sabios: «Y no dejes que tu –mal– instinto te asegure que en el Seol hay escapatoria para ti» (Tratado de Avot 4, 22). Es decir, primero

lo juzgan con flagelos duros y amargos, a tal extremo que cuando ve el purgatorio piensa en ocultarse allí de ellos. Y a esto se refiere lo que se dijo: «que en el Seol hay escapatoria para ti». Es decir, pensará escapar allí de los flagelos. Resulta que los flagelos previos al purgatorio son más seguros que el purgatorio. Y a esto se refiere: «cual ave que se dirige presurosamente a la red», por sí misma. Así él huirá al purgatorio. **«Y no sabe que es por su vida».** Porque hasta el purgatorio se juzga al cuerpo, y en el purgatorio se juzga al alma *–nefesh–*.

24. **«Y ahora, hijos, oídme».** Es decir, recibid para hacer, y se refiere a la sabiduría. **«Y atended a los dichos de mi boca».** Se refiere al entendimiento, porque se debe atender a todas las palabras para entender un asunto a partir de otro asunto, como está escrito: «Recibid, hijos, la instrucción del padre, y atended para conocer el entendimiento» (Proverbios 4, 1).
25. **«Tu corazón no se desvíe a los caminos de ella».** Corresponde a la codicia, porque camino es revelado, y la codicia es revelada, como he escrito anteriormente (Proverbios 2, 16). **«No te andes equivocadamente por sus senderos».** Corresponde a la avidez, que es en forma oculta en su casa, por eso dijo senderos. Y corresponden a lo interior y lo exterior.
26. **«Porque a muchos cadáveres *–jalalim–* ha hecho caer».** Corresponde a la avidez, que es lo opuesto a la Torá. Porque también se sienta en su casa y estudia, y éste se sienta en su casa y no estudia, solamente sacia su avidez. Por eso dijo: «Porque a muchos *–rabim–* cadáveres *–jalalim–* ha hecho caer». Porque *rabim* se refiere a la Torá, según el misterio de Rav, Rabí, Rabanan. Y se dijo *jalalim* –que también significa interior–, porque la avidez es en el interior, por eso dijo *jalalim,* porque *jalal* también es en el interior, como dijeron nuestros sabios: «Los malvados son denominados muertos en vida, como está escrito: "y tú *jalal* malvado"» (Berajot 18b). Es decir, en el alma *–nefesh–*. **«Y son exorbitantes todos sus asesinados».** Corresponde a la codicia, que es en contraposición con los preceptos. Y dice: «exorbitantes *–atzumim–*», porque es poderoso en los miembros, que son los huesos *–atzamot–*. Es decir, la codicia mata

también a los poseedores de preceptos, porque es lo opuesto del precepto, es decir: tal como a los preceptos hay que perseguirlos, como dijeron nuestros sabios: «Y mi alma perseguirá en pos de tus preceptos» (Berejot 17a). Porque el poseedor de codicia persigue siempre como hemos explicado anteriormente (Proverbios 2, 17). Y dijo: «sus asesinados», porque la codicia es algo revelado, y asimismo los miembros y los preceptos son algo revelado, por eso dijo: «sus asesinados *–aruguea–»,* en forma revelada.

27. **«Caminos al Seol son su casa».** Corresponde a la avidez, por eso dijo: «su casa», porque es en –el interior, en– la casa, como fue mencionado anteriormente. Y dijo: «Seol», como está escrito: «El Seol ensanchó su interior *–nafsho–*» (Isaías 5, 14), que es el purgatorio. Y lo dijo en correspondencia con la codicia, que desciende hasta las Cámaras de la Muerte. Por eso dijo: **«descienden».** He aquí mencionó codicia y avidez, y con cada una dos, interior y exterior: en la avidez *«jalalim»* en el alma, y «muerte» en el cuerpo; y asimismo en la codicia: «asesinados», en el cuerpo y «Seol» en el alma. Porque en la codicia también hay dos asuntos, uno fuera, que no estudia en absoluto, y sólo observa en saciar su avidez, y el segundo, que estudia, pero para acusar o para saciar su deseo y su avidez que desea. Y asimismo con la codicia, pues no estudia en absoluto o estudia para saciar su codicia.

VIII

1. **«¿Acaso la sabiduría no llamará?»**. Porque anteriormente dijo: «La sabiduría clama fuera» (Proverbios 1, 20). Lo contrario a los ladrones. Porque allí dijo: «acecharemos para derramar sangre [...]» (Proverbios 1, 11), y está vinculado con el misterio del Aspecto Masculino –de ese flanco–, así, pues, ahora dice lo opuesto, la mujer meretriz, que está vinculada con el misterio del Aspecto Femenino –de ese flanco–, que a todo lo lleva a cabo: «al atardecer, en la penumbra» (Proverbios 7, 11). Pero la sabiduría es llamada en forma revelada y no debe avergonzarse de ella. Tal como dijo anteriormente, que hay cuatro niveles en la Torá: sentido llano, alusiones, disertaciones y sentido oculto. Y allí dijo: «clama [...], su voz [...], llama [...], dice sus asuntos [...]» (Proverbios 1, 20-21). Y así aquí: «¿Acaso la sabiduría no llamará?» (Proverbios 8, 1), he aquí llamado; «el entendimiento dará su voz» (ibíd.), he aquí voz; «clama en el paso de las entradas» (Proverbios 8, 3), he aquí clamor; «escuchad, porque hablaré» (Proverbios 8, 4), he aquí dice sus asuntos. [Aclaración: y la razón por la que aquí mencionó el verbo «hablar» y allí «decir», se debe a que aquí está vinculado con el misterio del Aspecto Femenino, o sea, hablar; y allí con el Aspecto Masculino, y dijo: decir].
2. **«–Se ubica– en la cima de las cumbres, junto al camino; está de pie en la intersección de los senderos»**. Se refiere a los tres niveles de la sabiduría, como está escrito en Sefer Yetzira: «Senderos *–netivot–* maravillosos *–pliot–* de sabiduría *–jojmá–*» (Sefer Yetzira 1, 1). Y los tres niveles de la sabiduría son: uno, la sabiduría conocida por todos, como el día que todos conocen su necesidad; y el segundo es la sabiduría secreta, la cual no es revelada sino a los sabios, como la noche, que aparentemente no

hay necesidad de ella, pero aquella persona entendida entiende su necesidad; y el tercero es la sabiduría oculta de todo ser viviente, tal como –el Santo, bendito sea– dijo a Moisés: «Así ascendió al Pensamiento» (Menajot 29b). Y así dijo más adelante: «Las sabidurías edificaron su Casa» (Proverbios 9, 1). «Sabidurías», se corresponde a «en la cima de las cumbres, junto al camino» (Proverbios 8, 2). «Su Casa» se refiere a la tercera –categoría de– sabiduría. Como está dicho acerca de ella: «La Casa se edificará con sabiduría» (Proverbios 24, 3). Y a esto se refiere lo que dijo aquí: «está de pie en la intersección de los senderos» (Proverbios 8, 2). Y así más adelante acerca del entendimiento, mencionó tres –niveles de– entendimientos, como está escrito: «Cuando llamares al entender *–biná–*» (Proverbios 2, 3). Y está dicho: «Y el hombre entendido lo extraerá» (Proverbios 20, 3). Y cuando se incluyen, todos se denominan por el nombre del entendimiento, como está escrito: «porque no es pueblo de entendimientos» (Isaías 27, 11).

3. **«Junto a los portales, en el acceso a la ciudad; clama en el paso de las entradas».** Como dijeron nuestros sabios: «¿Cuál es la razón por la cual el pie de la letra *he* pende –y no está unido a la parte superior–? Para que si vuelve –en arrepentimiento–, entre por él –hueco mencionado–. (Se propuso:) y que entre por este (hueco inferior. Y se respondió:) no tendrá ayuda –suprema– en el asunto». Es decir, tal como escribió en su explicación a Isaías, que la entrada inferior es el portal de los justos, como está escrito: «Éste es el portal del Eterno, los justos vendrán por él» (Salmos 118, 20). Pero los poseedores de arrepentimiento necesitan una entrada pequeña, tal como escribió allí según el misterio de las letras: *jet* y *kuf* (que tienen un hueco similar, porque su pie pende). Y a esto se refiere: «La caña *–kane–* reprimió a la bestia *–jaiat–*» (Salmos 68, 31). Y ya he escrito que aquí se mencionan tres grados: derecha: «junto a los portales» (Proverbios 8, 3), e izquierda: «en el paso de las entradas» (ibíd.), y arriba: «en el acceso a la ciudad» (ibíd.). Y se refiere a los justos y a los poseedores de arrepentimiento, los preceptos activos y a los pasivos.

4. «**Os llamo a vosotros, señores** [...]». Aquí se refiere al misterio de la percepción que está vinculado con el misterio de cuatro, como está dicho: «Porque Dios de percepciones es el Eterno» (I Samuel 2, 3). Y cada una incluye dos, dos por encima de ella, que ella las vincula; y dos por debajo de ella, que ella las vincula. Y a esto se refiere lo que dijeron los sabios: «Todos los misterios de la fe dependen de ella». Por eso dijo: «os llamo» y «mi voz» (Proverbios 8, 4). Tal como surge de lo que está escrito: «¿Acaso la sabiduría no llamará, y el entendimiento dará su voz?» (Proverbios 8, 1). Y dos abajo: «Entended [...] entended [...]» (Proverbios 8, 5). Porque se proyecta allí.
5. «**Tontos, entended astucia** –*orma*–». Porque los tontos debido a que fueron seducidos por su instinto, porque no tienen astucia, y le creen, por eso dijo: «entended astucia», para que no sean más seducidos por su instinto. «**Y necios, entended –en vuestro– corazón** –*leb*–». Porque al necio le falta inteligencia, por eso dijo: «entended corazón». Y considérese que el valor numérico de la expresión *orma* es igual a cinco veces el valor numérico de la expresión: «Honor a Dios –*cabod El*–», que se refiere a los cinco grabados de sellos, que aluden a los cincuenta portales del Entendimiento. Y el valor numérico de la expresión *leb* es treinta y dos, y aluden a los treinta y dos senderos de Sabiduría. Y se vinculan con el misterio de «Bendito –*Baruj*–», según el misterio de las dos letras *shin* (que hay en la filacteria de la cabeza), una de tres cabezas, a la derecha del que se coloca –la filacteria–, y una letra *shin* de cuatro cabezas a la izquierda del que se coloca –la filacteria–.
6. «**Escuchad** [...]». Explicación: escuchad todas mis palabras, incluso las del sentido llano de la Torá. Y dijo aquí seis versículos en correspondencia con: la Torá escrita, Mishná, Guemará, Midrash, y Agadot. Y Agadot comprende dos: lección –*musar*– y secretos. Y dijo aquí en correspondencia con la Torá escrita: «Porque hablaré asuntos sublimes –*neguidim*–». Porque mis palabras eran con los príncipes. Y es común en el que habla con un príncipe no hablar cosas demás, sino que cada palabra y palabra es mencionada por una gran necesidad; así, mi palabra. Es decir,

todos estos asuntos –Dios– los habló con Moisés y Aarón, pero con Israel lo hacía a través de dicho *–amira–*, como está escrito –muchas veces en el Pentateuco–: «Y el Eterno habló a Moisés para decir». Y además: «porque hablaré asuntos sublimes *–neguidim–»*, es decir: todas mis palabras son príncipes y sublimes, por eso: «escuchad todas mis palabras». «Y abriré mis labios con rectitudes». Es decir, como está escrito: «sobre el libro de rectitud» (Josué 10, 13). Y nuestros sabios, de bendita memoria, dijeron: se refiere al Génesis [...]. «Y abriré mis labios». Porque es el comienzo de la Torá, se denomina Rectitud.

7. **«Porque verdad [...]»**. Corresponde a la Mishná, porque en la Mishná cada palabra es un asunto independiente; y la Mishná se fundamenta sobre lo apto y lo inválido, lo impuro y lo puro, lo prohibido y lo permitido. Y a esto se refiere: «Porque verdad [...]». Es decir, todo lo que pronunciare, o sea, toda palabra de la Mishná que declarara apta, y purificara, y permitiere es verdad. **«Y abominación de mis labios»**. Y lo que yo impurificare, y declarare inválido, y prohibiere «es –lo que se considerará– la maldad».
8. **«Todos los dichos de mi boca son con rectitud»**. Corresponde a la Guemará. Porque a veces –en la Guemará– dice: «Le falta –algo a la Mishná para completarse el entendimiento del estudio–», y a veces dice: «Estúdiese así»; y no has de decir, Dios libre, que es un asunto extraño, sino que todo es «con rectitud». «No hay en ellos torcedura ni tortuosidad». Porque a veces un asunto no es aceptado por dos razones: una, porque es un asunto tortuoso y torcido; y la segunda, aunque es un asunto recto, pero a causa de que se incrementaron palabras y se mezclaron varias cosas extrañas juntas en el planteamiento, entonces se hace entrar un elefante por el orificio de una aguja. Y por eso dijo que con la Torá no es así, porque aunque se debate, no hay «torcedura», que es la mezcla de varias cosas extrañas juntas, y tampoco hay «tortuosidad».
9. **«Todos son correctos [...]»**. Corresponde a el Midrash. Por ejemplo: Sifra y Sifrei, y similares, los cuales son sorprendentes por dos causas: una, porque se diserta sobre un asunto cuando

en la Torá consta explícitamente que el asunto –tal como está escrito en forma literal– no es así. Por ejemplo: «ojo por ojo», y asuntos semejantes. Y la segunda, que se diserta sobre –una expresión de– un versículo, por ejemplo: «y si *–veim–*», para –manifestar que ésta viene a– incrementar el reemplazo –de una ofrenda–, y asuntos similares, de lo cual no hay una prueba en absoluto a partir de ese versículo. Y por eso dijo: «Todos son correctos para el entendido». En correspondencia con lo que no hay prueba dijo que: «todos son correctos», sólo «para el entendido». Para el que entiende un asunto a partir de otro asunto. **«Y rectos»**. Es decir, y respecto a lo que parece a sus ojos que no es un asunto recto, dijo que son «rectos», pero **«para quienes han hallado sabiduría»**. Para el que tiene la sabiduría de la Torá.

10. **«Tomad mi instrucción»**. Corresponde a las Agadot. **«Y conocimiento»**, como dijeron nuestros sabios: quien desea conocer a Dios, que se apegue a las Agadot. Y a esto se refiere: **«y conocimiento, en vez de oro selecto»**.
11. **«Porque la sabiduría es mejor»**. Corresponde a el sentido profundo, es decir, los misterios de la Torá. **«Que las perlas»**. La explicación es tal como he escrito anteriormente (Proverbios 3, 1), que el hombre adquiere un asunto preciado a sus ojos por dos razones: una, porque lo necesita mucho, y la segunda, porque es algo muy valioso y no se encuentra. Y a esto se refiere lo que se dijo, que los secretos del sentido profundo de la Torá son mejores que perlas, que son muy valiosas. «Y todo lo que se desee», lo que se necesita, «no se comparará con ella».
12. **«Yo, la sabiduría»**. Es decir, en el lugar en que «Yo, la sabiduría», moro, allí mora «la astucia». Porque de la Torá le nace astucia, como Jacob, que era hombre simple, y fue astuto con Esaú y Labán. **«Y hago hallar los pensamientos del conocimiento»**. Es decir, yo le hago hallar el conocimiento para que sepa cuidarse a sí mismo de los pensamientos, tal como he explicado anteriormente. Y ése es el interior del conocimiento.
13. **«El aborrecer el mal es temor al Eterno»**. Es decir, alcanzará el temor al Eterno; y el temor al Eterno es aborrecer el mal, y la altanería y la arrogancia. **«Y el mal camino, y la boca de controver-**

sias». Ya he escrito anteriormente (Proverbios 2, 12) que se refiere al mal y al engaño, y comprende tres asuntos, que son: la envidia, y la avidez, y el honor. Y cada uno incluye dos. En la envidia, que es el mal, se incluye el mal y el engaño. Y en la avidez, la avidez y la codicia. Y en la arrogancia, la altanería, y la arrogancia. Y a esto se refiere: «Guarda *–netzor–* tu lengua del mal» (Salmos 34, 14) se refiere al mal, «y tus labios de hablar engaño» (ibíd.) se refiere al engaño.

14. **«Poseo consejo [...] mío es el poder»**. La explicación es, tal como está escrito: «para decir a los presos: "¡Salid!"; a los que están en oscuridad: "¡Revelaos!"» (Isaías 49, 9). Es decir, para esos que saben que es la seducción del Mal Instinto, pero está preso en su mano y no puede prevalecer sobre él y salir de él: «para decir», a ellos: «¡Salid!». Y para esos que están en oscuridad y no saben que es la seducción del Mal Instinto: «¡Revelaos!». Revélales que es la seducción del Mal Instinto. Y a esto se refiere: «Poseo consejo», para aconsejarse y entender la seducción del Mal Instinto; y «poder», para fortificarse sobre él después de que sabe que es una seducción del Mal Instinto. «Y –la llave del– debilitamiento», es el consejo para alcanzar la sabiduría y extraer un asunto de otro asunto. «Yo soy el entendimiento». Porque lo importante es entender un asunto a partir de otro asunto.

15. **«Los reyes reinan por mí, y los gobernantes legislan justicia»**. Porque los gobernantes son los que legislan *–jokekim–* las normas y el juicio, cómo comportarse. Y a esto se refiere: «No se apartará el cetro de Yehuda, ni los gobernantes *–jokek–* de entre sus descendientes, hasta que venga Shiló, y los pueblos se congregarán a él» (Génesis 49, 10). Y nuestros sabios dijeron que se refiere a los príncipes de la tierra de Israel, que estudian la Torá, y ellos legislan las leyes. Y los reyes son quienes ven que se cumpla la legislación establecida. Y los ministros están establecidos en todas las ciudades, y juzgan según la ley que legislaron los gobernantes.

16. **«Por mí se rigen los príncipes»**. Ellos son los ministros que están a cargo en todas las ciudades para dictaminar las sentencias de los juicios, y se debe designar a poseedores de la Torá. **«Y los**

regentes de todos los jueces rectos». Son los alguaciles. Y todo juez que hubiere en la tierra de Israel, todo ha de ser conforme a la Torá.

17. **«Yo amo a los que me aman».** Porque el Otro Lado –de la impureza–, es enemigo de los que lo aman y se apegan a él, porque él mismo acusa contra ellos, como está escrito: «No sirvas a sus dioses porque es tropiezo para ti» (Deuteronomio 7, 16). Porque ellos mismos te serán por tropiezo; pero: «Yo amo a los que me aman». **«Y me hallan los que madrugan por mí».** Porque el Otro Lado es algo que no tiene mañana. Y todos los que madrugan por él testificarán y dirán que no tiene mañana. Pero respecto a la Torá: «Me hallan los que madrugan por mí».

18. **«Junto a mí se encuentran la riqueza y el honor».** Como está escrito: «en su izquierda riqueza y honra» (Proverbios 3, 16). Y dijo: «junto a mí», para aquel que estudia en el nombre de ella –la Torá–, y no toma la riqueza y el honor en este mundo, está junto a mí; es decir, esa riqueza y honor que están ocultos para el Mundo Venidero, están junto a mí. **«El tesoro –hon– poderoso –*atek*– y la justicia –*tzedaká*–».** *Atek* es una especie valiosa que no se encuentra, y la llamó *atek.* Y *hon* significa mucho. Y a esto se refiere, que tendrá *hon atek,* todas cosas muy valiosas que no se hallan en absoluto; y en una gran cantidad. Porque es común que hubiere poco, porque no se encuentra, pero en el Mundo Venidero habrá mucho. «Y la justicia –*tzedaká*–». Como está escrito: «Y será un mérito –*tzedaká*– para nosotros si cuidamos de cumplir todo este precepto ante el Eterno, nuestro Dios, tal como nos ordenó» (Deuteronomio 6, 25). Es decir, lo necesario se denomina *tzedaká,* y es más que juicio *tzedek.* Porque *tzedek* es lo que le llega según la medida del juicio; y *tzedaká,* todo lo que necesita, aunque no le llegue según la medida del juicio. Y a esto se refiere: «Y la justicia –*tzedaká*–». Es decir, todo lo necesario.

19. **«Mi fruto es mejor que el buen oro».** Y si dijeres: ¿por qué no dan al justo toda la riqueza y el honor mencionados anteriormente? Por eso dijo: «Mi fruto es mejor que el buen oro». Porque los frutos que la persona come en el Mundo Venidero son

mejores que lo selecto de este mundo, que es el buen oro. Y es como el ejemplo de un hombre que fue a un lugar donde el oro era mucho más barato que el hierro. Y el astuto procuraba no gastar del oro y se arreglaba con lo que podía hasta llegar a su casa. Entonces tomaba el oro que había reunido allí, en ese lugar donde era barato. Así los justos han de procurar sustentarse en este mundo en forma estrecha, porque los frutos del Mundo Venidero son mejores que el buen oro y que el oro selecto de este mundo, para tener también los frutos en el Mundo Venidero. Y en este mundo procuran solamente reunir Torá y preceptos. «**Y mi cosecha**». Es lo que el hombre halla de sí mismo; y se asemeja a la cosecha que el hombre siembra y halla a través de sus acciones, y es «**mejor que la plata escogida**».

20. «**Andaré por sendero de justicia** *–tzadaka–*». Es decir, con quien va por sendero de justicia, con ese hombre andaré. «A través de sendas de juicio *–mishpat–*». Con esos que andan por sendas de juicio, en medio de ellos andaré.
21. «**Poseo para hacer heredar a los que me aman**». Porque este mundo no es igual al Mundo Venidero en dos cosas: una, que este mundo es vanidad y no hay algo concreto, y las personas cambian el hay por no hay, y dicen respecto al no hay que hay. La segunda, que es un mundo que pasa como un ave que vuela, pero el Mundo Venidero es eterno, para siempre. Y a esto se refiere: «para hacer heredar». Es decir, una heredad para siempre, y también: «hay», porque es un mundo en el que hay, y es para «los que me aman». «Y sus depósitos». Se refiere al temor, como está escrito: «El temor del Eterno es su depósito» (Isaías 33, 6). Y no tiene nada de él, por eso dice: «llenaré». Como está escrito: «Y los compartimientos se llenarán [...] con percepción» (Proverbios 24, 4). «Hay» corresponde a la sabiduría y el entendimiento, «**y sus depósitos llenaré**», con la percepción, como está escrito: «Y los compartimientos se llenarán de todo tesoro preciado y agradable con percepción».
22. «**El Eterno me adquirió al comienzo**». Se refiere a los treinta y dos senderos que están incluidos en el comienzo *–reshit–*, es decir, el Génesis». Y a esto se refiere: «comienzo *–reshit–*». Y *Reshit*

es el comienzo de los nombres de las cuarenta y dos letras –mencionadas por los sabios cabalistas–; y el portal quincuagésimo, correspondiente al Entendimiento *–biná–*, está incluido en ellas. «El Eterno me adquirió al comienzo *–reshit–* de su camino». Y a esto se refiere: «En el comienzo *–Bereshit–*» (Génesis 1, 1), como dijeron nuestros sabios: y no hay *reshit,* sino [...] (Bereshit Raba 1, 1). «Desde antaño, antes de sus obras». Y a esto se refiere: que él «creó» (Génesis 1, 1), y se refiere al misterio de la rectificación *–teshuvá–,* porque por ésta fue creado y formado todo.

23 **«Desde siempre he gobernado».** Se refiere al nombre Elokim [como está escrito: en el comienzo creó Elokim a los cielos y a la tierra] (Génesis 1, 1), pues yo he hecho conocer su Divinidad en el mundo. «Desde el comienzo» se refiere a los patriarcas. Y a esto se refiere: «a los cielos» (Génesis 1, 1). «Desde antes de la tierra». Y a esto se refiere: «a la tierra» (Génesis 1, 1). Y ésos son los siete que antecedieron a la tierra, como dijeron en el Talmud: siete antecedieron a la tierra: Torá, arrepentimiento *–teshuvá–,* Jardín del Edén, purgatorio, el Templo Sagrado y el nombre del Mesías (Pesajim 54a). «En el comienzo creó» (Génesis 1, 1), tal como fue mencionado anteriormente. La expresión: «a *–et–*» (ibíd.) se refiere al Jardín del Edén y al purgatorio, derecha e izquierda. Y a esto se refiere: «a *–et–*». «Los cielos» se refiere a los cielos, el trono. «Y» (ibíd.) se refiere al nombre del Mesías. «A *–et–*» (ibíd.) se refiere al nombre al Templo Sagrado, el lugar de las plantas de sus pies –de la manifestación suprema–. Y en el Talmud de Jerusalén y en Bereshit Raba se considera en lugar del Jardín del Edén y el purgatorio, a los patriarcas y a Israel. Y éstas son las correspondencias: «A *–et–*» se refiere a los patriarcas, porque Jacob, que «residía en tiendas», incluye a –los atributos de– ambos –patriarcas que lo antecedieron–. Y «la tierra» se refiere a Israel, como está escrito: «porque vosotros seréis tierra deseable» (Malaquías 3, 12).

24. **«No habiendo abismos** [...]». A esto se refiere: «sobre la faz del abismo» (Génesis 1, 2). **«No habiendo manantiales llenos de agua».** A esto se refiere: «sobre la faz de las aguas» (ibíd.).

25. **«Antes de que las montañas fueran hechas; fui creada antes que las colinas».** Y a esto se refiere: «informe y vacía» (Génesis 1, 2).
26. **«Antes de que hiciera la tierra».** A esto se refiere: «Y la tierra» (Génesis 1, 2). **«Y las afueras».** A esto se refiere: **«Y la oscuridad»** (ibíd.), como está escrito: «Dispuso la oscuridad para su ocultación [...]» (Salmos 18, 12). «Y el comienzo del polvo del mundo». A esto se refiere: «y el espíritu de Dios se movía» (Génesis 1, 2). Tal como consta en Sefer Yetzira: «uno, el espíritu de Dios [...]» (Sefer Yetzira 1, 9).
27. **«Cuando preparaba los cielos».** A esto se refiere: «Y dijo Dios sea la luz» (Génesis 1, 3). Como dijeron nuestros sabios: se refiere a las lumbreras que fueron creadas en el primer día, y no fueron fijadas hasta el cuarto día –de la Creación– (Jaguigá 12a). Y con más razón según la opinión del sabio que dijo que –la luz– fue guardada, era una preparación para las lumbreras en el día cuarto. **«Cuando delineaba la circunferencia sobre la faz del abismo».** A esto se refiere el misterio de lo que está escrito: «y separó» (Génesis 1, 4).
28. **«Cuando afirmaba los cielos –*shejakim*– de lo Alto».** A esto se refiere: «Haya expansión» (Génesis 1, 6). Y nuestros sabios dijeron: «fortalézcase la expansión». Y aunque según el sentido llano del versículo se refiere la creación del firmamento, de todos modos, sus palabras son verdad, porque con la creación de este firmamento se fortificaron los cielos que están por encima. Y a esto se refiere: «Cuando afirmaba los cielos –*shejakim*– de lo Alto –*mimaal*–». Es decir, sobre él. **«Cuando afirmaba las fuentes del abismo».** A esto se refiere: «y separe entre aguas y aguas [...] Y así fue» (Génesis 1, 6-7). Y dijeron nuestros sabios: ¿cuánto es «entre aguas y aguas»? Como el tamaño de un pelo. Y se refiere a las fuentes del abismo supremo.
29. **«Cuando establecía su estatuto al mar».** A esto se refiere: «Reúnanse las aguas» (Génesis 1, 9). **«Con el fin de que las aguas no traspasaran –la ordenanza– de su boca».** A esto se refiere: «en un lugar» (ibíd.). Como está escrito: «Sus olas tronarán y no lo pasarán» (Jeremías 5, 22). Y tal como está escrito: «Huirán por tu amonestación [...]. Los montes se elevarán [...]. A ese lugar

que has fundado [...]. Les has puesto límite, no lo traspasarán» (Salmos 104, 7-9). **«Cuando establecía los fundamentos de la tierra».** A esto se refiere: «y véase lo seco» (Génesis 1, 9).

30. **«Yo fui criada *–amon–* junto a Él».** A esto se refiere: «Produzca la tierra [...]» (Génesis 1, 11). «Y el Eterno Dios plantó un Jardín en el Edén [...]» (Génesis 2, 8). Obra de experto *–aman–*. **«Y era su regodeo día a día».** A esto se refiere: «Sean luminarias» (Génesis 1, 14). Como está escrito: «Día a día emite palabra, y noche a noche anuncia sabiduría» (Salmos 19, 3). «Reía alegremente ante él en todo momento». A esto se refiere: «Produzcan las aguas seres vivos [...]» (Génesis 1, 20). Y está escrito: «Y llamó [...]». Como está escrito: «Has formado a este –animal denominado– *leviatán* [...]» (Salmos 104, 26).
31. **«Río alegremente en la región habitable de su tierra».** A esto se refiere: «Produzca la tierra [...]» (Génesis 1, 24). Se refiere a la provisión *–knigia–* que en el futuro el Santo, bendito sea, hará al mundo (véase Baba Batra 74b y 75a). **«Y me regodeo con *–et–* los hijos del hombre».** A esto se refiere: «Hagamos al hombre con nuestra imagen, y con nuestra semejanza» (Génesis 1, 26). La expresión *et* es una pronunciación:[4] «Y dijo Dios: "He aquí os he dado"» (Génesis 1, 29). Como dijeron nuestros sabios: «Cuando Israel [...]. Y se alegran [...]. Y su corazón se conforta [...]. Ésta es la mesa [...]» (Berajot 55a). Y en Pirkei del rabí Eliezer se dijo: «La décima pronunciación[5] es: "No es bueno que el hombre esté solo [...]"» (Génesis 2, 18). Y a esto se refiere: *«et»*.
32. **«Y ahora, hijos, escuchadme».** Es decir: escuchad a la Torá. **«Y bienaventurados quienes guardan mis caminos».** Quien guarda a la Torá para cumplirla.
33. **«Escuchad corrección y obtened sabiduría».** Porque para los caminos del Eterno se necesitan dos cosas: corrección y sabiduría. Como está escrito: «para decir a los presos *–isurim–* [...]»

4. Con diez pronunciaciones fue creado el mundo (Tratado de Avot 5, 1).
5. Así se completan las diez pronunciaciones. Pues en todos los versículos mencionados se menciona la palabra del Eterno.

(Isaías 49, 9). Y se refiere a la corrección y a la sabiduría. «Y no la abroguéis». Es decir: primeramente: «escuchad», y después: **«no la abroguéis»**. O sea, no anuléis la aplicación de la corrección y la sabiduría.

34. **«Bienaventurado el hombre que me escucha»**. Es decir, estudia con la condición de cumplir. **«Estando constantemente junto a mis puertas, día a día»**. Se refiere a las casas de estudio, pues se debe estudiar todo el día y todos los días, Y a esto se refiere «día a día». **«Guardando las jambas de mis entradas»**. Se refiere a las sinagogas. Y a esto se refiere «Guardando». Como dijeron nuestros sabios: «Madrugad y anocheced en la sinagoga para que se prolongue vuestra vida» (Berajot 8a). Tal como dijo a continuación: «Porque quien me hallare, hallará la vida» (Proverbios 8, 35). «Las jambas de mis entradas». Se refiere al amor y el temor, que se denominan «entradas», como está escrito en el Zohar, en la sección Vaikrá.
35. **«Porque quien me hallare, hallará la vida»**. Se refiere a la Torá, porque es árbol de vida para los que se renuevan con ella. Y la sabiduría vivifica a sus poseedores. **«Y hará surgir la voluntad del Eterno»**. Se refiere a la plegaria, como está escrito: «Y yo, sea mi plegaria a ti, el Eterno en momento de –buena– voluntad» (Salmos 69, 14). «Sean gratas las palabras de mi boca» (Salmos 19, 15). Recibe con misericordia y con –buena– voluntad a nuestras plegarias.
36. **«Y quien pecare contra mí, despoja a su alma»**. Es lo opuesto a «y hará surgir la voluntad» (Proverbios 8, 35). Y él despoja a su voluntad, que es su alma, de lo que debería hacer surgir. **«Todos quienes me aborrecen, aman la muerte»**. Es lo opuesto a «Porque quien me hallare, hallará la vida» (ibíd.). Y lo mismo con la Torá y los preceptos, ya que la Torá es vida, como escribió anteriormente, y los preceptos son voluntad, como dijeron nuestros sabios: «Haz su voluntad como tu voluntad, para que Él haga tu voluntad como su voluntad» (Tratado de Avot 2, 4).

IX

1. **«Las sabidurías edificaron su Casa».** Dijo «sabidurías», porque las sabidurías son tres, tal como explicamos anteriormente (Proverbios 8, 1-2). Y todas son una. Por eso dijo: «sabidurías [...] su Casa». «Su Casa» se refiere a la casa sabida –y conocida por los sabios cabalistas– según el misterio de: «La casa se edificará con sabiduría» (Proverbios 24, 3). **«Dispuso sus siete columnas».** Se refiere a las siete columnas sobre las cuales el mundo se mantiene, las cuales están mencionadas en la cita que manifiesta: «Y ahora Israel [...]. Y circuncidaréis [...]» (Deuteronomio 10, 12-16).
2. **«Degolló sus sacrificios, mezcló su vino, y también dispuso su mesa».** Se refiere a los tres grados de la Torá: Mikrá, Mishná y Guemará (es decir: la Torá escrita, la Torá oral, y la explicación de ésta). «Degolló sus sacrificios, mezcló su vino» se refiere a Mikrá y Mishná, como está escrito: «Venid, comed mi pan; y bebed del vino que he mezclado» (Proverbios 9, 5). O sea, comida y bebida. Y dijo: «mezcló su vino», porque el que desea beber vino mezcla lo fuerte con lo liviano, como dijeron nuestros sabios: «Respecto al vino permitieron mezclar [...]. Porque lo mejora» (Baba Metzia 60a). Y la explicación del asunto es que la Mishná incluye varias leyes de la Torá en una sola Mishná, como el apoyado –sobre la ofrenda–, y cada una –de las leyes– está escrita en una sección en forma independiente, y en la Mishná se las incluyó en forma conjunta, y se dijo: «todos los sacrificios requieren apoyado con excepción [...]». Asimismo ocurre con las leyes de los daños, cada una está escrita en una sección en forma independiente, y en la Mishná se las incluyó

en forma conjunta: «Éstos son los cuatro –entes– dañadores –denominados– padres: toro, pozo, hombre y fuego [...]» (Baba Kama 1, 1). Y al respecto, nuestros sabios, de bendita memoria, dijeron: ¿por qué se los denomina contadores? Porque hacen grupos, de la Torá (Talmud de Jerusalén, tratado de Shekalim 1, 1). Sólo que no se debe enseñar –una ley basándose únicamente en lo que consta– en la Mishná, como dijeron nuestros sabios: «Todo el que enseña una ley [...]» (Sota 22a). Y a esto se refiere: «y también dispuso su mesa». Se refiere a la Guemará. Pues allí se encuentra la disposición de la mesa de todas las leyes, tal como se dijo en el libro denominado Mejilta: «Que dispondrás ante ellos» (Éxodo 21, 1), como una mesa dispuesta *–shuljan aruj–* [...].

3. **«Envió a sus criadas».** Se refiere a Moisés y Aarón y Miriam y todos los profetas, como está escrito: «Y envié a Moisés y Aarón y Miriam» (Miqueas 6, 4). «Y envié a todos mis siervos, los profetas» (Jeremías 7, 25). Y nuestros sabios dijeron: «Los profetas fueron comparados alegóricamente con mujeres [...]» (Cantar de los Cantares Raba 1, 7). **«Clamar *–tikrá–*»**, como está escrito: «¿Acaso la sabiduría no llamará *–tikrá–* [...]?» (Proverbios 8, 1). Y acerca de los profetas dijo: «llama *–kra–»,* como está escrito: «Llama con la garganta *–kra–*» (Isaías 58, 1). «Sobre las alas». Se refiere al misterio de la sabiduría, como está escrito: «Porque el ave de los cielos [...]. Y el poseedor de alas [...]» (Eclesiastés 10, 20). «Seis alas, seis alas, para cada uno» (Isaías 6, 2). **«En las alturas de la ciudad».** Se refiere a la sabiduría y el entendimiento, como está escrito: «En la cima de las cumbres, junto al camino; está de pie en la intersección de los senderos. Junto a los portales, en el acceso a la ciudad» (Proverbios 8, 2-3). Y están en lo Alto, en lo Alto.
4. **«Quien es tonto apártese aquí».** Es decir, el tonto *–peti–* que se convence *–nitpate–* a causa de que quiere ir en el bien, apártese aquí y vea el bien de la Torá, «porque la mesa de ella es más grande que su mesa [...]». Pero al falto de –entendimiento de– corazón, no le sirve ver el placer de la Torá, por eso: «y le dice». Pues se le debe decir, y ablandar su corazón con palabras.

5. **«Venid, comed mi pan».** Se refiere a la Torá escrita, que es –denominada– pan, como se dijo anteriormente. Así como el pan está acondicionado todo lo necesario y no falta sino solamente comer, así la Torá ya está acondicionada todo lo necesario. **«Y bebed del vino que he mezclado *–masajti–*».** Se refiere a la Torá oral. Porque combina y mezcla todo, tal como hemos mencionado anteriormente, y por eso se denomina: *«masajti»,* pues mezcla todo, como está escrito: «mezcló su vino» (Proverbios 9, 2). Y está escrito: «del vino que he mezclado *–masajti–*». Es decir, ya he dispuesto todo ante vosotros.
6. **«Abandonad tontos *–petaim–*, y vivid** [...]». Abandonad a los tontos incluso de reprocharles que vayan por el camino recto, para que no te hagan desviar y seas como ellos. **«E id por el camino de la sabiduría».** Sino habitúate a ir por el camino de los sabios estudiosos y empólvate con el polvo de los pies de ellos (véase Tratado de Avot 1, 5).
7. **«Quien alecciona al burlador toma para sí agravio».** Porque hay dos tipos de malvados: en el habla y en la acción. Y el que lo hace a través de la palabra se denomina burlador *–letz–;* y es habitual en el burlador despreciar a su prójimo. Y a esto se refiere: «Quien alecciona al burlador toma para sí agravio». Porque te despreciará. **«Y quien reprende al malvado se atrae defecto».** Se refiere al malvado en la acción, si lo reprendieres atraerás para ti un defecto, es decir, te hará mal en la acción. Y junto al burlador dijo «alecciona», y junto al malvado dijo «reprende», porque el burlador no es tan malo, ya que te avergonzará cuando lo alecciones con castigos, pero no con reprensión de palabras solamente. Sin embargo, el malvado en la acción incluso cuando lo reprendas con palabras solamente, también: «se atrae defecto».
8. **«No reprendas al burlador».** Aunque el burlador no se avergüenza a menos que se lo castigue, aun así, no lo reprendas incluso con palabras: **«para que no te aborrezca». «Reprende al sabio».** Sabio es en la Torá, y es lo opuesto al burlador, como dijeron nuestros sabios: «Dos –hombres– que están sentados y no hay entre ellos palabras de la Torá, es ése un recinto de bur-

ladores» (Tratado de Avot 3, 2). Y dijo que aunque sea un sabio y conozca –el fundamento y la ley de– la transgresión, incluso así repréndelo, porque para los justos la reprensión es como un espejo en los que las mujeres se contemplan. Y todo espejo que muestra una pequeña mancha o suciedad en grande, cuánto mejor, porque quiere quitarla. Y a través de eso quitará incluso una mancha pequeña y diminuta, y así estará muy limpia. Así los justos desean y aman a quien engrandece en ellos la falta que hicieron, aunque en verdad sea pequeña y diminuta, porque a través de ésos serán puros y limpios incluso de las faltas pequeñas. Y a todo aquel que les engrandece lo que hicieron lo aman mucho. Y a esto se refiere: «y te amará».

9. **«Da al sabio y tendrá más sabiduría; informa al justo e incrementará lo que tiene».** Así como los malvados son dos, en el habla y en la acción, también los justos son dos, en el habla y en la acción. Y son: el sabio y el justo. El sabio es lo opuesto al burlador, como fue mencionado anteriormente; y el justo es lo opuesto al malvado, que es en la acción. Y tal como dijo allí acerca del burlador dos cosas, en el habla y en la acción: «alecciona» y «reprende», así dijo aquí también dos cosas respecto al sabio, en el habla y en la acción. Y así como dijo respecto al malvado: «reprende», con el habla, así dijo respecto al justo: «informa», también a través de la palabra. Y a esto se refiere: «Da al sabio», en la acción; y todo en la Torá. «Informa al justo». Justo es el poseedor de buenas acciones, por eso dijo que le informes los preceptos. «E incrementará lo que tiene». Es decir, tomará más preceptos como está escrito: «El sabio de corazón tomará preceptos» (Proverbios 10, 8). Y están vinculados con el misterio del Árbol de la Sabiduría del Bien y el Mal. Y el bien incluye tres grados: apto, puro y permitido. Y así en el mal: inválido, impuro y prohibido. Por eso mencionó aquí tres grados.
10. **«El comienzo de la sabiduría es el temor del Eterno».** Es decir, el comienzo de la sabiduría es el temor, como dijeron nuestros sabios: «Si no hay sabiduría, no hay temor; si no hay temor, no hay sabiduría» (Tratado de Avot 3, 17). Y preguntaron: ¿cuál de ambos precede? Y el asunto es que el pensamiento es el ob-

jetivo al comienzo, y después la sabiduría, cómo hacer. Y el temor es el objetivo, y por eso en el pensamiento precede el temor, y si no hay temor no hay sabiduría. Y en la acción precede la sabiduría. Y a esto se refiere lo que se dijo: «Si no hay sabiduría, no hay temor». **«Y la precepción de las santidades, entendimiento»**. Es decir, la precepción de las santidades es el comienzo del entendimiento. Como dijeron nuestros sabios: «Si no hay precepción, no hay entendimiento; si no hay entendimiento, no hay precepción» (Tratado de Avot 3, 17), como fue mencionado anteriormente, que en el pensamiento la percepción precede.

11. **«Pues por mí»**. Es decir, cuando te apegues a mí. **«Se aumentarán tus días»**. Es decir, tus días serán muchos. **«Y se te agregarán años de vida»**. Se refiere a los años de vida, que son años buenos, el Eterno los aumentará para ti, como dijeron nuestros sabios: «¿Cuáles son los años [...]?» (Yoma 71a).
12. **«Si has obtenido sabiduría, has obtenido sabiduría para ti»**. Es decir, la Torá le dijo que ande solo y no en el camino de los malvados, incluso para reprocharles, y que esté siempre apartado. Y a esto se refiere: «Si has obtenido sabiduría». Es decir, si te sentares solo y estudiares, tu estudio y su recompensa «para ti». Y si te has sentado entre personas: «y si has burlado, lo cargarás tú solo». Incluso que ellos se burlan, tú solo cargarás su pecado. Y a esto se refiere: «lo cargarás tú solo».
13. **«La mujer necia es bulliciosa»**. Es decir, ella también dice como la Torá, pero la diferencia es que ella es bulliciosa siempre, pero la Torá habló una vez en forma de insinuación y no lo mencionó más, pero ella es bulliciosa siempre, en cada momento y en cada instante. **«Inculta y falta de conocimiento»**. Es decir, en la Torá, lo que ella misma revela a las personas, las personas entienden, y lo que oculta: «Dios entiende el camino de ella [...]» (Job 28, 23). Pero ella, lo que ella habla, lo hace con «falta de conocimiento», porque no sabe qué habla, y qué bondad saldrá de eso.
14. **«Y se sienta en la entrada de su casa»**. Es decir, la Torá es: «Toda la gloria de la hija del rey está en el interior» (Salmos 45, 14). Y

envía a sus criadas (Proverbios 9, 3). Pero ella misma se sienta en la entrada de su casa. **«En una silla colocada en los lugares altos de la ciudad».** Porque la Torá se sienta sola en el interior, como está escrito: «Envió a sus criadas clamar sobre –lugares encumbrados, donde las aves vuelan y despliegan– las alas, en las alturas de la ciudad» (Proverbios 9, 3). Como está escrito: «Si viniere solo [...]» (Éxodo 21, 3). Y llama al hombre para que se siente con ella también solo y apartado, como dijimos anteriormente. Pero la meretriz se sienta: «en una silla colocada en los lugares altos de la ciudad», reveladamente, y llama al hombre para que se siente también en forma revelada, y lo que haga, que lo haga en forma revelada, incluso en la Torá, que lo haga en forma revelada: «en una silla colocada en los lugares altos de la ciudad».

15. **«Para llamar a quienes pasan por el camino; a los que andan por senderos rectos».** Tal como está escrito en el Zohar, en la sección Vaieshev (véase allí). Y a esto se refiere: «Para llamar». Porque ella llama a esos que ya pasaron por el camino y cometieron transgresiones, y quieren ir «por senderos rectos», para arrepentirse y rectificarse. A ellos llama.
16. **«Quien es tonto apártese aquí [...]».** La Torá también menciona una expresión como ésa, pero la diferencia es que respecto a la Torá está escrito: **«Y le dice»** (Proverbios 9, 4), o sea, al falto de entendimiento, pero respecto al tonto *–peti–*, que tiene inteligencia, sólo que se deja convencer *–nitpate–*, no dice nada, sólo que se aparte allí; y debido a que se aparta allí verá la bondad de la Torá por sí mismo. Pero aquí está escrito: «Y le dice», es decir, también al tonto *–peti–*, pues, aunque ya se apartó allí, no ve allí ningún bien en absoluto.
17. **«Las aguas robadas son dulces y el pan oculto agradable».** Es decir, la Torá dijo: «Degolló sus sacrificios, mezcló su vino, y también dispuso su mesa» (Proverbios 9, 2). Es decir, cosas que son buenas en esencia. Pero ella no dice sino pan y agua, que no son buenos en esencia, sino que su grado es que son robados y ocultos. Y ella hace esto para endulzar. Y dijo acerca de las aguas «dulces», y acerca del pan «agradable», porque de lo agra-

dable no se tiene provecho en el cuerpo, sino que el aspecto es agradable; así el pan, que es algo concreto en el cual corresponde la apreciación del aspecto, por eso dijo que sea «agradable». Porque no es bueno sino en su aspecto; pero respecto al agua, no corresponde respecto a ella provecho –en el aspecto–, sino únicamente provecho del cuerpo, por eso dijo que sean «dulces», con sabor. Y se vinculan con la codicia y la avidez. Agua es la codicia de la prostitución, como dijeron, que cuando es una mujer casada, entonces: «aguas robadas». Y pan es la avidez por el dinero y las demás cosas.

18. **«Y no sabe que los muertos –*refaim*– se encuentran allí; sus llamados están en las profundidades del Seol».** Es decir: cuando él mismo afloja –*merape*– de las palabras de la Torá, inmediatamente él está con los muertos –*refaim*–; y *refaim* se relaciona con el tronchado –*karet*–, porque será tronchado de la Tierra de la Vida y el Mundo Venidero; y esto corresponde a la avidez. «En las profundidades [...]». Es decir: y ésos es que ya han sido llamados junto a ella, y estuvieron con ella, ellos «están en las profundidades del Seol». Como está escrito: «Porque la meretriz es pozo profundo» (Proverbios 23, 27). Por eso dijo: «las profundidades del Seol». Y el Seol incluye los siete compartimientos del purgatorio, y quien es juzgado allí debe atravesar todos los siete. Pero los que son llamados a la Torá van por siete grados, como está escrito: «Y el Eterno creará sobre toda la morada del monte de Tzion, y sobre los lugares de sus llamados, nube de día y humo y resplandor, con fuego que eche llamaradas flamígeras de noche; porque sobre toda gloria habrá un Palio –que os cubrirá y protegerá–» (Isaías 4, 5). Y «Palio –*Sucá*–» *se refiere* al aspecto cósmico supremo denominado Ima. Y él está ante *Refaim,* porque va por los caminos de la meretriz, y sigue tronchado de la Tierra de la Vida, como fue mencionado anteriormente; pero el que va por los caminos de la Torá: «Y el Palio –*Sucá*– le será para sombra durante el día contra el calor, y para refugio y resguardo contra el turbión y contra la lluvia» (Isaías 4, 6).

X

1. «**Proverbios** ***–mishlei–*** **de Salomón** ***–shelomoh–***». *Shelomoh* –contiene las letras de–: *Shalem He.* (La expresión *shalem* significa «completo», y *he* es el nombre de la quinta letra del alfabeto hebreo). Porque en sus días, *he*[6] estaba en completitud. Y *–mishlei* contiene las letras de–: *Shalem iud* (La expresión *shalem* significa «completo», como dijimos anteriormente, y *iud*[7] es el nombre de la décima letra del alfabeto hebreo). Y ésa es la sabiduría de Salomón. Y este libro está vinculado con el misterio de la percepción. Y corresponde a la «instrucción», que mencionó concretamente al comienzo del libro. Porque allí dijo tres cosas: «sabiduría», «instrucción» y «entender palabras de entendimiento». Y en correspondencia con ellas dijo tres proverbios. Y este proverbio corresponde a la instrucción. Y por eso aquí se habla generalmente en cada versículo de dos cosas: un asunto y lo opuesto, según el misterio del Árbol del Conocimiento del Bien y el Mal. «**El hijo sabio alegra al padre**». Porque su padre está en la casa de estudio, y cuando el hijo es sabio y también se sienta con él en la casa de estudio, el padre oye siempre sus deducciones, y se alegrará su corazón, lo que no es así con su madre, que no oye. Pero cuando el hijo es necio y no va a la casa de estudio, sino que está sin hacer nada en la casa, y su madre ve siempre su necedad y su tontería, por eso: «es congoja de su madre».

---

6. Alude a un ente cósmico supremo.
7. Alude a un ente cósmico supremo.

2. «**Los tesoros de maldad no tendrán utilidad**». Porque el dinero es para tres cosas: bueno, agradable y útil. «Bueno» es para justicia *–tzedaká–* (es decir, dar generosamente a los demás) u obras de bondad con las personas. «Agradable» es para la comida o los demás placeres dulces de este mundo. Y «útil» es el que reúne dinero para que le sea útil en momento de aflicción. Y a esto se refiere: «no tendrán utilidad». Se refiere al que atesora depósitos para que le sean útiles, no le serán de utilidad si hace sus tesoros de maldad y perversidad. «**Y la justicia *–tzedaká–* salva de la muerte**». Pero la justicia *–tzedaká–,* no solamente es buena en esencia, sino que además es más útil que toda cosa, pues salva incluso de la muerte, y no hay en el mundo algo que sea más útil que eso.
3. «**El Eterno no hará pasar hambre al alma del justo**». Lo mencionó en correspondencia con lo agradable, que no hará pasar hambre al alma, es decir, la voluntad del justo; y satisface su voluntad. Y eso es lo principal de –quien busca– lo agradable, que se sacie su voluntad y su codicia. «**Y el quebranto *–havat–* de los malvados desplazará**». Pero el malvado, aunque hace *havat,* es decir, perversidad, porque roba y quita para saciar su voluntad y su deseo, y el Santo, bendito sea, desplazará de él y no conseguirá lo que codicia.
4. «**La balanza engañadora –es decir, pesar con engaño–, empobrece**». Es decir, eso que hace con palma engañadora para enriquecer, por el contrario, la balanza engañadora lo convertirá en pobre y carenciado. «**Y la mano de los prestos**», porque ése pesa con verdad, «enriquece».
5. «**Quien recoge en verano** [...]». La explicación es que el inteligente recoge la cosecha también en verano, o sea, después de la siega; pero el vergonzoso, también durante la siega se adormece, aunque ése es el tiempo de la recolección, y si no es en ese momento, ¿cuándo recogerá? Y de todos modos, él se adormece. Y se refiere a la Torá, porque el inteligente estudia también en verano, o sea, en el final de sus días, cuando es anciano y su fuerza está debilitada, y ya no puede reunir más estudio, y él guarda y reúne lo que ya ha estudiado. Pero el vergonzoso no

estudia siquiera en la época de la siega, es decir, en su juventud, cuando era vigoroso y fuerte y podía estudiar. «Se adormece en la siega». Corresponde a el que explica al pueblo, que se asemeja al segador y dispone delante de ellos.

6. «Bendiciones –vendrán– a la cabeza del justo». La explicación es que el justo bendice siempre a todo hombre, como está escrito: «El de buen ojo –misericordioso– será bendecido *–ieboraj–*, porque dio de su pan al pobre» (Proverbios 22, 9). No leas *ieboraj* sino *iebarej,* –es decir, bendecirá– (Sota 38b). Por eso, el Santo, bendito sea, lo bendice a él, y las bendiciones se posarán sobre su cabeza. Pero la boca de los malvados se cubre a sí misma con rapiña, es decir, ofende a todo hombre y habla de él cosas malas y maldice, y las maldiciones vienen sobre él mismo. Y a eso también se denomina rapiña *–jamás–*, como está escrito: «y la tierra se llenó de rapiña *–jamás–*» (Génesis 6, 13). Porque el despojado también tenía *jamás,* es decir, palabras de ofensa que profería al ladrón. Y junto al justo dijo: «a la cabeza», y junto a los malvados dijo: «boca», porque el Santo, bendito sea, asocia el buen pensamiento a la acción, y por eso dijo: «a la cabeza del justo». Es decir, inmediatamente, cuando el pensamiento viniera a su cabeza para bendecir, inmediatamente se posarán sobre él las bendiciones. Pero respecto a los malvados no cubre su boca con rapiña hasta que lo diga con la boca, porque el Santo, bendito sea, no asocia el mal pensamiento a la acción. Y dijo «justo» en singular y «malvados» en plural porque al pensamiento el hombre lo piensa solo, pero el que habla, habla de su prójimo. Y a esto se refiere: «malvados».
7. «**El recuerdo del justo es para bendición y el nombre de los malvados se descompondrá**». El recuerdo es lo que se recuerda de su pasado, es decir, después de la muerte del justo, que no es sino solamente recuerdo, él es también para bendición. Pero de los malvados incluso el nombre, es decir, en sus vidas, también los maldicen. Asimismo, «recuerdo [...]» y «nombre [...]» se refiere a los preceptos, pues «recuerdo» se refiere a los preceptos activos, y «nombre» se refiere a los preceptos pasivos, como

está escrito: «También Dios le dijo a Moisés: "Así dirás a los hijos de Israel: el Eterno, el Dios de vuestros padres, el Dios de Abraham, Dios de Isaac y Dios de Jacob, me ha enviado a vosotros; éste es mi nombre para siempre, y éste es mi recuerdo, de generación en generación» (Éxodo 3, 15). Vinculando la expresión «mi nombre» –en hebreo– con la primera parte del nombre del Eterno, el valor numérico resultante es igual a la cantidad de preceptos pasivos prescriptos en la Torá, es decir 365. Y vinculando la expresión «mi recuerdo» –en hebreo–, con la segunda parte del nombre del Eterno, el valor numérico resultante es igual a la cantidad de preceptos activos prescritos en la Torá, es decir 248, tal como fue enseñado en el Zohar. Y es común que cuando se alaba al justo no se lo alaba sino por los preceptos activos y las buenas acciones que hay en su mano; y al malvado no se lo denomina malvado sino por los preceptos pasivos que transgredió. Y a esto se refiere: «recuerdo [...]». Es decir, el recuerdo, que son los preceptos activos, son para bendición del justo, y el nombre que son los preceptos pasivos es la descomposición de los malvados. Y a esto se refiere lo que dijo: «y el nombre de los malvados se descompondrá».

8. «**El sabio de corazón** [...]». Es decir, tal como dijeron en el Talmud, que la conclusión incluso en relación con los cielos se aplica; es decir, si dice: «mañana me levantaré temprano para estudiar», tropezará con eso y no se levantará. Y a esto se refiere: «**El sabio de corazón tomará preceptos**», inmediatamente cuando vienen a su mano, y no los deja. «**Y el necio** [...]». La explicación es que aquel que es necio y no hace inmediatamente, sino que dice con sus labios que hará después, o mañana, «**hará desfallecer a sus labios**». Es decir, tropezará con eso y no hará en absoluto.
9. «**Quien camina con integridad andará seguro**». Porque el que camina con engaño, debido a que quiere hacer mal a su prójimo, y muestra a su prójimo que lo aprecia, debe ir por un camino tortuoso, de modo que su prójimo no sepa. Pero el que camina con integridad y no piensa mal contra su prójimo: «andará seguro», y no temerá por nada, porque todos sus cami-

nos son revelados. «**Y quien tuerce sus caminos será quebrantado**». Pero ese que piensa mal en su corazón y con sus labios habla engaño y cosas buenas: «tuerce sus caminos», cuando va a hacer el mal a su prójimo, porque tuerce sus caminos en su corazón para que el asunto no sea sabido por su prójimo, que él le hace mal, por consiguiente: «será sabido», el asunto por su prójimo, porque el Santo, bendito sea, lo difundirá.

10. «**Quien hace guiño con el ojo provoca entristecimiento**». Porque es común que el que habla una cosa con la boca y tiene otra cosa en el corazón, cuando engaña a su prójimo revela a una tercera persona que engañó a su prójimo. Es decir, si la tercera persona está allí cuando lo engaña, le hace gestos con sus ojos para mostrarle que lo engañó. Y si no estuviera allí, entonces habla con palabras concretamente mencionando que engañó a su prójimo y su mal pensamiento en el que caerá a través de su consejo. Y ese que hace gestos con sus ojos, si se revelara a su prójimo lo que insinuó con sus ojos, se disculpa y dice que con la insinuación de sus ojos no se refirió a eso; pero de todos modos su corazón está triste porque el asunto fue revelado a su prójimo. Y por si su prójimo lo toma en su corazón y se cuida más de él. Y a esto se refiere: «Quien hace guiño con el ojo, provoca entristecimiento». «**Y el necio hará desfallecer a sus labios**». Pero ese que habló concretamente a una tercera persona que trama mal contra él y engañó a su prójimo, si ese asunto es revelado a su prójimo, él «hará desfallecer», en la práctica, porque su prójimo verá cómo pagarle por lo que tramó contra él, porque sabe con certeza que su voluntad era hacer mal.

11. «**La boca del justo es fuente de vida**». Porque la Torá y los preceptos son vida para los que realizan como está escrito: «Amando al Eterno, tu Dios, atendiendo su voz, y apegándote a él, pues él es tu vida y la longevidad de tus días, para morar en la tierra que el Eterno juró dar a vuestros padres, a Abraham, a Isaac y a Jacob» (Deuteronomio 30, 20). Y el justo enseña a otros a pronunciar siempre Torá y preceptos. Resulta que la boca del justo es la fuente de la vida. «**Y a la boca de los malvados la cubrirá su rapiña *–jamás–***». Es decir, cubrirá

todo el mundo con rapiña, porque ofende a su prójimo, y su prójimo no se puede mantener –sin reaccionar– y vuelve a replicar ofendiéndolo a él. O lleva chismes de uno a su prójimo, resulta que su boca llena todo el mundo de *jamás* con sus palabras.

12. **«El odio despierta pleitos».** Porque no es común en la persona reñir a causa de un asunto leve y pequeño, pero guarda rencor en su corazón, y cuando se le presenta otra cosa, entonces se despierta el odio antiguo hasta que comienza a reñir con él y le recuerda el asunto leve. **«Y el amor cubre sobre todas las culpas».** Pero el que ama verdaderamente a su prójimo, el amor cubre sobre todas las culpas. Y la explicación del asunto es tal como hemos explicado anteriormente. Pues respecto a los preceptos activos no se le castiga, pero en momento de irritación –se castiga– también por los activos. Es decir, cuando transgrede un precepto pasivo, y se le castiga por el precepto pasivo, y en momento de irritación, cuando se le castiga por el precepto pasivo, entonces se le castiga también por los activos. Y a esto se refiere: «odio», por transgredir precepto pasivo, y por eso, el Santo, bendito sea, que lo aborrece, «despierta pleitos *–medanim–*», de los preceptos activos, y se lo enjuicia *–medainin–* también por los activos. «Y el amor cubre sobre todas las culpas». Cuando ama al Santo, bendito sea, en verdad y se arrepiente y rectifica por amor, él cubre todas sus insubordinaciones, como está escrito: «También el Eterno ha hecho pasar tu pecado [...]» (II Samuel 12, 13).

13. **«En los labios del entendido hay sabiduría».** Es decir, en los labios del entendido hallarás sabiduría, que es el camino recto –para saber– cómo comportarse uno mismo. Y también hallarás en él la vara que es para la espalda del falto de entendimiento. Porque el entendido conoce el camino del bien y también conoce el castigo de los malvados que se apartaron al mal camino, y se denominan faltos de corazón –entendimiento–. Y eso es lo opuesto del entendido, porque el corazón entiende. Y ese que se apartó de la Torá y no quiere entender es falto de corazón –entendimiento–.

14. «**Los sabios guardarán el conocimiento**». Es decir, los sabios, incluso a lo que saben en sus mentes y aprehenden y no sacan de sus bocas, lo cuidan para no olvidarlo. «**Y la boca del necio es calamidad cercana**». Pero el necio, que es una rama del tonto, es decir, el que se deja convencer y no presta atención al final; incluso lo que estaba habituado –a pronunciar– con su boca, no presta atención a eso y lo olvida.
15. «**Ciudad fortificada es para el rico su tesoro**». Para el rico, lo principal y la raíz de su poder es que tiene un tesoro. Por eso, cuando llega el tiempo en que necesita las monedas, le son por ciudad fortificada, y no necesita vender por esa causa otra cosa a bajo precio. «**La calamidad de los empobrecidos *–dalim–*, su pobreza**». *Dal* es alguien que era rico y empobreció. Y su calamidad es que no tienen en el momento en que necesitan y deben vender para cubrir su necesidad a bajo precio. Y la explicación del asunto es que los sabios estudiosos que estudiaron mucho tienen todo en poder de ellos para no olvidarse en absoluto, y lo saben en forma cabal, y ese tesoro es para ellos cual ciudad fortificada, raíz y rama. Y cuando les es difícil –resolver el asunto– de este lugar, responden de otro lugar. «La calamidad de los empobrecidos, su pobreza». Es decir, lo que los empobrecidos no saben y les es difícil entender es a causa de su pobreza, y no saben mucho, como dijeron nuestros sabios: «Todo sabio cuyo estudio le es difícil, se debe a su estudio *–Mishnátó–*, que no está dispuesto para él» (Taanit 7b).
16. «**La obra del justo es para vida**». Como fue explicado anteriormente, que en toda cosa hay materia, forma, acción y finalidad. Y así es también en los asuntos de este mundo. Y la materia y la forma son la esencia y el aspecto, que está unido a la esencia; y la acción es el hombre que realiza la acción, y a través de él viene la finalidad. Y la acción no es lo principal, y es con esfuerzo, pero lo principal es la finalidad. Tal como en el cereal, que el labrado y el sembrado no son lo principal, pero la cosecha que surge de eso es la finalidad. Y a esto se refiere lo que fue mencionado, que para el justo incluso la acción, que no es lo principal, es también para vida para él, pues es lo principal de todo

los que son considerados principales. Pero para el malvado incluso la cosecha, que es la finalidad, es también para disminución *–jatat–*, porque toda su finalidad es realizar transgresiones.

17. **«El guardar la corrección *–musar–* es sendero para la vida».** Corrección *–musar– se refiere* a la instrucción correctiva con que la persona se corrige a sí misma u otros le propinan instrucción correctiva. Y exhortación *–tojaja–* es a través de la palabra. Y «el guardar la corrección *–musar–*» es ver de propinarse instrucción correctiva a sí mismo y hacer enojar el buen instinto contra el mal instinto, aunque tenga aflicciones *–isurim–* por eso. Y esto, para que venga al «sendero para la vida». Porque el sendero para la vida no viene sino a través de instrucción correctiva, como está escrito: «Y camino de vida las reprensiones de instrucción *–tojejot musar–*» (Proverbios 6, 23). Y los sabios dijeron que el Mundo Venidero no viene sino a través de la instrucción correctiva *–isurin–* (Berajot 5a). **«Y quien se aparta de la exhortación, erra».** Pero quien aborrece incluso las exhortaciones con palabras no sólo que no vendrá al sendero de la vida, sino que errará del camino, porque no tiene guía ni exhortador, porque aborrece la exhortación y va por el camino que su corazón desea, y todo camino de hombre –que considera– recto en sus ojos.

18. **«Quien encubre el odio –en su corazón–, sus labios profieren mentira».** Porque lo principal del sendero de la vida es cuidar la lengua y disminuir palabras con las personas, pues si un hombre pecara contra él, si encubriera el odio en su corazón y hablara con él palabras buenas, he aquí: «sus labios profieren mentira». **«Y quien manifiesta calumnia, es necio».** Y si descubriera su corazón y le comunicara su odio, no repararía en ti y permanecería necio, pues no serviría sino solamente para que sea tu aborrecedor. Y dijo «necio *–kesil–*», porque *kesil* es aquel que no tiene percepción. Es decir, dirá acerca de ti que tú no entiendes sus palabras, y por el contrario, él es justo frente a ti.

19. **«En las muchas palabras no faltará la culpa».** Es decir, después de eso, incluso si aumentaras palabras buenas y te excusaras ante él, de todos modos, no faltará –y se quitará– tu culpa de él

y será tu aborrecedor. **«Y quien controla sus labios»**. Pero quien controla sus labios y se abstiene a sí mismo de hablar en exceso y ve siempre de disminuir en sus palabras, «es inteligente», es decir, prosperará.

20. **«La lengua del justo es plata selecta»**. Es decir, como está escrito: «Los entendidos *–maskilim–* resplandecerán como el resplandor del firmamento, y los que enseñan justicia a la multitud, como las estrellas, para siempre jamás» (Daniel 12, 3). Porque hay dos asuntos relacionados con los justos, es decir: los entendidos y los que enseñan justicia. Como dijeron nuestros sabios: rabí Jía, hijo de Aba, disertaba –sobre el estudio talmúdico denominado– *shmateta;* rabí Jía, hijo de Aba, disertaba –sobre enseñanzas denominadas– *agadta* (Sota 40a). Y esos estudiosos que disertaban ante el pueblo el estudio talmúdico denominado *shmateta* se denominan entendidos *–maskilim–*. Porque dotaban al pueblo de sabiduría y los transformaban en sabios estudiosos conocedores de las leyes. Y esos que disertaban –sobre enseñanzas denominadas– *agadta* se denominan «los que enseñan justicia». Porque ellos exhortan y atraen los corazones de las personas a los caminos del Eterno, bendito sea. Y en correspondencia con ellos hay en el mundo oro y plata. Y el oro no lo requieren sino los ricos, porque compran con él cosas valiosas; pero los pobres, que compran cosas pequeñas, no pueden comprar con oro, sino solamente con plata *–kesef–*. Y por eso la plata se denomina *kesef,* porque todos se valen *–niksafim–* de ella, ya que es buena tanto para los pobres como para los ricos. Porque los ricos también necesitan cosas pequeñas. Y semejante a ellos son los exhortadores (véase ibíd.). **«Y el corazón de los malvados, insignificante»**. Y esos que no vuelven en arrepentimiento y se rectifican, aunque oyeron las palabras del justo, no se debe a una carencia en las palabras del justo, Dios libre, sino que es a causa de que el corazón de los malvados es blando y no se somete por sus palabras sino por un breve instante, y después vuelve tal como estaba al comienzo. Y a esto se refiere lo que dijeron nuestros sabios: «Todo sabio estudioso que no es duro como el hierro no es un sabio estudioso» (Taa-

nit 4a). Porque es difícil hacer un agujero en el hierro; pero si hicieron un agujero en el hierro, no se cierra. Porque fue hecho en algo duro. Y eso no es así si el agujero es hecho en algo blando, porque inmediatamente después el agujero se cierra y vuelve a estar como el comienzo. Y éste es el grado de Israel, como está escrito: «Porque es pueblo de dura cerviz» (Éxodo 34, 9). Y a esto se refiere: «el corazón de los malvados», pues es por un breve instante; y por eso después ellos son como al comienzo, y no por una carencia en el justo, Dios libre.

21. **«Los labios del justo pastorearán multitudes».** Es decir, el justo es guía con su palabra de multitudes –*rabim*– para los grandes, porque *rabim* es una denominación que se aplica a los sabios estudiosos. Es decir, el justo guía también a los sabios estudiosos con sus labios porque ellos entienden que sus palabras son buenas, por eso ellos corren tras él para que sea su guía. **«Y los necios morirán por falta de corazón –entendimiento–».** Es decir, los malvados que no van tras el justo para que los guíe, se debe a que son faltos de entendimiento y no entienden las palabras del justo, por lo tanto, «morirán» por su falta de corazón –entendimiento–.

22. **«La bendición del Eterno enriquece».** Porque el entristecimiento –*itzavon*– tiene dos sentidos: uno, es una expresión de molestia, y el segundo, es una expresión de angustia. Y todo es un mismo asunto, porque el que tiene molestia necesita esforzarse mucho y se angustia. Como fue enseñado: «Quien aumenta bienes aumenta angustia» (Tratado de Avot 2, 7). Y a esto se refiere: «La bendición del Eterno». Cuando el Santo, bendito sea, sustenta y bendice a la persona, esa bendición lo enriquece; y no como las demás riquezas, que necesita molestarse y esforzarse mucho, y estará siempre con angustia, sino **«y no incrementará con ella entristecimiento».** A través de la bendición y la riqueza que le dará el Eterno, bendito sea, no se le incrementará a través de eso esfuerzo y molestia, porque estará en su casa sosegado y el Santo, bendito sea, bendecirá toda la obra de sus manos.

23. **«El hacer maldad es para el necio como la risa».** Es decir, así como la risa viene repentinamente a la persona sin prepara-

ción, porque la persona no se prepara para la risa, sino que le viene repentinamente y no se puede contener de reír, así la maldad, viene repentinamente al necio para realizarla. Y asimismo, **«el conocimiento, para el hombre de entendimiento»**, también le viene repentinamente, una explicación o un asunto de sabiduría.

24. **«Aquello que el malvado teme, eso le vendrá»**. Porque el malvado teme los pecados que hay en su mano, y el pecado mismo le paga. **«Y el deseo de los justos les será otorgado»**, por el Santo, bendito sea. Es decir, si el precepto le pagara la recompensa, el pago tendría fin y límites como el precepto, pero el Santo, bendito sea, mismo le otorgará el pago, y así como él no tiene fin, así el pago no tendrá fin. Y los pecados tienen fin y límites, porque el pecado mismo le paga la recompensa, y el pecado tiene un fin. Y dijo acerca de los pecados «le vendrá», y acerca de los preceptos «será otorgado», porque el pago de los preceptos es después de un tiempo, dijo «será otorgado», pero la recompensa por los pecados es el modo de proceder de la corteza perseguir inmediatamente y con frecuencia, por eso dijo: «le vendrá».
25. **«Tal como pasa la tempestad y desaparece, –así ocurrirá con– el malvado»**. Así como la tempestad pasa rápido, así es la caída del malvado, como un abrir y cerrar de ojos, y su día no esperará para venir. **«Y el justo es el fundamento del mundo –*olam*–»**. Pero el justo no pasará jamás –*olam*–, sino que será fundamento por siempre.
26. **«Cual vinagre a los dientes [...]»**. Es decir, así como la persona quiere abrir su apetito para tener placer de la comida y bebe –un aperitivo, como– vinagre, o come alguna cosa avinagrada y afecta a sus dientes, y no sólo que no tendrá placer de comer, sino que no podrá comer por la aflicción de sus dientes. **«Y cual humo a los ojos»**. Así como una persona que quiere iluminarse y enciende una hoguera, y cuando enciende maderas verdes que producen mucho humo no sólo que no le iluminan, sino que le afectan sus ojos –obstaculizando la luminosidad– que tenía, **«así es el perezoso para quienes lo envían»**. Pues no sólo que no

trae lo que se le solicitó, sino que provoca afección al corazón por la espera prolongada de su llegada. (Y a esto se refiere: «El que aguarda prolongadamente [...]» – Proverbios 13, 12). Y se le estropean los ojos de ver si va; y cuando regresa, viene vacío, y es como vinagre para los dientes, porque no tiene qué comer.

27. **«El temor del Eterno incrementa días»**. Cuando el hombre teme y siente miedo siempre, su vida no es vida, y puede morir por la angustia en pocos días; pero el temor del Eterno incrementa días, y no es como los demás temores y miedos. **«Y los años de los malvados serán acortados»**. Es decir, aunque los malvados se sienten con sosiego y no hay temor de Dios ante sus ojos, y es propicio para ellos que se prolonguen sus días, aun así: «serán acortados». Y además, porque son malvados y se quitan de encima el yugo Divino, sus años se acortan.

28. **«La expectativa de los justos es alegría»**. «Expectativa *–tojelet–»,* es lo que la persona aguarda que venga después de un tiempo, como está escrito: «El que aguarda *–tojelet–* prolongadamente, enferma del corazón» (Proverbios 13, 12). Y a continuación está escrito: **«Y la esperanza de los malvados se diluye»**. «Esperanza *–tikva–»,* es lo que la persona espera que le venga inmediatamente y en un tiempo breve. Es decir, los justos no esperan tomar el pago en este mundo, sino que tienen expectativa en Dios de que les dará su buen pago en el Mundo Venidero. Y a esto se refiere: «La expectativa de los justos es alegría». Como está escrito: «La luz está sembrada para los justos; alegría para los rectos de corazón» (Salmos 97, 11). «Y la esperanza de los malvados se diluye», de ellos, porque ellos esperan tomar inmediatamente, también eso perderán, porque: «El camino de los malvados se perderá» (Salmos 1, 6).

29. **«Fortaleza para el íntegro es el camino del Eterno; y calamidad para los que actúan con perversidad»**. Es decir, el camino del Eterno es fortaleza para los que andan con integridad, pero el camino del Eterno es calamidad para los que piensan perversidad. Y es calamidad para ellos tal como está escrito: «Porque los caminos del Eterno son rectos, y los justos andarán por ellos, y los perversos tropezarán con ellos» (Oseas 14, 10).

30. **«El justo jamás será quitado».** Es decir, aunque a veces el justo es quitado ante el malvado, no obstante, eso es momentáneo y no para siempre, como está escrito: «Porque el justo cae siete veces y se levanta» (Proverbios 24, 16). **«Y los malvados no morarán en la tierra».** Pero los malvados, si comenzaron a caer, no morarán más en la tierra y no volverán a levantarse. Y además, aunque ahora ellos moran en la tierra, no morarán para siempre.
31. **«De la boca del justo brotará sabiduría».** La boca del justo siempre habla sabiduría y es como una fuente surgente. Y no cesa jamás, porque todos corren en pos de él para escuchar Torá y sabiduría de su boca. **«Y la lengua de controversia será tronchada».** Pero quien no habla Torá verdadera siempre habla controversias y se retracta de lo que dijo al comienzo, y todos ven que no hay nada concreto en su sabiduría y lo abandonan, y por consiguiente, «será tronchada».
32. **«Los labios del justo saben –*hallar*– voluntad».** Porque el justo, si bien a veces ocurre que peca contra su compañero y debe disculparse con él, él sabe cómo disculparse, como está escrito: «Recto sobre los hombres, y dice: "he pecado [...]"» (Job 33, 27). Y tal como dijeron nuestros sabios, de bendita memoria, que trae tres hombres y le solicita perdón delante de ellos en verdad y con el corazón íntegro. Y cuando su prójimo ve que él se arrepiente por sí mismo de haber pecado contra él, y que no volverá a comportarse más de ese modo, también él lo perdona inmediatamente (Ioma 87a). **«Y la boca de los malvados, controversias».** Es decir, pero el malvado, cuando viene a disculparse con ése al que hizo mal o injurió, habla controversias, es decir una cosa en su boca y otra cosa en su corazón, y con engaño.

XI

1. **«Las balanzas de engaño son abominación al Eterno».** Cuando el hombre comete un pecado se torna abominable para el Eterno, como está escrito: «Porque todo el que hiciere de todas estas abominaciones» (Levítico 18, 29). Y por eso: «balanzas de engaño»; porque quien hace balanzas con las cuales puede engañar a la gente es «abominación al Eterno». **«Y la piedra íntegra, su voluntad».** Porque el hombre que no realiza perversidad no es abominable, pero de todos modos no cumple con la voluntad del Santo, bendito sea, en esto. Pero quien tiene piedra íntegra, es decir, vende siempre con piedra íntegra, y no vende con piedra que no es íntegra incluso en forma recta, porque le descuenta del dinero –del pago de lo que le vende–, ya que según el modo recto de ver las cosas aparentemente tiene permiso de hacer así, cuando no procede así, esa es la voluntad del Santo, bendito sea.
2. **«Con el altanero vendrá humillación».** Cuando «el altanero» viene a la casa de estudio entre los estudiantes. Y el altanero es el que no quiere estudiar para saber la verdad, sólo para acusar, por eso, cuando el altanero viene a la casa de estudio «vendrá humillación», porque desprecia a todos. **«Y con los recatados, sabiduría».** Porque lo principal de la sabiduría está en los recatados, porque callan de decir su Torá y su conocimiento, sólo escuchan de sus maestros. Porque cuando él diga sus palabras no agregará nada; pero cuando escuche de su maestro, le agregará palabras.
3. **«La integridad de los rectos los guiará».** Tal como hemos mencionado anteriormente, el íntegro va con integridad en el cami-

no de la Torá, y el recto es el que toma sus cualidades en su mente. Y ese recto puede caer en la red del Mal Instinto, porque la mente humana puede hacerlo errar, y el recto necesita también la integridad en los asuntos que se corresponden a la Torá, pues no debe apoyarse en su capacidad intelectual. Y a esto se refiere: «La integridad de los rectos»; el hecho de que los rectos también van con integridad, a esto se refiere: «los guiará». **«Y la tortuosidad –*selef*– de los rebeldes –*bogdim*–, los despojará».** *Selef* es lo opuesto al íntegro, pues se corresponde a el sentido del término *akom,* que significa tortuosidad. Y *bogdim* es lo opuesto al recto, que en todo va por el camino de la Torá y la rectitud, y éste se rebela contra la Torá, es decir, lo que se desvió en la capacidad cognitiva; y porque tampoco va por el camino de la Torá y se apoya en su capacidad cognitiva, a esto se refiere: «los despojará –*ieshadem*–».

4. **«La riqueza no les servirá en el día de la ira».** Es decir, en el día de la muerte, cuando sean juzgados después de morir. **«Y la justicia –*tzedaká*– salva de la muerte».** Se refiere al purgatorio, que también se denomina Muerte, como está dicho: «Muerte y Abadón dijeron: "Con nuestros oídos hemos oído [...]"» (Job 28, 22). Y lo que dijo anteriormente: «Los tesoros de maldad no tendrán utilidad» (Proverbios 10, 2) se refiere a antes de la muerte, pues se lo juzga para determinar si vivirá o morirá. «Y la justicia –*tzedaká*– salva de la muerte» se refiere a la muerte misma. Aquí todo se refiere a después de la muerte. Y por eso dijo allí: «los tesoros de maldad no tendrán utilidad». Pero si no tuviere depósitos de maldad, sino que hiciere justicia –*tzedaká*– con su dinero, dando generosamente, le servirá y lo salvará incluso de la muerte. Y aquí dice sin especificar: «La riqueza no les servirá en el día de la ira». Pues después de la muerte no le servirá incluso el dinero que no es de maldad, sólo si hizo justicia dando generosamente de su dinero, eso salva del purgatorio.
5. **«La justicia del íntegro rectificará su camino».** Tal como hemos dicho anteriormente, el íntegro es el que va con rectitud, y esa persona no se apoya en absoluto en su capacidad cognitiva, y para el camino de la Torá necesita también capacidad cognitiva,

como dijeron nuestros sabios: «Siempre la persona debe ser astuta con el temor» (Berajot 17a). Y a través de eso es posible que tropiece, pero su *tzedaká* lo protege, porque endereza su camino, para que su camino sea con astucia aunque es íntegro. **«Y el malvado caerá por su maldad».** Y el malvado que cae y tropieza con los caminos de la Torá es por la maldad que hizo al comienzo, eso le provocó equivocarse y caer, como dijeron nuestros sabios acerca de Elisha Ajer y de Doeg y Ajitofel, que había odio en sus corazones, y por eso cayeron (véase Jaguigá 15b). Y el malvado es lo opuesto al íntegro, como hemos mencionado anteriormente, como está escrito: «Pone fin al íntegro y al malvado» (Job 9, 22).

6. **«La justicia de los rectos los salvará».** Recto es el que va según su capacidad cognitiva, pero por camino recto, porque no se aparta del camino de la Torá a derecha ni a izquierda, sólo que rige sus cualidades según su capacidad cognitiva. Y el que va según su capacidad cognitiva, con facilidad puede desviarse de la Torá, porque se apoya en su capacidad cognitiva, pero la justicia de ellos se levanta y los salva para que no sean prendidos. **«Y los rebeldes serán prendidos por el quebrantamiento –que provocaron–».** Los rebeldes son lo opuesto a los rectos, porque estas personas se apoyan en su capacidad cognitiva y se rebelan contra el Eterno.
7. **«Con la muerte del hombre malvado se pierde la esperanza».** Tal como dijimos anteriormente, esperanza *–tikva–»* es lo que la persona espera que le venga inmediatamente y en un tiempo breve. Y «expectativa *–tojelet–»* es lo que la persona aguarda venga después de un tiempo. Y ese hombre malvado tiene esperanza de que tendrá bien para sí mismo. Y a esto se refiere: «esperanza», porque tiene esperanza de que lo tendrá inmediatamente, y cuando muera se perderá la esperanza. **«Y se pierde la expectativa de sus hijos».** Se refiere a la expectativa que tenía de que el bien también sería para sus hijos que quedarían después de él. Y a esto se refiere: «la expectativa», después de un tiempo. Y también los hijos anhelan que el bien les llegue también a ellos. Y a esto se refiere: **«la expectativa de sus hijos».** Se refiere

a lo que sus hijos desean, o lo que él desea para sus hijos, y se pierde con su muerte.

8. **«El justo se salva de la aflicción».** El justo, aunque le viene aflicción, se salva de la aflicción. **«Y el malvado viene en su lugar».** Y esa aflicción no vuelve vacía, sino que el malvado viene en su lugar en esa aflicción misma, como Haman, y esos que blasfemaron contra Janania, Mishael y Azaria.
9. **«El embustero daña a su prójimo con la boca».** «Daña *–mashjit–*» se denomina a los pecados entre una persona y el Omnipresente, como dijeron nuestros sabios, que dañó *–hishjit–* a Israel con su Padre Celestial (véase Berajot 35b). Y como está escrito: «El que fornica con una mujer le falta corazón –entendimiento–; quien hace eso arruina *–mashjit–* su alma» (Proverbios 6, 32). Y el que viene a destruir embosta con su boca, porque si no es así le es imposible destruir. Por eso muchos renegados son buenos por naturaleza, porque roban el corazón de su prójimo y lo dañan. **«Y los justos se librarán –de ellos– con sabiduría».** Sólo que los justos que se ocupan siempre de los preceptos del Eterno y conocen los caminos del Eterno, ellos reconocen sus artimañas, pues sus palabras se apartan de las palabras del Eterno y entienden que esas palabras buenas que hablan son embusteras. Y por eso: «se librarán».
10. **«La ciudad se alegra con el bien de los justos».** Porque cuando el Santo, bendito sea, salva a su pueblo, Israel, de los opresores que se levantan contra ellos, al comienzo los redime y les hace bien, y después toma venganza de los que los afligieron, como con Egipto, que al comienzo los redimió y después los eliminó en el mar de Cañas. Y asimismo, con Haman, el comienzo hizo bien a Mordejai y después hizo caer a Haman y lo colgaron. Para que él mismo viera la grandeza de Israel, y que el Eterno es Dios en toda la tierra. Y cuando él hace bien a los justos, entonces toda la ciudad se alegra, pero aún no loan y alaban al Santo, bendito sea. Pero después, cuando toma venganza de los que se levantan contra ellos, entonces loan y alaban al Santo, bendito sea. Y a esto se refiere: «La ciudad se alegra con el bien de los justos». Como está escrito: «Y la ciudad Shushan

estaba rebosante y alegre» (Ester 8, 15). Y después, cuando el Santo, bendito sea, tomó venganza de sus enemigos, entonces había loor como en el mar de Cañas y en Purim. Y el misterio del asunto es tal como está escrito en el Zohar, alegría en la mañana y loor en la tarde; Abraham –vinculado con el misterio de la mañana y la bondad– se regocija, e Isaac –vinculado con el misterio de la tarde y el rigor– entona loor. Y por eso: «con el bien de los justos», que se vincula con el misterio de la bondad, entonces: «la ciudad se alegra». Y a continuación está escrito: **«Y con la muerte de los malvados»**, que se vincula con el rigor del juicio, entonces: **«se contenta»**, en relación con el misterio de la tarde.

11. **«Por la bendición de los rectos se enaltecerá la ciudad –*karet*–».** Cuando el Santo, bendito sea, bendice a los rectos, es decir, a los justos y poseedores de capacidad cognitiva, entonces se enaltece la ciudad –*keret*–, porque ellos conducen al pueblo por un camino recto, y por consiguiente se enaltece la ciudad. **«Y por la boca de los malvados, se destruirá».** Es decir, y cuando los malvados conducen y gobiernan sobre la ciudad, la destruyen.
12. **«El falto de corazón –entendimiento–, desprecia a su prójimo».** Porque el corazón entiende, y quien no entiende finalmente será llamado falto de corazón. Y aquel que desprecia a su compañero, a ese que es su compañero y bueno con él, es falto de corazón, porque no entiende en absoluto y no piensa en el final, porque «no hay hombre que no tenga su momento» (Tratado de Avot 4, 3). Y con más razón él, que es su compañero, y no le hizo ningún daño en absoluto. **«Y el hombre de entendimientos, callará».** Pero el hombre de entendimientos no sólo que no desprecia a su compañero, sino que cuando otro lo avergüenza a él, incluso no sea su compañero, aun así calla, por eso dijo: «de entendimientos», en plural. Es decir, mucho entendimiento. [Aclaración: y el misterio del asunto se entiende a partir de lo que escribió anteriormente: «Atendiendo tu oído a la sabiduría, inclinando tu corazón al entendimiento. Cuando llamares al entender –*biná*–, y al entendimiento –*tebuná*– dieres tu voz» (Proverbios 2, 2-3)].

13. **«Quien va con chismes revela el secreto».** Es decir, el que revela un secreto se asemeja a quien va con chismes, y el pecado de ellos es igual. **«Y el de espíritu fiel».** Quien tiene espíritu firme y fuerte y puede controlarse a sí mismo para no revelar, **«cubre el asunto»**, incluso a un asunto revelado que no es un secreto no lo revela. Y así es con la Torá, el que revela secretos de la Torá es –como quien– va con chismes, pero: **«el de espíritu fiel cubre el asunto –*davar*–»**, incluso un asunto que es revelado. Se denomina *davar,* como está dicho: «Quien es perspicaz en la palabra –*davar*– hallará el bien» (Proverbios 16, 20). Incluso así, no lo revela sino a quien es apropiado para eso.
14. **«Si no hay estrategias, caerá el pueblo».** Cuando no se elaboran estrategias para la guerra, cómo disponer las legiones y los demás asuntos, caerá incluso quien tiene mucho pueblo. **«Y hay salvación en los muchos consejeros».** Pues si hubiera uno sobre todos los hombres de guerra, que por su boca salieran y por su boca entraran, y no otros fuera de él, sino solamente uno, no es bueno, porque la mente humana es posible que se equivoque, porque asciende a su pensamiento que es bueno, y en verdad no es bueno. Y si los consejeros y ministros fuesen muchos, de modo que no salieran y entraran sino solamente por la boca de todos a una, tampoco eso es bueno, porque el pensamiento de uno no se asemeja al del otro, y tampoco la inteligencia de uno es igual a la del otro, y éste dirá que su consejo es bueno y éste dirá que su consejo es bueno. Por eso no es bueno sino únicamente cuando los consejeros son muchos y éste menciona su consejo y éste menciona su consejo, y después estará preparado para ellos otro, que observará los consejos de todos y seleccionará de todos los consejos el consejo bueno y correcto. Y por su boca vendrán y por su boca se realizará toda la guerra.
15. **«Se quebrantará porque se hizo garante por un extraño».** Como dijeron nuestros sabios: «Mal tras mal vendrá a quien se hace garante por un extraño» (Ievamot 109b). Es decir, tal como se dijo anteriormente, que hay dos tipos de garantes: uno, el correspondiente al garante sin especificar, que si el que pidió prestado no paga, paga él; y el segundo, el correspondiente con el

garante receptor *–kablan–*, que responde por extraño. Y estos dos tipos de garantía corresponden –en contraposición– con los que enseñan la Torá a los hijos de Israel y los jueces de Israel, que son los ministros de cincuenta y los ministros de cien, tal como se dijo en el Tratado de Jaguigá: ministro de cincuenta es el que sabe *lisá veliten* –es un lenguaje utilizado por los sabios para referirse a las compras y las ventas y se aplica asimismo a los análisis exhaustivos de la Torá para entender cabalmente el asunto– con los cinco libros de la Torá, el Pentateuco. Y el que se introduce a sí mismo al estudio, el pecado del discípulo a causa de actuar en forma incorrecta por su enseñanza –errónea–, depende de él, y él es garante por él, pero es semejante al garante sin especificar, que todo el tiempo que el prestador tiene –recursos para pagar–, no se cobra del garante. Y así es aquí, porque todo el tiempo que el discípulo no realice una acción a causa de su enseñanza errónea, no se cobran de él. Pero el juez es un garante receptor, porque saca dinero de éste y otorga a éste, y no ven al litigante en absoluto para cobrarse de él, sólo del juez, porque inmediatamente después de que se equivocó sacó dinero de este en forma incorrecta y se lo otorgó a este otro. Y a esto se refiere: «Se quebrantará *–ra ieroa–* porque se hizo garante por un extraño». (La expresión *ra* significa literalmente «mal», y lo mismo la expresión *ieroa,* que deriva de la misma raíz). Él es quien se introduce a sí mismo para enseñar la Torá al público, pues tal vez se equivoque y el discípulo haga conforme a su equivocación y el pecado dependerá de él. **«Y el que aborreciere convenios *–tokim–*, está seguro»**. Se refiere a el garante receptor, que se denomina *shlof dutz* (véase Ievamot 109b), y por eso se denominan *tokim,* porque es prendido *–nitka–* a causa de su prójimo. En ese asunto él está seguro y no teme. «Y el que aborreciere convenios *–tokim–*». Pero el que aborrece ser juez por extraño, porque está obligado a juzgar también a extraño, ya que en la ley no hay diferencia, y aun así él «aborrece», «está seguro», como dijeron nuestros sabios: «el que evita el juicio, se quita de encima aborrecimiento, robo y jurar en vano; y el –juez– que se engríe en el dictamen es insensato, malvado y altanero» (Tratado de Avot 4, 7). He aquí que está seguro de los aborrecedores.

16. **«La mujer agraciada sostendrá el honor».** Porque la mujer es ayuda del hombre como está escrito: «Le haré una ayuda frente a él» (Génesis 2, 18). ¿En que lo ayuda a la mujer? El hombre trae trigo, come trigo; lino, viste lino. Esto, cuando el hombre tiene una mujer agraciada, ella le sostendrá el honor, pues ella lo ayudará. **«Y los poderosos *–aritzim–* sostendrán la riqueza».** Y cuando tiene sirvientes y los miembros de su casa son prestos *–zerizim–*, ellos le sostendrán la riqueza. Y la explicación del asunto es ésta: «La mujer agraciada sostendrá el honor». Porque a través de la Torá el hombre merece dos cosas: riqueza y honor. Como está escrito: «Prolongación de días en su derecha; en su izquierda riqueza y honra» (Proverbios 3, 16). «Riqueza y honra» corresponden a la disertación y los secretos profundos –de la Torá–. Y el honor no se obtiene sino únicamente cuando se tienen buenas cualidades. «Y los poderosos *–aritzim–* sostendrán la riqueza». Se refiere a los buscadores de la Torá. Porque *aritzim* se refiere a los que sostienen y son los discípulos agudos y aplicados, porque a través de ellos se obtiene la riqueza, ya que por consiguiente se amplía el estudio, como dijeron los sabios: «y de mis discípulos más que de todos» (Taanit 7a).

17. **«El hombre bondadoso hace bien a su alma».** Es decir, quien hace bondad a las personas hace bondad a sí mismo, porque también otros harán bondad con él. Y asimismo el Santo, bendito sea, le dará su recompensa. **«Y el cruel destruye su propia carne».** Y quien es cruel con las personas «destruye su propia carne», porque también otros serán crueles con él.

18. **«El malvado realiza acciones *–peulat–* falsas».** *Peula* se aplica a un asunto al que no le falta –nada– al realizador de la labor en el momento de su concreción, por ejemplo, el que compra mercancías y las lleva a toda la nación, no le falta –nada–, porque en el momento en que otorga el pago, toma la mercancía, y cuando vende la mercancía toma dinero. Pero en la mercancía es posible hacerlo equivocar, y tampoco la ganancia es mucha. Pero el que siembra grano tiene una falta, porque en el momen-

to de sembrar no toma nada, y el grano se pudre, pero después la ganancia es mucha. Y a esto se refiere: «El malvado realiza acciones falsas». Porque hace y toma el pago inmediatamente en este mundo, y aun así es mentira, porque no hay en él algo concreto. **«Y quien siembra justicia –*tzadaka*– tendrá recompensa verdadera».** Pero la *tzadaka* se asemeja concretamente a la siembra, porque en el momento de dar no toma nada, y el pago no le viene sino después de un tiempo, pero el pago es verdadero, que no se pudrirá, pues estará dispuesto para siempre y no momentáneamente, y no como la acción del malvado, que es: «sólo por un instante» (Proverbios 12, 19).

19. **«Así –*ken*– es la justicia –*tzedaká*–, para vida».** Es decir, quien es base –*ken*– y pie para la *tzedaká,* es decir, que ayuda a los que hacen *tzedaká,* él también es así, «para vida». **«Y quien persigue el mal, para su muerte».** Es decir, persigue y va en pos de malos y los ayuda a hacer mal es «para su muerte». Porque para el perseguido no hay diferencia, porque el Omnipresente tiene muchos enviados, y si él no lo hace se hará a través de otro, sólo que para él es «para su muerte», porque él comete pecado.
20. **«Los de corazón tortuoso son abominación para el Eterno».** Porque: «quien reconoce y se aparta obtendrá misericordia» (Proverbios 28, 13). Y quien desvía su corazón con tortuosidad y no se corrige con arrepentimiento es abominación del Eterno. **«Y los de camino íntegro, su voluntad».** Pero su voluntad no está sino con quien fue desde el comienzo con integridad y no pecó en absoluto, sino que fue con integridad y realizó preceptos y buenas acciones.
21. **«Mano por mano no limpiará el mal».** El que hace mal no será limpio de que sea con él: «Mano por mano». Es decir, pago por –la obra de– sus manos, medida por medida, y no será limpio del mal. **«Y la simiente de los justos se librará».** Quien pertenece a la simiente de los justos se libra del mal, es decir, de hacer mal y de que venga el mal sobre él (véase Berajot 7a).
22. **«Cual pendiente de oro en el hocico de un cerdo».** Porque el cerdo tiene pezuña partida y no es rumiante, e introduce su hocico y su boca en la basura y descubre sus pezuñas para mos-

trar que es apto *–kasher–*. Y cuando tiene un pendiente de oro en su hocico, ensucia también el pendiente de oro, así **«es la mujer bella y apartada de sensatez»**.

23. **«El deseo de los justos –taavat– es sólo el bien»**. Es decir, los justos no desean ni algo agradable ni algo que sirva, sólo aquello que sea bueno en esencia, y son los preceptos y orientan sus cualidades y la Torá –que estudian– al cumplimiento de los preceptos. **«Y la esperanza –tikva– de los malvados, la ira»**. Porque los malvados no desean sino tener agrado inmediatamente, por eso dijo: *tikva*. Porque la esperanza *–tikva–* de ellos es tener lo agradable en este mundo, pero incluso en este mundo la esperanza de ellos es ira, porque no consiguen lo que desean.
24. **«Hay quien reparte y se le agrega más»**. Pues hay dos cualidades en el hombre: derroche y avaricia. Y ambos –tipos de persona– no están en el mejor flanco, pero con las cualidades de la indulgencia, en ocasiones: «Hay quien reparte y se le agrega más», a través de eso. Tal como se dijo en el Midrash, que una vez un hombre le dio una moneda denominada dinar a un pobre en años de sequía, y no tenía qué comer, y fue y juntó todos los cidros *–etrog–* que habían arrojado en la vía pública, y subió a una embarcación y llegó a un lugar en el que pregonaron que todo el que tuviera un cidro lo trajera al rey y éste lo enriquecerá, y enriqueció (Midrash Raba Vaikrá 37, 2). Por eso, «Hay quien reparte y se le agrega más», de lo que tenía. **«Y el que se abstiene de lo recto, también le faltará»**. Pero quien es demasiado avaro y no actúa en forma recta, no es sino para faltante en el mundo.
25. **«El de alma benévola *–berajá–* prosperará –tedushan–»**. Porque *tedushan* es a través de una buena noticia, y a causa de eso se alegra en su corazón y se vigorizan sus huesos, como está escrito: «La irradiación de los ojos alegra el corazón; y una buena noticia vigoriza *–tedashen–* los huesos» (Proverbios 15, 30). Y a esto se refiere: «alma benévola *–berajá–*». (La expresión *berajá* significa literalmente «bendición»). Es decir, quien bendice a toda persona y desea su bien y no tiene envidia de ellos, por eso, alegra el corazón de las personas y vigoriza los huesos de los que

escuchan al ser bendecidos, por eso, también él será vigorizado, lo opuesto al envidioso. Y a esto se refiere: «y la envidia es consumición para los huesos» (Proverbios 14, 30). **«Y quien saciare, también él será saciado».** Y quien da de comer y beber a toda persona, «también él será saciado». Porque el Eterno, bendito sea, también le dará a él para que se sacie, es decir, que –el nutriente– se bendiga en sus entrañas, además de la riqueza, que es la recompensa por la *tzedaká.*

26. **«El que retiene el cereal será maldecido por el pueblo».** El que retiene el cereal será maldecido incluso por los niños pequeños que están en el vientre de sus madres que aún no necesitan comer, aun así, ellos lo maldicen. **«Y la bendición –vendrá– a la cabeza del que provee».** Y a quien provoca que el cereal esté disponible todos lo bendicen. Y esto se aplica también a la Torá, en referencia a quienes impiden el estudio y quienes lo activan.
27. **«Quien pretende el bien solicita voluntad».** Es decir, quien persigue y se adelanta a hacer bondades a las personas es como quien solicita su voluntad, y a través de eso vendrán sobre él buenas bendiciones. **«Y quien busca el mal, éste le vendrá».** Pero quien busca hacer mal a los demás, ese mismo mal se volverá contra él.
28. **«Quien confía en su riqueza caerá».** Porque para el rico su riqueza es lo principal, y por eso, cuando caiga su riqueza, también él caerá, porque lo principal de él ha caído. **«Y los justos florecerán como hojas de árboles».** Pero para los justos la riqueza es solamente como una hoja de un árbol, y no es lo principal. Y es característico en las hojas, que aunque caen en los días de lluvia, es decir, en invierno *–joref,* que comprende también el otoño–, después, en los días de calor, es decir, en verano *–kaitz,* que comprende también la primavera–, vuelven y florecen. Y por eso, los justos, aunque caigan como una hoja, florecerán, como está escrito: «Porque el justo cae siete veces y se levanta» (Proverbios 24, 16).
29. **«El –perezoso– que turba su casa heredará aire».** Porque: «La casa y la riqueza son herencia de los padres» (Proverbios 19, 14). Y por eso, el que turba su casa heredará aire, porque no tiene

lugar para morar. «Y el necio será siervo del sabio de corazón». Porque ese que turba su casa se debe a que no piensa en el final, que su casa será destruida y no tendrá donde vivir y se denomina necio. Y después, cuando no tenga donde vivir, deberá ser siervo del que tiene casa y es sabio de corazón, lo contrario del necio, porque el corazón entiende.

30. **«El fruto del justo es árbol de vida».** Se refiere a los hijos, porque quien deja un hijo es como si viviera. Y además, porque el justo enseña a otros a realizar los preceptos del Eterno, que el hombre realizará y vivirá. (Y a esto se refiere: «Y cuidaréis mis estatutos y mis juicios, que el hombre hará y vivirá con ellos; Yo, el Eterno» [Levítico 18, 5]), y por eso, el fruto del justo es árbol de vida. **«Y el que adquiere almas, es sabio».** Porque los discípulos son mejores que los hijos, porque son en el alma. Y asimismo, quien enseña ahora al pueblo «adquiere almas», porque los preceptos corresponden en contraposición con el cuerpo, y la Torá corresponde en contraposición con el alma; y corresponden a el mundo este y el Mundo Venidero.

31. **«Por cierto, el justo pagará en la tierra».** Y si dijeras: si es así, ¿por qué los malvados se deterioran en lo mejor de sus días, y los justos, la vida de ellos no es vida, y por qué no comen de los frutos de ellos en este mundo? Por eso dijo: «Por cierto, el justo pagará *–ieshulam–* en la tierra». Porque necesita completarse *–nishlam–* en este mundo, y, «no hay justo en la tierra que haga el bien y no peque» (Eclesiastés 7, 20). Por eso tiene flagelos en este mundo. Y si es así, por el contrario, si el justo es afligido por un asunto, porque hizo así: «con más razón, el malvado y el pecador», que les sobrevendrán flagelos. Como dijeron nuestros sabios: «Si es así con los que hacen su voluntad, con los que transgreden su voluntad, cuanto más y más» (Nedarim 50b).

XII

1. **«Quien ama la instrucción ama el conocimiento».** Porque la Torá no es entregada sino a través de instrucción –flagelos–. Como dijeron nuestros sabios: «Tres presentes [...]» (Berajot 5a). Por eso, es imposible saber la Torá sino únicamente recibiendo sobre uno instrucción –correctiva, es decir, flagelos–, por eso, quien ama la instrucción ama el conocimiento. **«Y quien aborrece la exhortación es tonto».** Y quien aborrece incluso la exhortación a través de palabra permanece: «un hombre tonto, sin saber» (Salmos 92, 7), nada.
2. **«El bueno –tov– hará surgir a la voluntad del Eterno».** Porque los preceptos son la voluntad del Eterno. Y así se recibe la voluntad del Santo, bendito sea, que es hacer bien. Y los preceptos se denominan: *tov.* Y a esto se refiere: «bueno *–tov–*». Quien es justo y realiza los preceptos del Eterno hace resurgir la voluntad del Eterno, tal como fue dicho por los sabios: «Haz su voluntad como tu voluntad, para que él haga tu voluntad como su voluntad. Anula tu voluntad ante su voluntad, para que él anule la voluntad de otros ante tu voluntad» (Tratado de Avot 2, 4). **«Y el hombre que va tras sus cavilaciones hará –surgir al– mal».** Quien tiene pensamientos malos y es su voluntad hacer mal, él «hará –surgir al– mal». Y eso es lo opuesto al éxito, es decir, no prosperará; o sea, hace cada cosa contra su voluntad, y hace surgir lo contrario a su voluntad, pues hace mal.
3. **«El hombre no se rectificará con la maldad».** Es decir, no será base y pie para el hombre que anda en maldad; y por eso, aunque esté de pie, es decir, le va bien, es sólo momentáneamente. **«Y la**

raíz de los justos no será extirpada». Es decir, pero los justos, aunque han caído, la raíz de ellos no será extirpada. Y todo el tiempo que «su tronco tiene raíz en la tierra» (Isaías 40, 23), se renueva. Y por eso, los justos que son extirpados no lo son para siempre, sino momentáneamente.

4. **«La mujer virtuosa es corona de su marido»**. Es decir, protege a su marido de que no le venga algo malo. **«Y como descomposición para sus huesos la vergonzante»**. Es decir, como la descomposición de los huesos que no se puede curar. Y la descomposición hace descomponer también al lugar vivo –sano–, así ella es vergonzante, es decir, que provoca mal, porque trae males sobre él.
5. **«Los pensamientos de los justos son juiciosos»**. Porque lo que los justos piensan es juicio, y en lo que asciende a sus pensamientos no hay nada que no sea conforme al juicio. **«Y las cavilaciones de los malvados, engaño»**. Pero todas las cavilaciones de los malvados, incluso las cosas buenas que dicen, son cavilaciones para engañar a las personas con sus buenas palabras. Y la razón por la cual mencionó junto a los justos «pensamientos», y junto a los malvados «cavilaciones», es porque a los buenos pensamientos, el Santo, bendito sea, los asocia a la acción; pero a los malos pensamientos, el Santo, bendito sea, no los asocia a la acción hasta que se conviertan en cavilaciones.
6. **«Las palabras de los malvados son asechanzas sanguinarias»**. Ciertamente que todo lo que hablan los malvados son asechanzas sanguinarias, incluso que hablen cosas buenas, la maldad está oculta en sus corazones; como el acechador que se oculta para hacer asechanzas sanguinarias, así es la maldad oculta en sus corazones. **«Y la boca de los rectos los salvará»**. La boca de los rectos, que va siempre por camino recto, y hablan siempre lo recto, eso los salvará de las palabras de los malvados.
7. **«Los malvados serán trastornados, y desaparecerán *–einam–*»**. Y cuando el Eterno los salve y trastorne los pensamientos de los malvados, no sólo que los justos se salvarán, sino que hará invertir los pensamientos de ellos sobre sus propias cabezas. Y a esto se refiere: «Los malvados serán trastornados». Porque hará

invertir sobre los malvados y serán nada, como si no hubieran existido. Y a esto se refiere: «*ain*» (esta palabra está incluida en la expresión *einam),* ya que no quedará de ellos ni raíz ni rama, como nada *–ain–*. **«Y la casa de los justos se mantendrá».** Pero los justos, aunque cayeran, su casa se mantendrá, es decir, la simiente de ellos, incluso después de la muerte de ellos.

8. **«El hombre será alabado según su inteligencia».** Porque aunque el hombre sea temeroso de Dios en secreto y no hubiese quien haya escuchado su Torá, aun así será alabado por su inteligencia, porque la Torá pregona por él fuera. **«Y el de corazón desviado será despreciado».** Es decir, aunque se desvíe en su corazón y no lo revele, aun así «será despreciado», porque el Santo, bendito sea, difundirá su ignominia.
9. **«Es mejor el moderado que tiene sirviente».** Es mejor que el hombre se humille a sí mismo y sea siervo por sí mismo para hallar su sustento, aunque sea mediante una labor despreciable, **«que el que se vanagloria y le falta el pan».** Es decir, que aquel que se comporta con señoría y honor, y por eso le falta el pan. Y lo mismo con la Torá, es mejor humillarse a sí mismo y ser siervo por sí mismo, como está escrito: «si has sido afrentado, por enaltecerte» (Proverbios 30,32), que el que se honra a sí mismo y se avergüenza de solicitar algo, y se hace a sí mismo como si entendiera y supiera todo, y por eso le falta, porque no sabe nada.
10. **«El justo conoce el alma de su animal».** Porque el justo sabe cuánto necesita su animal, y no le da de más, y tampoco lo sobrecarga poniendo sobre él una carga mayor a la que puede soportar, y que supere su fuerza, ya que: «el justo conoce el alma de su animal». Pero **«la misericordia de los malvados»**, que le dan de comer a su animal más de lo que necesita, «es cruel». Porque después hacen con él más que lo que permiten sus posibilidades y su fuerza. Y la explicación del asunto es que el justo conoce el deseo de su alma animal, y no se apiada de sí mismo para colmar su deseo, sino solamente lo necesario, y no come sino para saciar su alma. Pero «la misericordia de los malvados», que se apiadan de sí mismos –para colmar su deseo– no que-

brantan su avidez, «**es cruel**». Porque «quien aumenta carne aumenta gusanos» (Tratado de Avot 4, 7). Y asimismo, por esa causa desciende al purgatorio.

11. «**Quien trabaja su tierra se saciará de pan**». Tal como consta en Jovat Halevavot, se asemeja a la parábola de dos hombres que tenían tierra y vieron que no podían sustentarse a sí mismos solamente con esa tierra, y necesitaron trabajar en tierras de otros. Uno de ellos dejó de trabajar su tierra y no trabajó sino solamente en tierras de otros, y tiempo más tarde, cuando no tuvo tierra de otros para trabajar, murió de hambre. Y el segundo trabajó dos días en tierras de otros hasta que tenía para sustentarse, y después iba y trabajaba su tierra, y después de un tiempo, aunque no tenía tierras de otros, comió de su tierra. Y a esto se refiere: «Quien trabaja su tierra», es decir, la tierra propia de él, «se saciará de pan». «**Y quien va tras las vanidades, le falta corazón –entendimiento–**». Es decir, persigue siempre las tierras de otros; a él le falta entendimiento, porque no piensa en el final.
12. «**El malvado codicia la fortaleza de los malos**». Porque el malvado codicia los pecados –que se cometen– entre una persona y el Omnipresente, y es común que el que es malvado entre la persona y el Omnipresente, su naturaleza es buena. Y dijo que aunque su naturaleza, según lo que se percibe, es buena, en verdad él codicia también lo que aprehenden los malos, es decir, lo que los malvados hacen. Y por eso dijo «codician», porque los malos roban y despojan, y no hay en ello provecho para el cuerpo. «**Y la raíz de los justos dará**». Pero quien viene del tronco de los justos, su naturaleza en verdad es dar a toda persona y hacer bondades.
13. «**El malo tropezará por culpa de –la imprudencia de– sus labios**». Porque el que quiere hacer mal a su prójimo, lo acecha sin que su prójimo lo sepa, y después le hace mal. Y el Santo, bendito sea, hace que tropiece con sus labios y revele que quiere hacer mal, y a través de eso: «**el justo saldrá de la aflicción**», porque se cuidará de él.
14. «**A través del fruto de su boca el hombre –ish– será saciado de bien**». La diferencia entre *ish* y *adam* es que *ish* se denomina a

un ministro como está escrito: «Os llamo a vosotros, señores *–ishim–*» (Proverbios 8, 4). Y la explicación es que el hombre siempre debe reprochar a su compañero por algo que no hace bien, porque si lo escuchara y actuara bien, todos los preceptos que hiciera serán a través suyo, y tomará la recompensa como quien lo realiza. Y si no lo escuchara, entonces tomará el bien de él, tal como escribió el sabio Ari"zal. Y el misterio está asociado a lo que dijeron nuestros sabios: «Si lo merece, toma su parte y la parte de su compañero en el Jardín del Edén» (Jaguigá 15a). Y el malvado toma su parte en el purgatorio. Y a esto se refiere: «A través del fruto de su boca el hombre *–ish–*», es decir: el fruto de la boca del hombre, o sea, de lo que reprocha, aunque no lo escuchara, «será saciado de bien», porque toma el bien de él. Y si la escuchara, entonces, toda «la recompensa» de «la obra de las manos del hombre *–adam–*». Es decir, toda buena obra que hiciera ese hombre a través suyo «le volverá», porque le será considerado como quien lo realiza, y también toma esa recompensa.

15. **«El camino del necio es recto en sus ojos»**. Porque el necio es precipitado y lo que asciende a su corazón es recto en sus ojos y no escucha consejo; pero el sabio escucha el consejo y no hace nada si no se asienta, y solicita consejo de sabio y no se apoya en sí mismo, porque «los pensamientos del hombre, sólo mal todo el día» (Génesis 6, 5). Y, «el instinto del corazón del hombre es malo desde su juventud» (Génesis 8, 21). Por eso escucha el consejo del sabio. Y a esto se refiere: **«y el que escucha consejo, es sabio»**.
16. **«La ira del necio se conoce en el día»**. Quien es precipitado, inmediatamente cuando se le hace cualquier cosa mala o se lo irrita con palabras, ese día se conoce su ira, porque no se puede controlar. **«Y el astuto cubre la ofensa»**. Pero quien es astuto, lo cual es imposible si no se puede controlar a sí mismo, porque el astuto es el que conoce las tortuosidades, por eso es lo opuesto del necio, él: «cubre la ofensa». Incluso cuando su compañero lo ofende, él lo cubre y se hace a sí mismo como si no supiera, y no revela en absoluto siquiera a su compañero, porque ésa es

su ofensa, y a veces, incluso cuando su compañero sepa de eso también lo despreciará por eso.

17. **«Quien habla con fe manifiesta rectitud».** «Fe» es en el interior, como está escrito: «y has hallado su corazón fiel ante ti» (Nehemías 9, 8). Por eso dijo: «Quien habla con fe», que está vinculado con el misterio de la voz interior, según el misterio de lo que está escrito: «le insufló en sus narices alma de vida» (Génesis 2, 7). Y a esto se refiere: «una gran voz, que no cesaba» (Deuteronomio 5, 19). Y «rectitud *–tzadek–*» es hablar exterior. Y por eso está escrito: «Y la justicia será ceñidor de sus lomos y la fe ceñidor de sus entrañas» (Isaías 11, 5). Y por eso está escrito: «Quien habla con fe», en el interior, él ciertamente: «manifiesta rectitud». **«Y el testigo falso, engaño».** Pero quien tiene espíritu de falsedad y desea engañar a las personas será: «testigo falso».

18. **«Hay quien habla como traspasando con espada».** Como está escrito: «la lengua de ellos, una espada filosa» (Salmos 57, 5). **«Y la lengua de los sabios, sana».** Porque la Torá es medicina para el hablar mal, como dijeron nuestros sabios: «¿Cuál es su solución? Que se ocupe de la Torá» (Arajin 15b). Y tal como está escrito: «La lengua dócil es árbol de vida» (Proverbios 15, 4).

19. **«El lenguaje –sfat– verdadero se mantendrá siempre».** La expresión *sfat* –significa literalmente «labios», y– se refiere a las palabras que se hablan de los labios hacia fuera y no son las palabras principales. Y lengua es lo principal de las palabras. Y manifiesta que respecto a los hombres de verdad, incluso sus labios, o sea, lo que hablan de los labios hacia fuera y no es ésa su principal intención al respecto, también eso: «se mantendrá siempre». Y respecto a los de lengua mentirosa, incluso la lengua de ellos, que es lo principal, también eso no será sino: **«sólo por un instante».** Porque la mentira de ellos será revelada.

20. **«En el corazón de los caviladores de maldad hay engaño».** Todos los que hablan engaño se denominan «caviladores *–jorshei–* de maldad». Como el que labra *–joresh–* la tierra para que produzca frutos, así es ese que da consejos para que salga de eso mal. Y debido a que ellos desean que no se conozca el mal que hay en sus corazones, están siempre angustiados, y

ese engaño está siempre en sus corazones por si el asunto se descubre y no se cumple el consejo de ellos. **«Y en los que dan consejos de paz, alegría».** Pero esos que dan consejos para paz sin ningún engaño, ellos están siempre alegres, porque su corazón está correcto y seguro y no temen que se revele lo que hay en sus corazones.

21. **«No se presentará ninguna adversidad *–aven–* al justo».** La expresión *aven* se refiere a la palabra y el pensamiento. A la palabra, como está escrito: «y habló *aven*» (Isaías 58, 9). Al pensamiento, como está escrito: «*Aven* pensará en su cama» (Salmos 36, 5). Y a esto se refiere: «No se presentará», incluso en forma ocasional: «ninguna adversidad *–aven–* al justo», incluso en el pensamiento. Por eso dijo: «ninguna *–kol–* adversidad *–aven–*». Y con más razón en la palabra o en la acción. **«Y los malvados serán llenos de mal».** Es decir, estarán siempre llenos en forma constante y no en forma ocasional, y no *aven,* sino mal, en forma concreta.

22. **«Abominación para el Eterno son los labios de engaño *–sheker–*».** La explicación del asunto es que hay dos tipos de falsedad, y son: engaño *–sheker–* y asunto engañoso *–dvar kazav–*. *Sheker* es un asunto que desde el comienzo es mentira, pero *kazav* al comienzo tenía intención de realizar el asunto y se arrepintió. Y «abominación» es por algo muy malo. Pero no se denomina que cumple su voluntad, sino con una cosa selecta en la que no hay siquiera algo de pecado. Y a esto se refiere: «Abominación para el Eterno son los labios de engaño». Porque habla mentira al comienzo, y por eso dijo: «labios», porque su boca y su corazón no están igualados, y habla con labios resbalosos. **«Y los que obran con fidelidad, su voluntad».** Pero no se denomina que cumple su voluntad, bendito sea, sino si cumple con su pensamiento. «Con fidelidad» se refiere al interior del corazón, como está escrito: «y has hallado su corazón fiel ante ti» (Nehemías 9, 8).

23. **«El hombre astuto cubre el conocimiento».** El sabio cubre incluso lo que sabe y oculta su sabiduría y no la revela. **«Y el corazón de los insensatos proclama necedad».** Es decir, la insen-

satez de él, que entra en su mente primero, enseguida clama en voz alta para hacer oír a todos.

24. **«La mano de los diligentes *–jarutzim–* gobernará».** *Jarutz* es el hombre veraz y presto en los caminos del Eterno, que aunque en este mundo está con aflicción, de todos modos él «gobernará». **«Y el que profiere engaño, será por tributo».** Es decir, el embustero, que es lo contrario del veraz, que no embauca a las personas, sino que anda con verdad e integridad, y este embustero aunque ahora él gobierna con boca de labios resbalosos, «será por tributo».

25. **«Cuando viene angustia al corazón del hombre, ha de minimizarla».** Cuando el hombre está angustiado, esa angustia abate mucho el corazón. Pero aquel que viene y le habla palabras buenas y de consuelo, «alegrará», es decir, alegrarán al corazón. Y a esto se refiere: **«Y una buena cosa *–davar–*, la alegrará –a la angustia–».**

26. **«El justo tiene preeminencia *–iater–* sobre su prójimo».** Porque es común en los justos ocultar sus acciones y andar con recato; pero quien quiere ser justo e ir en los caminos del Eterno explora los caminos de otro justo, su compañero, para andar en ellos. Y se corresponde con el término del versículo que manifiesta: «Y exploraron *–veiaturu–* la tierra de Canaan» (Números 13, 2). **«Y el camino de los malvados los hace errar».** Pero los caminos de los malvados son descubiertos, y eso que es descubierto «los hace errar». Porque uno aprende de su compañero. Y a esto se refiere: «malvados», en plural.

27. **«El engañador no quemará lo que ha cazado».** Como dijeron nuestros sabios: si no quema los bordes de las alas del ave para que no se escape, todo lo que caza no es sino solamente engaño, porque nada quedará en su mano, porque cual viento escapará. Y así es con la Torá, si estudia y no repasa siempre para recordar siempre lo que estudió, no es sino engaño, porque no quedará nada en su mano. **«Y la riqueza del hombre es preciado oro selecto».** Y la riqueza de la persona, es decir, si tiene en su poder mucha riqueza, es preciado y oro selecto, porque hay cosas que son muy valiosas, pero no fáciles de vender, porque no hay

compradores que se abalanzan, y hay cosas que hay compradores y se abalanzan, aunque no son valiosas; pero ese que tiene en su poder riqueza ciertamente tiene en su poder algo valioso y como el oro selecto. Y **«preciado»** se refiere a la Torá, y **«oro selecto»** se refiere a los preceptos, como está escrito: «Mi fruto es mejor que el buen oro y que el oro selecto; y mi cosecha, mejor que la plata escogida» (Proverbios 8, 19).

28. **«En el sendero de la justicia –*tzedaká*–, hay vida».** Porque el camino de los justos es en forma cubierta y en especial en lo referente a *tzedaká* –el ayudar a otras personas generosamente, que se denomina justicia–, pues debe dar en forma cubierta para no avergonzar, tal como es sabido. Por eso dijo: «En el sendero de la *tzedaká* hay vida». Porque así como él vivifica al pobre, así le dan y le aumentan a él vida, tal como el suceso de Benjamín el justo (véase Baba Batra 11a). «Y en el camino de su senda, no hay muerte». Incluso quien va en su camino, y en su camino hay una senda, es decir, la senda de ella, o sea de la *tzedaká*, en ese camino no habrá muerte a causa de esa *tzedaká*, porque: «La *tzedaká* salva de la muerte».

XIII

1. **«El hijo sabio recibe la instrucción del padre».** Porque el hijo es sabio debido a la instrucción de su padre, ya que su padre lo instruyó con instrucción correctiva y lo condujo por el camino recto y no escatimó la vara de él. **«Y el burlador no oye las amonestaciones».** Y el hijo es burlador a causa de que no oyó las amonestaciones de su padre jamás. Porque es común en el joven no recibir el bien hasta que se lo castigue, pero de todos modos, no sería burlador si hubiera escuchado amonestación, y forzosamente su padre no le reprendió y lo abandonó para que fuera en el camino de su corazón. Y burlador es lo contrario del sabio, porque el sabio es quien estudia Torá, y burlador es lo contrario del que estudia, como dijeron nuestros sabios: «Dos –hombres– que están sentados y no hay entre ellos palabras de Torá, es ése un recinto de burladores, como está dicho: "Bienaventurado el hombre que no anduvo en consejo de malvados, ni estuvo en camino de pecadores, ni se ha sentado en un recinto de burladores" (Salmos 1, 1) [...]» (Tratado de Avot 3, 4).
2. **«A través del fruto de su boca el hombre será saciado de bien».** Porque las frutas del justo no se otorgan en este mundo a menos que sea bueno para las creaciones –personas–, entonces se le dan los frutos. Y a esto se refiere: «A través del fruto de su boca el hombre –*ish*–». Porque el justo se denomina *ish,* como está escrito: «Hombre –*ish*– justo, íntegro» (Génesis 6, 9). Y lo principal de los frutos es –a través– del estudio de la Torá, que equivale a todos –los preceptos–, por eso dijo: «A través del fruto de su boca el hombre será saciado», si él es –hombre– «de bien». **«Y el alma del rebelde será saciada de despojo».** Pero los rebeldes

comerán la rapiña *–jamás–* que hay en sus bocas, porque lo que insultan a los demás también se denomina *jamás* con palabras, como está escrito: «Porque la tierra se llenó de rapiña *–jamás–*» (Génesis 6, 13). Y en el Midrash se dijo que también el despojado estaba lleno de *jamás,* porque insultaba y estaba repleto de *jamás* con palabras. Es decir, cuando él es malo con las personas entonces comerá *jamás* en este mundo, como está escrito: «¡Ay del malvado malo! Porque se le hará conforme a –la obra de– sus manos» (Isaías 3, 11).

3. **«Quien guarda su boca protege su alma».** Debido a que el alma del rebelde será saciada del despojo que hay en sus bocas, por eso, quien guarda su boca protege su alma. **«Y quien abre ampliamente sus labios, le será por quebranto».** Pero quien abre ampliamente sus labios, aunque tenga un alma buena y realice muchos preceptos y se ponga muchas vallas, su boca le será por quebranto para todo.
4. **«El alma del perezoso ambiciona y no obtiene nada».** Es decir, el perezoso ambiciona, pero no hay nada concreto en su ambición, porque no conseguirá –satisfacer– siquiera su deseo ni su voluntad. **«Y el alma de los diligentes tendrá prosperidad *–tedushan–*».** Pero los prestos no solamente conseguirán satisfacer su voluntad y hacer tener provecho a su alma, sino que también sus huesos tendrán –nutriente y– prosperidad.
5. **«El justo aborrece la palabra falsa».** El justo aborrece todo asunto de falsedad, e incluso oír de todos y todo. **«Y el malvado –la escucha– y desprecia y humilla».** Pero el malvado, si oye algo acerca de un hombre justo, aunque en verdad es mentira, «desprecia y humilla».
6. **«La justicia *–tzedaká–* protege al de camino íntegro».** Es decir, la *tzedaká* protegerá al que va por camino de integridad para que no tropiece. Porque el íntegro, debido a que va con integridad, a causa de falta de conocimiento, es posible que tropiece, pero la generosidad *–tzedaká–* que hace lo protegerá para que no tropiece. «Y la maldad tuerce al pecador *–jatat–*». Como está escrito: «Porque has tropezado con tu pecado» (Oseas 14, 2). Es decir, a causa del pecado –cometido por provecho denominado

avon–, que ha realizado al comienzo, eso lo lleva al pecado involuntario denominado *jatat*. Y así también es aquí: «y la maldad», que ha realizado al comienzo, «**tuerce al pecador *–jatat–***». Es decir, esa maldad lo lleva a cometer pecado involuntario denominado *jatat*.

7. «**Hay quien enriquece y no tiene nada**». Es decir, se muestra a sí mismo como si fuera rico y no tiene nada. «**Empobrece y tiene mucha riqueza**». Y asimismo hay quien se hace a sí mismo como si fuera un pobre y tiene mucha riqueza. Y así es con la Torá, hay quien se muestra a sí mismo como si fuera un gran sabio estudioso y en verdad no tiene nada, y hay quien empobrece, es decir, se hace a sí mismo como si no supiera nada, y tiene un caudal muy grande de conocimientos.
8. «**El rescate del alma del hombre está en su riqueza**». Porque a veces, el Santo, bendito sea, da el dinero al hombre para que se rescate a sí mismo y dé el dinero por rescate de su alma. «**Y el pobre no oyó recriminación**». Pero al pobre, que no tiene dinero, el Santo, bendito sea, no trae sobre él flagelos en absoluto, porque no tiene con qué rescatar. Y no sólo que no trae sobre él los flagelos en absoluto, sino que tampoco oye ninguna recriminación, sino calma y sosiego.
9. «**La luz de los justos se alegrará**». El día se denomina luz, como está escrito: «y llamó Dios a la luz día» (Génesis 1, 5). Y el Mundo Venidero se asemeja al día, como dijeron nuestros sabios, de bendita memoria, en el comienzo del tratado de Pesajim. Y este mundo se asemeja a la noche. Y quien ilumina en la noche es la lámpara. Y los justos, lo principal de ellos es la luz, que es el Mundo Venidero; y los malvados, lo principal de ellos es este mundo, que es la lámpara. Y a esto se refiere: «La luz de los justos se alegrará», porque su luz se renueva siempre. «**Y la lámpara de los malvados se apagará**». Porque los malvados, lo principal de ellos, es este mundo, que se asemeja a la noche, y así la lámpara, que es el cuerpo. Pero la lámpara de los malvados se apagará, porque ellos realizan pecados con sus cuerpos y no tienen luz, que es –un asunto relacionado con– el alma, en absoluto.

10. **«Ciertamente el actuar premeditadamente provocará contienda»**. Se refiere a lo que se dijo anteriormente: «La luz de los justos se alegrará», que es la Torá, y ahora dijo: «Ciertamente», quien estudie «premeditadamente *–bezadon–*», es decir, para acusar a otros, él «provocará contienda». Porque desea que se haga conforme a su palabra, y provoca contienda siempre. **«Y en los que toman consejo hay sabiduría»**. Pero quien desea la sabiduría necesita aconsejarse con todo hombre y preguntar de él, como dijeron nuestros sabios: «¿Quién es sabio? El que aprende de todo hombre» (Tratado de Avot 4, 1). Y a esto se refiere: «Y en los que toman consejo hay sabiduría». Es decir, con esos que se aconsejan siempre, con ellos está la sabiduría.
11. **«La riqueza de vanidad disminuirá»**. Incluso quien reunió riqueza, solamente que lo hizo de vanidades y no con el esfuerzo de sus manos, se disminuirá, porque así como le vino con facilidad se irá de él con facilidad. **«Y a quien reúne con mano –de trabajo y esfuerzo–, se le aumentará»**. Pero quien reúne poco a poco, con el esfuerzo de sus manos, se le aumentará. Y lo mismo ocurre con la Torá, como dijeron nuestros sabios, de bendita memoria.
12. **«El que aguarda prolongadamente enferma del corazón»**. La explicación del asunto es tal como dijeron nuestros sabios, de bendita memoria, que se refiere a la observación de la plegaria –porque está pendiente para ver si se cumple lo que pidió– (Berajot 32b). Y dijeron allí: ¿cuál es su solución? Que se ocupe de la Torá. Porque la plegaria es para vida momentánea, ya que no es sino por este mundo, pero la Torá es vida eterna, porque es camino para el Mundo Venidero. Y en este mundo es posible que el Santo, bendito sea, no le otorgue incluso que rece, y no será para él sino enfermedad del corazón. Y a esto se refiere lo que dijeron: ¿cuál es su solución? Que se ocupe de la Torá, porque es vida para el Mundo Venidero. Y ciertamente le vendrá lo que desea y conforme a su voluntad. Y a esto se refiere: **«Y árbol de vida»**, que es la Torá, «es cuando llega lo deseado».
13. **«Quien desprecia un asunto –de los preceptos– se daña a sí mismo»**. Porque hay doscientos cuarenta y ocho huesos en el

hombre (Mishná Oalot 1, 8), y en correspondencia con ellos hay doscientos cuarenta y ocho preceptos activos. Y asimismo toda cosa tiene poder vivificante de los preceptos. Por eso, quien desprecia algún precepto se daña a sí mismo, porque se torna carente del poder vivificante de ese asunto. **«Y quien teme del precepto, recibirá recompensa».** Pero quien teme abandonar cualquier precepto y quiere cumplir cada cosa estará completo en todos sus miembros –así se denomina también a los huesos–.

14. **«La Torá del sabio es fuente de vida».** Porque así como los preceptos otorgan fuerza a los miembros, y los huesos *–atzamot–* de la persona se completan a través de los preceptos, y eso en el aspecto exterior, así la Torá es esencia *–etzem–* de vida, como está escrito: «Porque es tu vida [...]» (Deuteronomio 30, 20). Mas la Torá del sabio, tal como mencionamos anteriormente, su intención es saber la verdad para saber de qué cuidarse. Y a esto se refiere que «la Torá del sabio es fuente» y raíz de la vida, porque su intención es: **«para apartarse de las celadas de la muerte».** Para saber cuidarse de lo opuesto de la vida.
15. **«El buen intelecto otorgará gracia».** Quien tiene intelecto, que es la Torá, y también es –hombre– bueno, con buenas cualidades «otorgará gracia», porque todos se maravillarán de él. **«Y el camino de los insurrectos es duro».** Pero el camino de los insurrectos es que si hay en ellos un poco de Torá, van con insolencia, y con poder, y se enseñorean con su Torá.
16. **«Todo astuto obrará con sabiduría».** Astuto se denomina al que entiende la tortuosidad, tal como explicamos anteriormente, y todo el que entiende la tortuosidad no hace ninguna cosa a menos que la sepa y tenga percepción de ésta en forma cabal. **«Y el insensato tenderá su necedad».** Insensato se denomina al que no tiene percepción, y hará conforme a su primer pensamiento, lo cual es una necedad; y es lo opuesto al astuto. Y dijo «tenderá *–ifros–*», porque no sólo que hace necesidad, sino que difunde su necedad a todos.
17. **«El mensajero malvado caerá en mal».** Cuando se envía un mensajero malvado, cuando llega a un asunto en el que se puede equivocar: «caerá en mal». **«Y el enviado fiel es saludable».**

Pero quien es un enviado fiel, es decir, que ya fue varias veces enviado y fue confiable en su encargo, ése puede curar lo que estropeó el enviado malvado, como Kalev y Josué, que fueron enviados fieles y rectificaron lo que arruinaron los exploradores que cayeron en mal.

18. **«Pobreza y humillación vendrán a quien desatiende la instrucción –correctiva–».** Porque los caminos del Eterno son tres: justicia *–tzedaká–*, juicio y rectitud. Justicia en la derecha, juicio en la izquierda y rectitud es el intermedio y une a ambos como uno. Es decir, la persona debe hacer bondades y generosidades con las personas, o sea: justicia *–tzedaká–*. Y juicio se refiere a las lecciones correctivas y aflicciones que tiene que hacerse a sí mismo para quebrantar sus codicias. Y rectitud es el intermedio y el camino recto. Y a esto se refiere: «Prolongación de días en su derecha; en su izquierda riqueza y honra» (Proverbios 3, 16). **«Y quien guarda la exhortación será honrado».** Pero quien se cuida desde el comienzo de la palabra, cuando lo exhortan, y él no necesita destruir su cuerpo a través de corrección instructiva, sólo quebrantó su grado existencial *–nefesh–* y su codicia, y se cuidó desde el comienzo de no llegar a eso, por eso su recompensa es que «será honrado», que es lo interior.
19. **«El quebranto de la codicia agrada al alma».** Cuando la codicia es quebrantada, después ella agradará al alma, aunque en el momento en que la codicia se fortificaba sobre él y él la quebrantaba, él sufría, de todos modos, después ella agradará al alma y tendrá mucho provecho de eso. **«Y el apartado del mal es para los necios una abominación».** Pero los necios, que no tienen percepción, no sólo no quebrantan su codicia, porque la codicia no es un mal completo, sino incluso el mal completo, apartarse del mal es una abominación para ellos; y además, no sólo no es agradable para ellos apartarse del mal, sino que es una abominación para ellos.
20. **«Quien anda con sabios obtendrá sabiduría».** Como dijeron nuestros sabios: «Has de ser cola de leones y no seas cabeza de lobos» (Tratado de Avot 4, 15). Y a esto se refiere: «Quien anda con sabios», es decir, los secunda y se empolva con el polvo de

sus pies (como dijeron nuestros sabios: «empólvate con el polvo de sus pies» tratado de Avot 1, 4), y debido a eso «obtendrá sabiduría», porque oirá la sabiduría de ellos y verá sus acciones, y es común en el hombre proyectar en sus cualidades y en sus acciones de aquel que se une con él. **«Y quien se conduce *–roe–* con necios será quebrantado *–ieroa–*».** Pero quien es *roe,* es decir, cabeza y oficial de los necios, y para los necios es abominación apartarse del mal, por eso, también él *ieroa* –significa literalmente «que será malo»–, porque será malo *–ra–* como ellos. Asimismo, *ieroa* indica que será quebrantado con ellos cuando el Santo, bendito sea, traiga sobre ellos desgracia.

21. **«A los pecadores los perseguirá el mal».** Como está escrito: «La justicia protege al de camino íntegro; y la maldad tuerce al pecador *–jatat–*» (Proverbios 13, 6). Pues debido a que le faltan preceptos activos, ésa es la causa que lo lleva a la maldad. Y así es también aquí, pues a causa de los pecados *–jataim–*, que son la falta de los preceptos activos, «perseguirá», en pos de ellos, hasta que lo lleva al mal, o sea, el –precepto– pasivo. **«Y a los justos los recompensará el bien».** A los justos el Eterno, bendito sea, les dará buena recompensa, es decir, que realicen más preceptos, que se denominan «bien», como dijeron nuestros sabios: «La recompensa por un precepto es un precepto» (Tratado de Avot 4, 2).

22. **«El –hombre– bueno hará heredar a los hijos de sus hijos».** Porque en este mundo no se otorgan sino solamente los frutos y no el capital, como enseñaron los sabios, que comen sus frutos en este mundo y el capital permanece para el Mundo Venidero (Pea 1, 1). Y también los frutos no los comen los justos mismos, sino sus hijos. **«Y los bienes del pecador están guardados para el justo».** Es decir, y respecto al capital, que permanece guardado para el Mundo Venidero, también están guardados para él: «los bienes del pecador». Se refiere a los que les faltan preceptos activos y no toman su parte en el Jardín del Edén, y el justo toma la parte de ellos.

23. **«Mucho alimento viene por el arado de los pobres».** Porque el hombre debe dar a los pobres y no debe decir: «Si el Santo,

bendito sea, lo desea, que el rico les dé». ¿Por qué no les da éste? Tal como dijo el malvado Tornostropos al rabí Akiva (Baba Batra 10a). Y dice que las necesidades del mundo están –cubiertas– porque ellos son pobres, porque si no fueran pobres no trabajarían la tierra ni harían otras labores. Y a esto se refiere: «Mucho alimento viene por el arado de los pobres», ya que el alimento viene para la mayoría del mundo por el arado de los pobres. Y la explicación del asunto es que los pobres soportan flagelos de las personas de su generación, y todo el mundo se sustenta por el yugo de ellos, que ellos, los pobres, cargan; es decir, por los flagelos que soportan los pobres. **«Y hay quien perece sin juicio».** Y además, hay otra razón por la cual se debe dar a los pobres, porque debido a que no dan conforme a sus juicios, lo que necesitan darles, el Santo, bendito sea, «despojará el alma de sus despojadores» (Proverbios 22, 23).

24. **«Quien se abstiene de su vara aborrece a su hijo».** Quien impide su vara, cuando es propicio azotarlo con su vara, y teme por él y no lo castiga con su vara, aborrece a su hijo, porque finalmente irá por mal camino. Y por eso dijo: «se abstiene de su vara», es decir, la apropiada para él. **«Y quien lo ama lo corrige temprano».** Es decir, pero quien ama a su hijo no lo castiga por lo que es apropiado para él, sino que «lo corrige temprano». Porque busca en él para ver si cometió algo leve y lo castiga por eso.

25. **«El justo come para saciar su alma».** Porque el justo come solamente para subsistir, lo necesario para su saciado. **«Y el estómago de los malvados no estará completo».** Es decir, pero a los malvados les falta estómago, ya que su estómago es pequeño para contener su alimento.

XIV

1. **«Con las sabidurías de la mujer se edifica la casa».** Dijo «sabidurías» en plural y «edifica» en singular, es decir, porque la mujer dotada de sabidurías ve que su casa está edificada, es decir, en pie. **«Y la necia la destruye con sus manos».** Pues ella misma destruye su casa.
2. **«Quien anda en su rectitud teme al Eterno».** Porque todo hombre debe ir en su camino necesario para él, ya que los atributos de una persona no son iguales a los de otra, y por eso él está habituado a esa naturaleza y es propenso a –cometer– un pecado que viene de ese atributo, y debe cercarse mucho en eso mientras que su prójimo no necesita ese cuidado en eso, y su prójimo necesita –cercado y resguardo– para otra cosa. Por eso: «quien anda en su rectitud», en el camino de la rectitud de él, aunque a ojos de las personas sea malo, debido a que no saben lo que él necesita, y aun así él anda en su rectitud, él «teme al Eterno». Porque teme llegar a cometer un pecado a causa de su naturaleza a la cual está habituado. **«Y el desviado».** Pero el que desvía sus caminos necesarios para él para envanecerse en los ojos de las personas, para hacer lo recto en los ojos de ellos, aunque sea que para él es malo y por esa causa llega al pecado, «lo desprecia». El Santo, bendito sea, sabe lo que él necesita y él no hace lo que necesita, sino lo recto en los ojos de las personas, y he aquí que hay en él temor de personas de carne y sangre, y no temor del Eterno.
3. **«En la boca del necio se halla la vara de la arrogancia».** Las palabras del necio se bendicen en su corazón para azotar con su vara a quien transgreda sus palabras. **«Y los labios de los sabios**

los protegerán». Porque los sabios se salvan de él debido a que cierran sus labios en lugar de responderle algo.

4. «**Sin vacunos el granero está limpio»**. Cuando no tiene ovinos y vacunos, aun así «el granero está limpio», no hay en él granos. Pues ¿quién le trabajará la tierra para que le produzca granos? «**Y la abundancia del grano**» se encuentra con el que tiene «**la fuerza del toro**» para comer y trabajar su tierra.
5. «**El testigo fiel no engañará –*icazev*–»**. *Cazav* es no cumplir sus palabras, y *sheker* es hablar mentira desde el comienzo. Y a esto se refiere: «El testigo fiel *–emunim–» se refiere* a los que cumplen sus palabras. «**Y quien habla engaños –*icazev*– es testigo falso –*sheker*–»**. Quien piensa en no cumplir finalmente declarará incluso testimonio falso.
6. «**El burlador busca sabiduría y no la halla; y para el entendido, la sabiduría es fácil –de hallar–»**. Porque el hombre necesita tres cosas: sabiduría, entendimiento, y comprensión. Sabiduría es lo que aprende de su maestro, entendimiento es entender un asunto a partir de otro asunto y percepción es aprehender el asunto en forma cabal. Y burlador es el que se burla de todo asunto y no teme de nada, y es lo opuesto a la sabiduría y el entendimiento, que teme. Pues el temer viene del entendimiento (véase Job 39, 16-17). Y a esto se refiere, que el burlador, que es lo opuesto a la Torá, que es sabiduría y entendimiento, después solicitará lo que aprendió de su maestro y no hallará, y más aún, ya que no sabrá por sí mismo, pero «**para el entendido**», incluso «**la sabiduría es fácil –de hallar–»**.
7. «Sal de delante del hombre necio». Si sales delante de un hombre necio, inmediatamente «no conocerás labios de sabiduría».
8. «**La sabiduría del astuto consiste en entender su camino»**. Porque el hombre debe ser astuto, pues la serpiente era astuta, y dio varias vueltas y sedujo hasta que hizo tropezar al hombre. Y el hombre debe ser astuto para entender sus tortuosidades y cuidarse de su naturaleza, porque a través de eso puede llegar al pecado. Y ése es el fundamento y el principal objetivo de la sabiduría del astuto. Y a esto se refiere: «La sabiduría del astuto» es para «entender su camino», y naturaleza para cuidarse a sí

mismo de no venir a –cometer– ningún pecado jamás. **«Y la necedad de los necios es engaño»**. Pero los necios que no saben y hacen según su necedad inmediatamente y no observan para entender, por eso, el Mal Instinto los engaña y hacen conforme a su necedad.

9. **«La culpa se burlará de los necios»**. El necio, debido a que dice sin ningún tipo de percepción lo que viene a su boca, incluso lo que concierne a su prójimo, que no se corresponde a su honor, después debe defender su culpabilización, y siempre ellos al comienzo culpabilizan, y después defienden su culpabilización. **«Y entre los rectos hay voluntad»**. Pero cuando los rectos hablan, ellos primeramente se asientan a sí mismos para ver cómo hablar de modo que no afecten a su prójimo, y entre ellos hay –buena– voluntad –y aceptación–.
10. **«El corazón conoce la amargura de su alma; y con su alegría no se mezclará extraño»**. La explicación del asunto es que en el futuro venidero vendrán todos los órganos del cuerpo al corazón y dirán: «He aquí que todos somos hijos de un hombre ¿y por qué tu alegría es mayor que la nuestra?». Y el corazón dirá: «Pero en su aflicción, ¿quién de vosotros se afligió con él como yo? Por eso, también en su alegría yo me alegro más que todos los órganos». Y a esto se refiere: «El corazón conoce la amargura de su alma». Y por eso: «Y con su alegría no se mezclará extraño».
11. **«La casa de los malvados será destruida y la tienda de los rectos florecerá»**. Como está escrito: «Y sabrás que hay paz en tu tienda, y visitarás tu morada, y nada te faltará *–tejeta–*» (Job 5, 24). Es decir, todos los días de la semana el hombre está ocupado en su trabajo en el campo y allí hace para sí mismo una tienda, y después, en el día de Shabat viene a su casa. Y allí en el campo frecuentan las bestias salvajes y los asaltantes. Y a esto se refiere: **«Y sabrás que hay paz en tu tienda»**, de las bestias salvajes y los asaltantes. Y después, en el día de Shabat: **«visitarás tu morada y nada te faltará *–tejeta–*»**. Es decir, no faltará ninguna cosa, porque en su casa están sus utensilios guardados y hallará que no falta nada.

12. «**Hay camino recto ante el hombre**». Es decir, hay camino que parece al hombre en su corazón es un camino único y descubierto, el cual es recto, «**y al final es camino de muerte**», es decir, y finalmente son varios caminos y todos van a la muerte. Y por eso el hombre debe ser muy cuidadoso y no apoyarse en su capacidad cognitiva en absoluto, porque es posible que le parezca que ciertamente es un camino recto, y aun así, viene a los caminos de la muerte.
13. «**También por la risa le dolerá el corazón; y el final de la alegría será angustia**». La explicación es que el hombre en este mundo no tiene ninguna alegría, porque ¿qué alegría hay más grande para el hombre que ser padre de hijos? Y el sufrimiento de la crianza de los hijos es más duro que todo.
14. «**Aquél de corazón retractado –sug– será saciado –con el producto– de sus caminos**». Como está escrito: «Decid al justo, porque es bueno, que comerá del fruto de sus acciones» (Isaías 3, 10). Es decir, cuando el justo es bueno con las personas, entonces toma los frutos en este mundo; y cuando es posible hacer de los frutos un capital, entonces no toman siquiera los frutos, solamente las hojas, como dijeron de Raba, hijo de Najmani, que tomó las hojas del árbol (véase Baba Metzía 114b). Pero el malvado no tiene frutos en absoluto, y cuando toman este mundo es todo el capital. Y a esto se refiere: «de sus caminos». Es decir, de todos sus caminos, que es el capital, «aquel de corazón retractado *–sug–* será saciado». Quien tiene en su corazón rezagos *–siguim–*, que es el malvado, porque su corazón está lleno de rezagos. «**Y el hombre de bien estará sobre él *–mealav–***». Pero el hombre que también es bueno con las personas, y hombre *–ish– se refiere* al justo, él no toma sino solamente *mealav,* es decir, de sus hojas.
15. «**El tonto –peti– creerá todo asunto**». Como está escrito: «no creáis al compañero» (Miqueas 7, 5). Y nuestros sabios, de bendita memoria, dijeron: no creáis al Mal Instinto, cuando dijera: «Peca, y el Santo, bendito sea, te perdonará». No le creáis. Pero el *peti,* o sea, el que es habitual en él dejarse seducir *–lehipatot–,* cree todo asunto y no piensa en el final. «**Y el as-**

tuto entenderá su sendero *–ushro–*». Pero quien es astuto y entiende la tortuosidad del Mal Instinto, no cree en él en lo que dice ser un precepto, sino que entenderá por sí mismo el asunto recto *–iashar–*.

16. «**El sabio teme y se aparta del mal**». Es decir, el sabio teme el tropiezo, para no llegar a una cosa mala, y se aparta del asunto antes de llegar al mal. «**Y el necio se enardece y está confiado**». Pero el necio pasa por un lugar en el que es posible errar y confía en el Eterno, en que no le traerá a ningún mal, y ésa es confianza de necios.
17. «**Quien es rápido para enojarse actuará con necedad**». Porque hay dos tipos de malvados, el malo y el engañador. Es decir, quien es rápido para enojarse hará su necedad inmediatamente, sin asentarse en su pensamiento, y ése es mal absoluto. «**Y el hombre tramador será aborrecido**». Pero el engañador programa malos pensamientos en su corazón y no revela su pensamiento en el exterior, y aun así será aborrecido, aunque ninguna persona conoce lo que hay en el corazón del hombre. Y él será aborrecido porque «Como el agua –refleja– el rostro –con las mismas expresiones– del rostro, así el corazón del hombre al hombre» (Proverbios 27, 19).
18. «**Los tontos heredarán necedad**». La explicación del asunto es que hay tres socios en –la concepción de– la persona: el Santo, bendito sea, su padre y su madre. Y de ellos le llegan a la persona dos coronas y dos heredades, y la heredad está vinculada con el misterio de la casa y la riqueza, que son la Torá y los preceptos, la sabiduría y el entendimiento; y las dos coronas están vinculadas con el misterio de la percepción, y es la parte del Santo, bendito sea, que le otorga capacidad cognitiva e inteligencia, que –a través de esas facultades– sabe por sí mismo. «**Y los astutos se coronarán con percepción**». El astuto es lo opuesto al tonto, ellos se coronarán con percepción, es decir, ornamentan y coronan lo que saben por sí mismos.
19. «**Los malos se someterán ante los buenos**». Es decir, tal como fue mencionado anteriormente, el justo que es bueno con las personas come sus frutos en este mundo, pero el que es justo

entre él y el Omnipresente, si no es bueno con las personas, no come sus frutos en este mundo. Y el malvado, cuando es malo con las personas, cae también en este mundo, pero –cuando es malo– entre él y el Omnipresente, a veces se consumirá en lo mejor de sus días. Y a esto se refiere: «**Los malos se someterán –*shaju*–**», esos que son malos con las personas, «**ante los buenos**», con las personas, es decir, en vida de ellos, en este mundo. «**Y los malvados a los portales del justo**». Pero el malvado entre él y el Omnipresente, que se denomina malvado, caerá ante los portales del justo, es decir, junto a los portales del Jardín del Edén en el Mundo Venidero, pero no en este mundo. Como está escrito: «y éste es el portal para el Eterno» (Salmos 118, 20).

20. «**El pobre es aborrecido incluso por su compañero**». Pues al pobre lo aborrece incluso su propio compañero. «**Y los amadores del rico son muchos**». Incluso quienes no son sus compañeros, ellos aman al rico.
21. «**Quien desprecia a su prójimo es pecador –*jote*–**». (La expresión *jote* significa también «carencia»). Cuando el hombre desprecia incluso a su compañero, *jote,* es decir, le faltará ese amigo, porque no será más su amigo. «**Y quien hace agraciar a los pobres es bienaventurado**». Es decir, quien hace que otros agracien a los pobres, bienaventurado. Es decir, bienaventurado en este mundo, como dijeron nuestros sabios: «bienaventurado tú en este mundo» (Berajot 8a).
22. «**¿Acaso no se equivocan quienes traman el mal?**». El que trama el mal contra su prójimo, el Santo, bendito sea, hace que erren ellos mismos con ese mal y caigan en él, como lo ocurrido con Haman. «**Y verdad y bondad –habrá– para los que piensan el bien**». La diferencia entre bondad y verdad es que bondad es lo que el hombre hace por su prójimo y no está obligado a hacerlo en absoluto, y verdad es lo que está obligado, que igualmente le hizo un bien. Y a esto se refiere: «Otorga verdad a Jacob, bondad a Abraham» (Miqueas 7, 20). Porque a Abraham le fue asegurado en calidad de bondad, pues no estaba obligado a hacérselo. Pero en cuanto a Jacob, ya le había asegurado Abraham,

y estaba obligado a cumplir lo que le fue asegurado, por eso era verdad. Por eso, quien hace un bien a su compañero, necesita hacerle un bien mayor al que hizo por él, porque su prójimo hizo con él bondad, ya que no estaba obligado a hacerlo en absoluto, pero si él le hiciera también como él, no hace con él más que verdad, porque está obligado a recompensarle por lo que hizo por él, y si es así, no hace tal como su prójimo hizo, por lo que está obligado a hacerle un bien mayor, y ese excedente es bondad.

23. **«Con todo esfuerzo hay ganancia»**. Con toda acción con que la persona hiciere labor, a veces hay ganancia y utilidades. **«Y las palabras de los labios, ciertamente, causan carencia»**. Pero las muchas palabras no sólo no llevarán a ganancia y utilidades, sino que ciertamente causarán carencia. Y lo mismo se aplica a la Torá.
24. **«Corona de los sabios es su riqueza»**. Porque para los sabios, la corona y la protección de ellos es la riqueza, ya que es algo bello para ellos, y no serán por vergüenza en los ojos de la multitud. Como dijeron nuestros sabios, de bendita memoria (Sanhedrín 52b): quien tiene provecho de ellos se asemeja a un recipiente de arcilla, que cuando se quebraron no tienen arreglo; por eso su riqueza es para ellos corona. Y así es también con la Torá, la corona de los sabios es su riqueza, el haber estudiado mucho, y la Torá es pobre en este lugar y rica en otro lugar. **«Y la pedantería de los necios es su insensatez»**. El necio que no sabe no dice sino pedanterías, porque no conoce de otro lugar, sino únicamente lo que asciende a su pensamiento en primer lugar, se vanaglorian de eso, y ellos son engañadores y pedantes.
25. **«El testigo verdadero salva almas»**. La explicación es que el testigo verdadero salva dos almas: el alma del despojado por robo y también el alma del ladrón, que salva del juicio del purgatorio; y su salvación es más selecta que la del despojado, porque la salvación del despojado es solamente de dinero, lo que no es así con la salvación del ladrón, que corresponde a su alma. Y a esto se refiere: «salva almas», dos almas. «Y el que habla mentiras engaña». Es decir, asegura testificar por su prójimo falsedad o

verdad, y después lo engaña, porque no testifica por él, y sale del tribunal angustiado porque no tiene quien testifique por él.

26. **«En el temor del Eterno está la fortaleza segura *–mibtaj–*; y será refugio para sus hijos».** La explicación es tal como está escrito: «Es mejor refugiarse *–lajasot–* en el Eterno que confiar *–btoaj–* en señores» (Salmos 118, 9). Y la explicación es que hay dos partes en la confianza: una, que el Santo, bendito sea, le asegura darle mucha posesión y riqueza, tal como hallamos, que el Eterno, bendito sea, aseguró a Abraham que lo enriquecería, y a esto se lo denomina seguridad *–bitajón–*. Y la segunda parte es que el Santo, bendito sea, no asegura, pero el hombre mismo pone su confianza en el Eterno, y a esto se lo denomina: refugio *–jisaion–*. Y a esto se refiere: «es mejor refugiarse *–lajasot–* en el Eterno» se refiere a la segunda parte.

27. **«El temor al Eterno es fuente de vida, para apartarse de las celadas de la muerte».** Ahora se refiere a la Torá, y anteriormente se refirió a los preceptos. Y son dos temores. Los preceptos son en el cuerpo y la Torá es en el alma. Por eso respecto a los preceptos dijo que serán: «fortaleza segura *–mibtaj–*» y «refugio», y respecto a la Torá, que es en el alma, dijo que es «fuente de vida». Y los preceptos protegen, pero no salvan, por eso dijo: «fortaleza segura *–mibtaj–*» y «refugio», y respecto a la Torá dijo que es «fuente de vida», y también lo salva: **«para apartarse de las celadas de la muerte».** Porque la Torá protege y salva.

28. **«Con la abundancia de pueblo está la gloria del rey; y con la ausencia de pueblo, el temor de los príncipes».** Porque en Israel hay dos gobernantes y ellos se denominan príncipes y reyes. Los reyes son los sabios estudiosos, como se dijo en el Talmud: «¿Quiénes son reyes? Los sabios» (Guitin 62a). Y príncipes son los que realizan el servicio y la plegaria, como el rabí Janina ben Dosa y sus compañeros.

29. **«Quien es lento para enojarse, su entendimiento es grande; y quien tiene espíritu impulsivo, encumbra la necedad».** La explicación es que quien es lento para enojarse y no se irrita es un gran sabio. Y a esto se refiere: «su entendimiento es grande». Pero «quien tiene espíritu impulsivo», que es el enojadizo, no

sólo hace necedad, sino que «**encumbra la necedad**» que hizo. Porque brama en voz alta para que todos escuchen la necedad que hizo.

30. «**El corazón afable es medicina para la carne; y la envidia es consumición para los huesos**». La explicación es que el corazón es bueno, porque lo sana. Cuando uno se enoja con él y su corazón entiende que el hombre que se enoja con él tiene razón en su riña, y dice que la ley está con él en eso que se enoja contra mí, y vuelve y sana con su silencio a ese hombre, entonces vivifica también a la carne. Pero el que tiene envidia de su prójimo provoca consumición también para los huesos.
31. «**Quien oprime al pobre agravia a su Hacedor; y lo honra quien agracia al necesitado**». A esto se refiere: «Si aferrare mi fortaleza, hará conmigo paz; hará paz conmigo» (Isaías 27, 5). Pues cuando no se fortifican las manos del pobre y se lo despoja de la ración que se le debe otorgar, entonces él clama al Santo, bendito sea, por su disminución de todos en lo que respecta a su pobreza. Y habla contra el Eterno, bendito sea. Y en verdad todo es justicia y rectitud, y no hay engaño en él, y por eso castiga al pobre por sus palabras contra él. Y a esto se refiere: «Si aferrare mi fortaleza», que es el pobre, porque yo debo ser para él por ayuda y fortaleza, como está escrito: «porque él es fortaleza para el pobre» (Isaías 25, 4), «hará conmigo paz», porque no hablará contra mí, y después «hará paz conmigo», porque no lo castiga. Y a esto se refiere: «Quien oprime al pobre», y debido a eso, el pobre «agravia a su Hacedor». «Y lo honra», al Santo, bendito sea, «quien agracia al necesitado».
32. «**El malvado será desplazado por su maldad**». La explicación es que se debe a su propio mal, por hostigar al justo, por eso él mismo caerá como Haman, que hizo un madero para colgar a Mardoqueo el justo y él mismo fue colgado sobre él. Y a esto se refiere: «El malvado será desplazado», por sus propias cavilaciones para hacer mal al justo, por eso mismo será desplazado. «Y el justo, protegido en su muerte». Pero el justo incluso en su muerte será protegido por su justicia. Además, su justicia protege a sus hijos incluso después de su muerte.

33. **«La sabiduría reposa en el corazón del entendido; y es desconocida *–tivadea–* en medio de los necios».** La explicación es que quien tiene corazón entendido, en su corazón reposará la sabiduría. Porque el entendimiento es el recipiente de la sabiduría. Y si tiene entendimiento, en él reposará la sabiduría. Y ésta está oculta en su corazón y no es conocida por ningún hombre. Pero en los necios no hay sabiduría ni entendimiento, e incluso la poca percepción que hay en su interior será conocida *–tivada–* por todos, porque no tienen sabiduría ni entendimiento para ocultarla.

34. **«La justicia enaltece al pueblo».** Es decir, cuando los del pueblo hacen justicia *–tzedaká–*, ese pueblo se enaltece, como está escrito: «Reparte, da a los necesitados, su justicia *–tzedaká–* permanece por siempre, su poder será enaltecido con honor» (Salmos 112, 9). «Y la bondad de las naciones –que quitan a uno y dan a otro– es pecado *–jatat–*». Y cuando hacen bondad, entonces no sólo enaltecen, sino que será *jatat* para los aborrecidos de Israel. Porque por esa causa habrá faltante en los méritos de Israel (la expresión *jatat* significa también falta), porque el Santo, bendito sea, les debe recompensar en este mundo, y la recompensa por un precepto es grande, como hallamos en Nabucodonosor, quien en recompensa por haber dado tres pasos –él– lo hizo gobernar sobre todo el mundo, y –él– destruyó el Templo Sagrado y asesinó a nuestros piadosos (Sanhedrín 96a). Y todo para satisfacer su voluntad y que tenga su recompensa saldada.

35. **«La voluntad del rey está con el siervo perspicaz; y su ira contra el infame».** La explicación es que la ira del Rey de reyes, el Santo, bendito sea, es el Ángel de la Muerte, y el hombre sabio y justo lo apartará de él. Pero la palabra del rey no vuelve, sino que envía al Ángel de la Muerte sobre otro hombre que será tomado delante de él, al cual el Eterno, bendito sea, aborrece.

XV

1. **«La respuesta blanda aplaca la irritación –*jemá*–».** Porque la diferencia entre ira –*af*– e irritación –*jemá*– es que la ira –*af*– es en el pensamiento y en la palabra y es el comienzo del enojo, y la irritación –*jemá*– es en la acción y es el final del enojo. Y a esto se refiere: «La respuesta blanda aplaca la irritación –*jemá*–». Porque envió hacer, o hizo, y él aplaca la irritación con eso que responde con palabras suaves sobre su enojo para aplacarlo. **«Y la palabra que aflige hace emerger la ira –*af*–».** Y quien habla palabras malas y que afligen hace emerger la ira, lo que no era así al comienzo en absoluto, él hace ascender ahora la ira. Y a esto se refiere aquí: «palabra» y «hace emerger», y anteriormente dijo: «la respuesta» y «aplaca».
2. **«La lengua de los sabios rectificará la percepción y la boca de los necios pronunciará necedad».** La explicación es que su lenguaje embellece su percepción, porque saben y dicen con percepción asentada: «palabra hablada en forma apropiada» (Proverbios 25, 11). Entonces, a través de su lenguaje se nota la bondad de su percepción, cómo conocen el bien. Pero los necios no sólo dicen necedades por falta de percepción, sino que incluso eso no lo dicen con asentamiento y siempre fluye de ellos. Y a esto se refiere: «pronunciará necedad».
3. **«Los ojos del Eterno están en todo lugar; ven a los malos y a los buenos».** La explicación es que no debe ascender a tu pensamiento decir que el Eterno, bendito sea, no repara –y vigila– sobre los malos, porque los ojos del Eterno son puros, por eso dijo: «[…] en todo lugar; ven a los malos y a los buenos».

4. **«La lengua dócil es Árbol de Vida».** La explicación es que para quien pecó con difamación o chismerío, la sanación es el Árbol de Vida, que hable siempre de la Torá. **«Y su tortuosidad».** Se refiere a la tortuosidad de su lengua. **«Es quebranto del espíritu».** Porque no desea un asunto de un precepto, y todas las vallas que se puso se anularán, porque él es tortuoso.
5. **«El necio desprecia la corrección de su padre y el que guarda la exhortación será astuto».** Ya hemos mencionado que corrección es en la acción y exhortación es con la palabra. Y el beneficio de la corrección es que se apartará del mal y no irá tras el deseo de su corazón, y el de la exhortación es que trae al buen camino. Y a esto se refiere: **«El necio desprecia** [...]». Porque desprecia incluso la corrección de su padre y anda en sus malos caminos. «Y el que guarda la exhortación», lo que le dicen para andar por el buen camino, «será astuto». Pues será sabio y sabrá por qué camino ir, y será astuto, tal como hemos mencionado anteriormente.
6. **«La casa del justo está muy fortificada».** Es para él una gran posesión. **«Y con la venida del malvado es turbada».** Pero cuando vienen allí las cosechas del malvado, es turbada toda la casa.
7. «Los labios de los sabios diseminan *–izaru–* sabiduría». Es decir, lo que saben los coronan y endereza sus palabras para que sea agradable y dulce escucharlos. Y la expresión *izaru* comparte raíz con el término *zer,* que significa «corona». «Y el corazón de los necios no es acepto *–ken–*». No sólo no pueden hablar con la percepción correcta, sino que incluso sus corazones no tienen base *–kan–* y pie para entender esto, y la percepción no tiene lugar en absoluto en sus corazones.
8. **«El sacrificio de los malvados es abominación al Eterno».** «Sacrificio» se refiere a las ofrendas de paz, como está escrito: «y si sacrificio de paz» (Levítico 3, 1). Y no es la intención del Eterno, bendito sea, que la persona traiga sacrificio expiatorio por la maldad de sus acciones, pues no es su intención que la persona peque para que después traiga por eso un sacrificio expiatorio; pero las ofrendas de paz son su voluntad, porque no son traídas por pecado. Y a esto se refiere: «El sacrificio de los malvados es

abominación». Incluso el sacrificio de los malvados es abominable para él, porque ellos se rebelan contra su voluntad. **«Y la plegaria de los rectos, su voluntad».** Porque la plegaria es en lugar del sacrificio de paz y también en lugar de sacrificio expiatorio y es su voluntad.

9. **«El camino del malvado es abominación al Eterno; y es amado –por él– quien persigue en pos –*meradef*– de la justicia –*tzadaka*–».** Porque para él, el camino de los malvados es abominable, y el que persigue a otros y los arrastra al precepto de la *tzedaká* y riñe con ellos «es amado» ante él ese camino. Como está escrito: «El camino de los malvados se perderá» (Salmos 1, 6).
10. **«Hay corrección mala para aquel que abandona el sendero».** Corrección se refiere a castigos, es decir, el Eterno, bendito sea, trae castigos turbios a quien va por el sendero, que es un camino pequeño y angosto, y él afligió su alma y después por sí solo abandonó ese sendero, y por eso, el Eterno envía flagelos sobre él por abandonar por sí mismo la buena corrección. **«Quien aborrece la exhortación morirá».** Exhortación se refiere a la palabra y al alma existencial, por eso dijo «morirá» y «corrección», que es en la acción y en el cuerpo, y por eso, «corrección mala», que son flagelos del cuerpo.
11. **«El sepulcro –Seol– y el purgatorio –Avadon– están ante el Eterno; cuanto más los corazones de los hombres».** Porque el Seol y el Avadon están en el interior de la tierra, y aun así, están ante el Eterno, cuanto más los corazones de las personas.
12. **«El burlador no ama al que lo reprende; no irá con los sabios».** Como está escrito: «No reprendas al burlador, para que no te aborrezca; reprende al sabio y te amará. Da al sabio y tendrá más sabiduría [...]» (Proverbios 9, 8-9). Y la explicación es que hay dos niveles en la reprensión: se necesita ir a la casa del que hace mal y reprenderle; y para lo concerniente al estudio, no se necesita ir a quien quiere estudiar, sino que cuando venga a él, es un precepto para el maestro enseñarle. Y a esto se refiere: «reprende al sabio y te amará». La explicación es que vayas a él para reprenderle y te amará. «Da al sabio». Cuando venga a ti has de darle y tendrá más sabiduría [...]. Y

a esto se refiere: «El burlador no ama al que lo reprende». Incluso cuando vienen a su casa, y asimismo: «no irá con los sabios», para aprender de ellos. Y además, no sólo no aprenderá, sino que tampoco irá. Tal como dijeron nuestros sabios: «Hay cuatro cualidades en los que van a la casa de estudio: el que asiste y no hace recibe la recompensa por asistir. El que hace y no asiste recibe la recompensa por hacer. El que asiste y hace es generoso –*jasid*–. El que no asiste ni hace es un malvado» (Tratado de Avot 5, 14). Y dijo que tampoco eso tiene.

13. «**El corazón alegre hace bien al rostro**». Aquél cuyo corazón se alegra con su esfuerzo hace bien a su rostro. «**Y a causa de la aflicción del corazón se quebranta el espíritu**». Porque el deseo de la persona por realizar un precepto, u otra cosa, viene del espíritu; pero aquel que tiene aflicción del corazón, su espíritu se quebranta, y su espíritu está contrito para todo asunto y no hace nada.
14. «**El corazón entendido busca percepción**». Quien tiene corazón entendido busca además percepción para alcanzarla, y ve de alcanzarla. «**Y la boca de los necios se une a las necedades**». Y los necios, no sólo en sus corazones siempre reposa su necedad, sino que también en sus bocas mora siempre su necesidad, y ellos son los pastores de la necedad, y con sus bocas hablarán necedad.
15. «**Todos los días del pobre son malos**». Como dijeron nuestros sabios: «¿Quién es rico? El que se alegra con su parte [...]» (Tratado de Avot 1, 4). Y si es así, el pobre es aquél cuyo deseo es amplio, que no se satisface con todo lo que tiene y nada satisfará su pensamiento, por eso, todos sus días son malos, porque no es posible que consiga todo lo que desea y se colme su pensamiento. «**Y los del de buen corazón, banquete continuo**». Pero quien está satisfecho con lo que tiene, su corazón está siempre contento, como el hombre que en su casa hay banquete, cuyo corazón está contento en el momento en que bebe vino, hasta que incluso el rey no es igual a él, pero cuando se despeja de su vino no tiene la alegría que tenía el comienzo, lo que no es así con el de buen corazón, pues él siempre está contento, como en el momento de la alegría de beber en el momento del banquete.

16. **«Es mejor poco con temor al Eterno que gran tesoro con alboroto».** Lo poco que la persona acumule con el temor al Eterno es mejor que atesorar mucho y con alboroto, lleno de engaños y robos. Y la explicación del asunto es que viene a enseñar los caminos del estudio de la Torá del Eterno íntegra. Pues a veces el hombre estudiará mucho, pero lleno de inclinaciones al honor, y el orgullo, y engaños, y acusaciones y asuntos semejantes; y de lo mucho que estudia, poco será llamado que estudió con temor al Eterno, y ese poco es mucho mejor que todo el tesoro que acumuló y estudió con alboroto.
17. **«Mejor es la comida *–aruja–* de verduras y hay allí amor, que el vacuno engordado y hay con él odio».** *Aruja* se refiere a alimentos *–mezonot–*, como está escrito: «y su comida *–aruja–* era comida continua» (II Reyes 25, 30). Y a esto se refiere lo que dijo, que es bueno para la persona que tenga lo suficiente para su alimento y no más. Y también, que ese alimento sea de comida de verduras, pero hay allí amor.
18. **«El hombre irritable provoca altercados *–madon–*; y quien es lento para enojarse aplaca la riña *–riv–*».** *Madon* es el comienzo de la riña, como está escrito: «El que comienza un altercado es como liberar las aguas» (Proverbios 17, 14). Y se denomina *madon* a partir del término *din* –que significa «juicio»–, porque cuando comienza a reñir con quien hace juicio, piensa en lo que le hizo anteriormente. Y *riv* es en medio de la riña. Y a esto se refiere: «El hombre irritable provoca altercados *–madon–*». La explicación es que comienza a reñir, lo que ocurría al comienzo. Pero «quien es lento para enojarse aplaca la riña *–riv–*», incluso la riña que ya existía.
19. **«El camino del perezoso es como cerco de espinos».** Tal como ya hemos mencionado, camino es amplio y sendero es estrecho y pequeño. Tal como los sabios mencionaron en la parábola que dice: «Cuando llegó a un cruce de caminos [...]». Pues hay dos caminos, uno al comienzo es ancho y después está lleno de espinas y pinchos, y el segundo, el comienzo es dificultoso, pero finalmente es muy amplio y un camino allanado. Y a esto se refiere: «camino». Es decir, el camino amplio del perezoso después es

como cerco de espinos. «Y el sendero de los rectos, como un sendero allanado». Es decir, los rectos, que primero van por un camino estrecho, y deben soportar la aflicción, aun así es estrecho y amplio, porque después será camino allanado.

20. **«El hijo sabio alegra al padre»**. «Hijo *–ben–*» se refiere a cuando es pequeño. Y dijo acerca del sabio: «hijo *–ben–*», para enseñar que incluso en su niñez alegra su padre. Y dijo: «padre», porque estaba junto a su padre en la casa de estudio y allí cuidaba su estudio. **«Y el hombre necio»**, porque también cuando es grande, que entonces se denomina hombre, **«avergüenza a su madre»**.
21. **«La necedad es alegría al falto de corazón –entendimiento–»**. Porque el sabio, cuando ocurre que a veces comete necedad, su alma está dolida, pero el falto de entendimiento se alegra con su necedad siempre. Pero **«el hombre entendido anda con rectitud»**. Es decir, se alegra cuando encuentra un camino recto para ir por él.
22. **«Con la ausencia de secreto se anulan los pensamientos»**. Es decir, debido a que no tomó secreto, esto es, consejo, de los sabios consejeros, por eso, se anulan sus pensamientos. Pero **«los muchos consejeros»**, encauzan el asunto, y **«los afirman»**. Y dijo «secreto», y no «consejo», para enseñar que si revela el secreto a toda persona, se anularán sus pensamientos.
23. **«El hombre se alegra con la respuesta de su boca; y cuán buena es la palabra a su tiempo»**. Porque la sabiduría fortifica al sabio en dos momentos diferentes: uno, en el momento en que le pregunten un asunto y se halla respuesta en su boca; y entonces se contentarán sus riñones y se alegrará en su interior. El segundo se refiere a lo que necesita saber por sí mismo y decir en su momento y en su tiempo, como las leyes de Pesaj en Pesaj, y similar.
24. **«El sendero de la vida orienta hacia arriba para el perspicaz; para apartarse del Seol abajo»**. El hombre se denomina andante, porque necesita andar siempre de grado en grado; y si no asciende hacia arriba, descenderá a lo bajo, Dios libre, porque es imposible que se mantenga –suspendido– en un grado. Y a

esto se refiere: «El sendero de la vida orienta hacia arriba [...] para [...]», para que no se desvíe y caiga al «Seol abajo». Y por el sendero de la vida se apartará del Seol.

25. **«El Eterno arrancará la casa de los soberbios; y afirmará la posesión de la viuda».** Como dijeron nuestros sabios: «El que ve la casa de Nabucodonosor dice: "Bendito el que destruyó [...]". Y el que ve las casas de Israel estando asentadas dice: "Salva el territorio de la viuda"» (Berajot 57b). Y eso, cuando se asentó Jerusalén en el –tiempo del– Segundo Templo Sagrado, que también se asentaron todos los territorios de la tierra de Israel. Y a esto se refiere: «El Eterno arrancará la casa de los soberbios». Se refiere a la casa de Nabucodonosor, porque se ensoberbeció diciendo: «Ascenderé a las alturas de la nube [...]» (Isaías 14, 14). Asimismo, «la casa de los soberbios» se refiere a Edom, y «el Eterno arrancará», como está escrito: «Ellos edificarán y yo destruiré» (Malaquías 1, 4). «Y afirmará la posesión de la viuda». Porque en el futuro hará las calles de Jerusalén –que se denomina viuda– hasta Damasco, y para incrementar los límites de la tierra de Israel.

26. **«Los pensamientos con mal son abominación al Eterno».** Es decir, todos los pensamientos de maldad, también sobre los malos, son abominación para el Eterno. **«Y puras»**, para él, **«las pronunciaciones agradables».** Incluso lo que se asemeja a la adulación, y no son –palabras– de bien absoluto, ellas son «puras».

27. **«El estafador turbia su casa; y quien aborrece los presentes vivirá».** La explicación es que el que estafa, acumulando siempre dinero que no es de él, finalmente también su casa será tomada de él y será turbada. Y quien toma presentes, aunque no turba su casa, debido a que aguarda y sus ojos esperan el momento en que sean acercados ante él ofrendas dadivosas o buenas presentes, cuando su espera se prolonga, y no le llega, se encuentra sumido en aflicción. Y a esto se refiere: «y quien aborrece los presentes vivirá». Porque su vida es vida, lo opuesto al que ama y espera presentes, cuya vida no es vida.

28. **«El corazón del justo piensa para responder; y la boca de los malvados fluye *–iabia–* malos asuntos».** Porque en la boca del

justo no hay respuesta falsa, por eso, el pensamiento de su corazón, para meditar cómo responder, para que no hubiera en sus palabras nada de engaño. Pero las bocas de los malvados que están llenas de falsedad, y no piensan como responder, de sus bocas fluyen *–iabia–* males. La expresión *iabia* deriva de *nobea,* que significa «fluir».

29. **«El Eterno está apartado de los malvados; y escucha la plegaria de los justos».** Porque en el hombre hay dos asuntos: ojo que ve y oído que oye. Y la visión es de lejos, y el oír es de cerca, para que pueda oír su voz. Y a esto se refiere: «El Eterno está apartado de los malvados; y escucha la plegaria de los justos». Porque incluso su reparo aparta de ellos. Pero de los justos está muy cerca, hasta que oye la plegaria de ellos, como está escrito: «El Eterno está cerca de todos los que invocan [...]» (Salmos 145, 18). Y tal como dijeron nuestros sabios, los justos están cerca del Santo, bendito sea, como de la boca al oído.

30. **«La irradiación de los ojos alegra el corazón; y una buena noticia vigoriza los huesos».** Porque de una buena visión vendrá alegría para el corazón, pero al escuchar una buena noticia vigoriza también a los huesos. Y la explicación del asunto es que la Torá escrita se denomina visión, porque se debe ver en la Torá –para leer–; pero la Torá oral se denomina audición, para oír de su maestro. Y lo principal de los misterios está oculto en la Torá escrita; y en la Torá oral se encuentran las leyes. Y a esto se refiere: «La irradiación de los ojos alegra el corazón». Cuando extrae la luz de los misterios de la Torá escrita, que dependen de los ojos, «alegra el corazón». Porque lo principal de los misterios está vinculado con el corazón, porque allí se encuentran los senderos de la sabiduría, como dijeron los sabios, que no se deben revelar a todo hombre (Jaguigá 11b), por eso se alegra su corazón. «Y una buena noticia», o sea, una ley, o alguna cosa buena, la dice a su compañero, o a su discípulo, y vigoriza sus huesos; Y a esto se refiere: «vigoriza *–tedashen–*», a otros.

31. **«El oído que escucha las exhortaciones de vida estará junto a los sabios».** Porque el beneficio para los que van a la casa de

estudio para sentarse allí y no tienen capacidad de aprehensión para estudiar tiene dos razones: una, porque su oído oye exhortaciones de vida de otros que estudian; y el segundo beneficio es porque «estará junto a los sabios», en la casa de estudio.

32. **«Quien anula la instrucción desprecia su alma».** Instrucción *–musar–* se refiere a lo que se instruye a sí mismo con exigencias impuestas sobre él por la voluntad de su Amo, y entonces, debido a eso, también el Eterno, bendito sea, hace su voluntad. Como dijeron nuestros sabios: «Haz su voluntad como tu voluntad, para que él haga tu voluntad como su voluntad. Anula tu voluntad ante su voluntad, para que él anule la voluntad de otros ante tu voluntad» (Tratado de Avot 2, 4). Y la instrucción *–musar–* es con la acción y con el cuerpo, y el beneficio es para apartarse del mal; y la exhortación es con el habla, y su beneficio es para saber cuál es el camino por el que se ha de andar. Y a esto se refiere: «Quien anula la instrucción desprecia su alma». Es decir, su voluntad es que el Santo, bendito sea, no haga su voluntad, cuando él no anula su voluntad ante la voluntad del Santo, bendito sea. **«Y quien escucha las exhortaciones adquiere corazón –entendimiento–».** Porque a través de oír las exhortaciones sabe por qué camino ir.

33. **«Temor al Eterno es la instrucción *–musar–* de sabiduría».** Es decir, el temor al Eterno trae a instrucción *–musar–* y sabiduría, tal como escribió anteriormente: «Los insensatos desprecian la sabiduría y la instrucción» (Proverbios 1, 7). Y además, como dijeron nuestros sabios: «Si no hay sabiduría, no hay temor; si no hay temor, no hay sabiduría» (Tratado de Avot 3, 17). El temor por el pecado trae a sabiduría, y la sabiduría trae a temor del enaltecimiento. Y a esto se refiere: «Temor al Eterno es la instrucción *–musar–» se refiere* al temor por el pecado, que trae a sabiduría. **«Y antes que el honor está la humildad».** Porque temor del enaltecimiento es humildad. Y a esto se refiere: «Y antes que el honor *–kavod–*». (El valor numérico de la expresión *kavod* es igual a 32), y se vincula con el misterio de los treinta y dos senderos de sabiduría, que se asocia con el misterio de la sabiduría suprema, los atributos de la Torá.

XVI

1. **«Las disposiciones del corazón están en –poder de– el hombre; y la respuesta –acertada– de la lengua es del Eterno».** Cuando necesite hablar ante un rey, o ante un ministro, sólo debe disponer su corazón al Eterno, y del Eterno será la respuesta de su lengua. Y todo lo que el Eterno ponga en su boca, eso es lo que dirá. Y lo mismo ocurre con la Torá. Pues la Torá requiere corazón –voluntad–, y cuando ponga el deseo de su alma en observar puntillosamente en la Torá del Eterno con todo su corazón y con toda su alma y con todo su poder, el Eterno le dará sabiduría y entendimiento y percepción para estudiar y enseñar.
2. **«Todos los caminos del hombre están limpios en sus ojos».** Todos los caminos de la persona se proyectan tras la primera voluntad; y tal como asciende a su espíritu con la primera voluntad, éstos son limpios y rectos en sus ojos. Pero **«el Eterno está en el interior de los espíritus».** Y él sabe si no había engaño en su espíritu. Es decir, en la primera voluntad, si no había ninguna desviación en absoluto, y él es puro y recto.
3. **«Torna tus acciones al Eterno y se afirmarán tus pensamientos».** Es decir, debido a que «todos los caminos son rectos en sus ojos», por eso no te debes apoyar en absoluto en tu capacidad cognitiva humana. Sino que has de ver que tus acciones sean según la voluntad del Eterno, «y se afirmarán tus pensamientos», para que también sean según su voluntad.
4. **«El Eterno hizo todo para él; y también al malvado para el día del mal».** Porque a todo lo creó en su honor. Y también al malvado lo creó para «el día del mal», para castigar en él a los que se apartan de sus preceptos.

5. **«Abominación al Eterno es todo altanero de corazón».** Incluso quien tiene en su corazón altanería es abominable y despreciable ante el Eterno. **«Mano por mano –del mal– no se limpiará».** Porque el Santo, bendito sea, es piadoso en todas sus acciones y no castiga según la ley y el derecho, sino que introduce dentro de la norma –severa– del juicio (es decir, es indulgente), pero al altanero no lo limpiará en absoluto y lo castigará mano por mano, y no se le limpiará –del mal– en absoluto.
6. **«Con bondad y verdad se expía el pecado; y con el temor al Eterno se aparta del mal».** Porque cuando el hombre quiere volver de sus malas acciones al Eterno necesita dos cosas: una, arrepentimiento por el pasado, y la segunda, recibir sobre sí mismo apartarse del mal en el futuro. Y dijo que respecto al pasado: «con bondad y verdad se expía», porque es más grande y bueno que todas las aflicciones y exigencias *–sigufim–* que puede aplicar sobre sí mismo ocuparse de la Torá y las obras de bondad, como dijeron nuestros sabios: «Bondad se refiere a obras de bondad, y verdad se refiere a la Torá» (Berajot 5b), y con eso se expía su pecado. Y respecto al futuro, dijo un consejo, apartarse del mal, es decir, que ponga el temor del Eterno frente a su rostro, porque el Santo, bendito sea, llena toda la tierra con su gloria, y está sobre él, y ve sus acciones incorrectas, y ¿cómo no se avergonzará ante él, de transgredir su voluntad frente a él concretamente? Y a esto se refiere: «y con el temor al Eterno se aparta del mal».
7. **«Cuando los caminos del hombre agradan al Eterno, también a sus enemigos hace estar en paz con él».** Se refiere a lo mencionado anteriormente, pues el hombre no debe decir: «¿Cómo voy a volverme de mi mal camino teniendo yo tres impedimentos: el instinto, un pequeño y una mujer?». Es decir, el Mal Instinto que me acusa en lo alto; y el pequeño son los caminos por los que anduve en mi juventud, y es el alma animal, que fui siempre tras ella y me habitué a ellos; y una mala mujer concretamente, porque el alma animal también se denomina mujer, y cuando se habitúa por el mal camino se denomina mala mujer. Y a esto se refiere lo que dijo, que no temas de él, porque «Cuan-

do los caminos del hombre agradan al Eterno, también a sus enemigos hace estar en paz con él».

8. **«Mejor es poco con justicia».** Es bueno para el hombre que se ocupe poco de este mundo y acumule dinero y haga justicia (es decir, dé a los demás *–tzedaká–).* Porque cuando el hombre tiene poco dinero cumple con el juicio de la obligación de *tzedaká* con facilidad, y es posible que dé más de lo apropiado para él. **«Que mucha cosecha sin juicio *–mishpat–*».** *Mishpat* es lo que el hombre debe dar según la obligación y el juicio, como está escrito: «y éste es el juicio *–mishpat–* de los sacerdotes del pueblo» (Deuteronomio 18, 3). Es decir, cuando tuviera mucha cosecha, y no dio según el juicio *–mishpat–* tal como debía. Y por eso dijo primero *tzedaká* y después *mishpat.* Y lo mismo en la Torá, es mejor que estudie poco con *tzedaká* [Aclaración: es decir, que sepa cada asunto en forma cabal, porque a través de eso hará generosidad *–tzedaká–* con la generalidad –el pueblo– de Israel como se dijo en el Zohar]. «Que mucha cosecha sin juicio *–mishpat–*». Es decir, que reúna mucho, pero sin juicio *–mishpat–*, porque no sabe la ley del juicio *–din–* en forma cabal.
9. **«El corazón del hombre piensa su camino y el Eterno dispone sus pasos».** La explicación del asunto es que en la persona hay dos cerebros, el cerebro del pensamiento y el cerebro de la acción, y la persona debe pensar siempre en el camino por el que anduvo, si hay en él pecado, para alejarse y no ir más por él, y ha de pedir al Santo, bendito sea, que le ayude a disponer sus pasos, porque los pasos del hombre son del Eterno. Es decir, que lo salve de todo mal y que impida el mal de él. Y a esto se refiere: «Y el Eterno dispone sus pasos».
10. **«Presagio hay en los labios del rey».** La palabra del rey es como presagio, pues, aunque lo engañen, el Eterno le presentará en su boca palabra de juicio verdadero. Y a esto se refiere: **«no se rebelará con su boca en juicio».** Y la explicación del asunto es: ¿quiénes son los reyes? Los sabios. Sus labios son como presagio, incluso se equivoquen según la pregunta, de todos modos: «no se rebelará con su boca en juicio». Es decir, en el juicio

mismo no se equivocarán, porque finalmente se descubrirá que el suceso no era así (véase Guitin 77b).

11. **«El Eterno posee peso *–peles–* y balanzas justas; obra de él son todas las piedras de la bolsa».** Se corresponde a los tres grupos de personas: justos, malvados e intermedios. En correspondencia con los justos, porque realizan preceptos y se les incrementa siempre realización de preceptos, dijo: *«peles»,* porque pesan con él tanto poco como mucho, sólo que se agrega siempre. Y en correspondencia con los intermedios, que pesan los pecados frente a los méritos como con una balanza, porque pesan por igual uno frente a su compañero, dijo «balanza». Y en correspondencia con los malvados dijo: «piedras de la bolsa», porque en ellos todo son piedras y están separados. Porque con los justos el Santo, bendito sea, asocia los pensamientos de ellos a la acción, y en ellos el pensamiento y la acción todo es uno para bien; pero con los malvados no asocia el pensamiento a la acción, y cada acción es independiente, y están separados y se denominan: «piedras de la bolsa».
12. **«Perpetrar maldad es abominación a los reyes; porque el trono se afirmará con justicia».** Es decir, que para ellos es abominación quienes hacen el mal, porque cuando los miembros de su pueblo hacen justicia *–tzadaka–* se enaltece su reinado ante todos.
13. **«Voluntad de los reyes son los labios justos y amado –es para ellos– quien habla rectitudes».** La explicación es que la voluntad de los reyes está con esos que hablan mérito de su prójimo y a esos que hablan rectitud incluso los ama. Y así es la voluntad del Eterno, bendito sea, respecto a esos que siempre enseñan mérito –del prójimo–, y a esos que hablan con rectitud según lo necesario también los ama; y asimismo arriba, en el versículo previo.
14. **«El enojo del rey es –como– mensajeros de muerte; y el hombre sabio lo aplacará».** Cuando el rey está enojado entonces su ira es: «mensajeros de muerte». Porque envía representantes para matar. Pero el sabio aplacará con su sabiduría. Y así el Santo, bendito sea, cuando asciende su furia y su ira –va– el Ángel

de la Muerte, pero cuando hay hombre sabio se aplacará, porque debido a su amor por el sabio, cuando lo vea no arderá toda su furia, tal como está escrito acerca de la plaga: «Y vino Aarón y expió –y aplacó– por el pueblo» (Números 17, 12). Y lo compararon con la parábola de un hombre en el momento de su enojo, que hacen entrar a su hijo pequeño ante él, ya que, debido a su amor por él, su enojo se aplaca.

15. **«En la irradiación del rostro del rey hay vida».** Cuando el rey está con irradiación del rostro de alegría, entonces hay vida para su pueblo y para su nación. **«Y su voluntad».** Y cuando está con voluntad, es bueno para su pueblo **«como nube de lluvia tardía».** Se refiere a la lluvia que viene en el mes de Nisán, que es la más tardía de las lluvias, y viene sobre el cereal maduro, y su beneficio es muy grande; así su voluntad es buena para ellos. Y la explicación del asunto es que hay Torá y plegaria. Torá es la irradiación de luminosidad interior del rey, y la plegaria es su voluntad. Y a esto se refiere: «En la irradiación [...]». Quien mereció «la irradiación del rostro del rey», que es la Torá, para él «hay vida». Porque, «es árbol de vida para los que se aferran a ella» (Proverbios 3, 18). Y quien hace «su voluntad», es decir, cumple con la plegaria y los preceptos, es para él «como nube de lluvia tardía». Es decir, al final, porque la plegaria es vida momentánea, y la Torá es vida eterna, por eso, el buen momento es dado al final. Y a esto se refiere: «como nube de lluvia tardía». Pero la recompensa de la Torá, que es vida eterna, no corresponde al final, porque es eterna.

16. **«La adquisición de sabiduría es mucho mejor que el buen oro; y la adquisición de entendimiento es más selecta que la plata».** Porque la sabiduría está oculta al ojo de todo ser viviente y se limita a través del entendimiento; y a través del entendimiento la persona puede explicarla. Y el entendimiento se incluye en la sabiduría, pero de modo oculto. Y así es la diferencia entre la plata y el oro, porque la plata se incluye en el oro, pero en forma oculta, y el oro no es para salidas –es decir, para los gastos–, sino que está guardado en el tesoro, la plata, ésa es su naturaleza, por eso ella es selecta en lo que concierne a la moneda

selecta, tal como surge de lo que está escrito: «plata selecta [...]» (Proverbios 10, 20). Y es sabido que la sabiduría es la unión simple, y sólo se divide a través de las limitaciones del entendimiento. Y a esto se refiere: **«La adquisición de sabiduría»**, en singular, «es mucho mejor», en esencia, «que el buen oro»; «y la adquisición *–uknot–*» (la expresión *uknot* en el texto original hebreo está escrita) en plural, «de entendimiento es más selecta que la plata». Es decir, ella es más selecta que la plata selecta.

17. **«La senda *–mesilat–* de los rectos se aparta del mal; quien guarda su camino cuida su alma»**. Porque *mesila* se denomina a un camino que está despejado de piedras, como está escrito: *«Solu, solu* despejad el camino [...]» (Isaías 57, 14). Y los rectos son los poseedores de inteligencia. Y a esto se refiere lo que se dijo, que los rectos desean despejar el camino y hacer *mesila*. Y es común en ellos apartarse del mal. Pero el recto, en sus cualidades es posible que se equivoque con su inteligencia, y quien quiere cuidarse a sí mismo de no tropezar, Dios libre, «guarda su camino», como ciudad protegida, y se hace cercos a sí mismo para no llegar al mal, Dios libre.

18. **«La soberbia precede al quebrantamiento; y la altanería de espíritu precede al tropiezo»**. Porque «soberbia *–gaon– se refiere* al que se ensoberbece sobre la congregación y pretende ejercer dominio sobre ellos, y «altanería de espíritu» es en el corazón. Y quebrantamiento se refiere a que se quebranta a través de otra cosa, y tropiezo es en sí mismo. Por lo tanto, el versículo se refiere al quebrantamiento de la soberbia que tenía sobre otros, y el tropiezo de sí mismo por la altanería de espíritu que tenía consigo mismo.

19. **«Es preferible ser modesto de espíritu con los humildes que repartir botín con los soberbios»**. En todo lugar la forma en que –el texto– se lee es revelada, y la forma en que está escrito es oculta, pero en algunos pocos lugares es al revés, que la forma en que –el texto– está escrito es revelada y la forma en que se lee es oculta, como está escrito: «Quien no elevó vanamente –haciendo juramento por –mi alma *–nafhsi–*» (Salmos 24, 4). (Está escrito: su alma *–nafhso).* Y así también aquí, la explicación es

que es mejor ser modesto de espíritu y estar con los humildes (está escrito *aniim,* que significa «pobres», y se lee *anavim,* que significa «humildes»), que repartir botín con los soberbios. Tal como el suceso del rabí Akiva, que halló a un rico sentado entre los pobres.

20. **«Quien es perspicaz en la palabra hallará el bien».** Porque el que se aboca a la Torá con perspicacia y se esfuerza en ella «hallará el bien». Pero en lo concerniente a los asuntos de este mundo no es así, sino: **«bienaventurado quien confía en el Eterno».** Y se refiere a este mundo y al Mundo Venidero. Y así en la Torá y en la plegaria. En la Torá debe ser perspicaz [...], y en la plegaria confiar en el Eterno, y no en su propia concentración, porque «el que aguarda prolongadamente enferma del corazón» (Proverbios 13, 12).
21. **«El sabio de corazón será llamado entendido».** Porque en la sabiduría hay también entendimiento, y consiste en entender la sabiduría en forma cabal. Y a esto se refiere: «El sabio de corazón», es decir, quien entiende la sabiduría en forma cabal, «será llamado entendido». **«Y quien endulza sus labios».** El que puede endulzar su belleza y mostrar la dulzura de la Torá, a través de eso él mismo: **«incrementará enseñanza».** Y también los demás incrementarán enseñanza a través de eso, porque observan la dulzura de la Torá.
22. **«La perspicacia –*sejel*– es fuente de vida para quien la posee».** La perspicacia es fuente de vida para sus poseedores, como está escrito: «y la sabiduría vivificará a sus poseedores» (Eclesiastés 7, 12). Y además, *sejel* se refiere a quien es perspicaz en los caminos del Eterno. Y ése es el *sejel* que guía a sus poseedores, y es para él fuente de vida. **«Y los flagelos de los necios son –por su– necedad».** Es decir, los flagelos que vienen a los necios es por su propia necedad, como está escrito: «A los pecadores los perseguirá el mal» (Proverbios 13, 21). Y como está escrito: «Porque es tropiezo para ti» (Deuteronomio 7, 16). Porque el pecado mismo es tropiezo para él.
23. **«El corazón del sabio torna perspicaz a su boca».** Porque observa primero cada cosa que saca de su boca para entenderla cabal-

mente. Y además, «a sus labios adiciona enseñanza». Porque observa que esté en sus labios, y además, repasa siempre y mucho y después adiciona enseñanza.

24. **«Los dichos agradables son panes –*tzuf*– de miel».** Toda palabra dulce se denomina miel, y *tzuf* es muy dulce como está escrito: «Y de la dulzura de *tzufim*» (Salmos 19, 11). Y es mucho más dulce que la misma miel, porque la miel es dulce, pero no es buena para el cuerpo, pero el *tzuf* es bueno también para el cuerpo. Y a esto se refiere, que «los dichos agradables» se asemejan al *tzuf*, que es «dulce para el alma», y también «medicina para los huesos», que es lo principal del cuerpo.

25. **«Hay camino –que parece– recto ante –los ojos de– el hombre».** Pero el Otro Lado también parece al hombre que es recto, como está escrito: «Porque miel destilan los labios [...]» (Proverbios 5, 3). Pero **«al final es camino de muerte»,** como está escrito: «Los pies de ella descienden a la muerte; sus pasos afirman el Seol» (Proverbios 5, 5). Porque tiene muchos caminos y todos para la muerte.

26. **«El alma que se esfuerza, su esfuerzo es para él».** Y a esto se refiere: «Si has estudiado mucha Torá no te atribuyas el mérito de un bien a ti mismo, pues para eso has sido formado» (Tratado de Avot 2, 8). Es decir, al hombre le enseñan toda la Torá en el vientre de su madre, lo que tendrá la posibilidad de alcanzar en todos sus días que estará en este mundo. Y a esto se refiere lo que se dijo: «pues para eso has sido formado». Y a esto se refiere lo que dijeron los sabios: «Te has esforzado y has hallado, créele» (Meguilá 6, 2). Porque lo que tenía y perdió puede hallarlo. Y a esto se refiere: **«Cuando su boca lo insta –solicitándole alimento–».** Es decir, «su boca», que estudió toda la Torá antes de entrar al aire del mundo, ella lo insta y presiona para que se esfuerce en –la realización de– muchas buenas acciones. Porque debe hacer mucho más de lo que estudia, como dijeron nuestros sabios: «Haz más de tu estudio» (Tratado de Avot 6, 2). «Todo el que estudia Torá y no la cumple [...]» (Midrash Tanjuma Ekev XI). Y además, porque su boca lo presiona para que estudie siempre y halle lo que perdió. (Porque como se dijo,

mientras está en el vientre de su madre se le enseña toda la Torá, y después, antes de salir al aire de este mundo, un ángel le aplica un golpe y le hace olvidar lo qué aprendió).

27. **«El hombre perverso –*blial*– cava el mal»**. Es decir, el hombre que se abstiene del temor al Eterno se denomina *blial,* es decir sin yugo –*bli ol*– y él «cava el mal» siempre». **«Y en sus labios»**, es decir, en sus palabras, **«hay como fuego ardiente»**. Como dijeron nuestros sabios: «Porque se perforan éste a éste con las espadas de sus lenguas» (Ioma 9b). Y hay aquí tres cosas: pensamiento habla y acción. *«Blial» se refiere* al pensamiento; «cava» se refiere a la acción, y «en sus labios» se refiere al habla.

28. **«El hombre de controversias provoca contienda»**. Aquel que es llamado: «hombre de controversias», es decir, que se invierte a sí mismo para cada hombre y hombre para hacer conforme a su voluntad, «provoca contienda», porque dice a éste acerca de éste, y así a sus compañeros, hasta que comienzan a reñir entre ellos, y todo fue provocado por él, por provocar contienda. **«Y el quejoso –*nargan*–», quien despierta riña, «aparta al príncipe –*aluf*–»**. Aparta al marido de su mujer. Y el misterio del asunto es que *aluf* es derecha e izquierda. Y a esto se refiere el misterio de lo que está escrito: «*aluf* de mi juventud eres tú» (Jeremías 3, 4).

29. **«El hombre rapaz persuade a su prójimo»**. Ya que su voluntad es robar y despojar el dinero de su prójimo, por eso primero lo persuade y después **«lo conduce por camino que no es bueno»**. Y en estos tres versículos dijo tres veces hombre, en correspondencia con los tres asuntos –mencionados–: pensamiento, habla y acción. Y éstos corresponden a el cuerpo, el alma existencial –*nefesh*– y el dinero. «El hombre perverso –*blial*–» corresponde a el pensamiento y el alma existencial; «el hombre de controversias» corresponde a el habla y el cuerpo; y «el hombre rapaz» corresponde a la acción y el dinero. Y estos asuntos corresponden a los tres asuntos que están escritos en la cita que manifiesta: «¿Quién es el hombre que desea vida, que ama días para ver lo bueno? Guarda tu lengua del mal, y tus labios de hablar engaño. Apártate del mal y haz el bien; busca la paz y

persíguela» (Salmos 34, 15). «El hombre perverso *–blial–»* corresponde a «tu lengua del mal», «el hombre de controversias» corresponde a «engaño» y «el hombre rapaz» corresponde a «apártate del mal».

30. **«Cierra los ojos con fuerza para tramar controversias, frunce sus labios y completa el mal».** Porque al comienzo cierra los ojos con fuerza para tramar controversias, y después va y habla a su prójimo y frunce sus labios a su prójimo; y después completa el mal en el momento en que provoca la riña entre ellos. Y también ellos corresponden a pensamiento, habla y acción. «Cierra los ojos con fuerza para tramar», pensamiento; «frunce sus labios», habla; «y completa el mal», con la acción.
31. **«Corona de gloria es la ancianidad; se halla con el camino de la justicia *–tzedaká–*».** El denominativo ancianidad *–seiva–* viene al hombre cuando el Eterno, bendito sea, lo hace merecedor de conducir una casa de Torá en su ancianidad. Y es una corona muy bella y se encuentra en quien fue en camino de justicia *–tzedaká–*.
32. **«Mejor es el que tarda en irritarse que el valiente *–guivor–*; y el que domina su espíritu que el que conquista una ciudad».** *Guivor* es cuando prevalece sobre su prójimo que estuviera con él en un lugar, y se sobrepone sobre él con su fuerza para prevalecer contra él. Y «conquista una ciudad» se denomina a quien rodea toda la ciudad. Y además, porque el que prevalece contra su prójimo depende de su poder y fortaleza, lo que no es así en el que conquista una ciudad, que depende de la inteligencia para elaborar las estrategias, como está escrito: «Porque harás guerra con estrategias» (Proverbios 24, 6). Y así es también en el hombre en lo que respecta a los tipos de cualidades que le impiden servir al Eterno, bendito sea, y son: el enojadizo y el codicioso. El enojo es en el hígado, y los demás órganos no tienen provecho de eso, y para conquistarlo no necesita sino prevalecer y ser fuerte. Y la codicia viene del espíritu y de allí se desarrollan todas las codicias, y por eso necesita pensar y utilizar su inteligencia con grandes estrategias, porque ellos están con él desde el día de su nacimiento, como está escrito: «Una ciudad pequeña y en

ella pocos hombres» (Eclesiastés 9, 14). Es decir, pocos que no escucharon al rey. **«Y viene a ella un gran rey».** Es decir, que todos lo escuchan, y por eso se denomina gran rey. **«Y edificó sobre ella grandes fortalezas».** Se refiere a las trampas del instinto por las codicias, porque se arrastra detrás de la codicia durante trece años y se enraíza en él (porque el Mal Instinto entra en la persona cuando nace, y el Buen Instinto a los trece años). Y entonces le es difícil apartarse de ella; y por eso debe elaborar grandes estrategias para eso. Y además, porque todos los órganos tendrán provecho de esa codicia. Y por eso, el que ejerce dominio sobre su espíritu es mejor que el que conquista una ciudad.

33. **«La suerte se echará en oculto *–jeik–*».** La persona no debe pensar e imaginar que: «Mi fuerza y el poder de mis manos han hecho todas estas posesiones», sino que la suerte que le toca en lo que respecta a todo lo que tiene en su poder *–jeiko–:* «todo su juicio es del Eterno», y desde el comienzo determinó quién lo merecerá.

XVII

1. **«Mejor es un trozo de pan seco, y hay sosiego con él, que una casa llena de carne con contiendas».** Lo que está escrito: «un trozo de pan –*pat*–» se refiere a poco, y también «seco», pero «hay sosiego con él», es mejor «que una casa llena», y también hay carne, pero con riña. Y así es también con la Torá: es mejor estudiar un poco de la Torá, y se repasa siempre y con sosiego y en el nombre de ella, que estudiar mucho y con riña, para acusar.
2. **«El siervo perspicaz será señor sobre el hijo que avergüenza».** La explicación es que incluso un siervo, sólo que es perspicaz, será señor incluso sobre el hijo, que avergüenza, y toma su parte en la herencia. Y además: **«dividirá la herencia entre los hermanos»** del padre. Y la explicación del asunto es que en Israel hay tres grados: siervo, como está escrito: «porque sois mis siervos» (Levítico 25, 55). «Tú eres mi siervo [...]» (Isaías 41, 9). E hijos, como está escrito: «Vosotros sois hijos [...]» (Deuteronomio 14, 1). **Y hermanos, como está escrito: «Para mis hermanos y compañeros** [...]» (Salmos 122, 8). Y siervos se denominan cuando se ocupan de la plegaria y los preceptos, como el rabí Janina hijo de Dosa y sus compañeros, que son como siervos ante el rey; e hijo es el que se ocupa de los tesoros ocultos del rey; y hermanos son los que aprehenden la sabiduría. Y a esto se refiere: **«El siervo perspicaz».** Incluso quien se encuentra en el grado de siervo, que se ocupa de la plegaria, él será señor incluso sobre el que se ocupa de la Torá, pero avergüenza, y también llegará a dividir herencia entre los hermanos.
3. «El horno para –examinar– la plata, y el crisol para el oro». Porque la plata se examina en el horno y el oro se examina en el

crisol, pero **«el Eterno examina los corazones»**. Él solo, y ninguna persona puede examinar eso. Y la explicación del asunto es que plata se refiere a los preceptos, y oro se refiere a la Torá; y a todos los puede examinar la persona para verificar si se realizan según la ley, pero al corazón lo puede examinar el Eterno que examina los corazones, porque «el hombre ve lo que está ante sus los ojos» (I Samuel 16, 7).

4. **«El malo atiende a los labios ruines –y engañadores–»**. La explicación de este asunto es que hay malo y engañador, tal como dijimos anteriormente, y aquí dijo que el malo atiende también para aprender cómo tener labios ruines y engañar, para poder hacerles mal; porque «labios» se refiere a engaño. «Y el engañador *–sheker–*». La expresión *sheker* significa literalmente «mentira», y se refiere al engaño. «Escucha la lengua –mala y– quebrantadora». Es decir, al malo concretamente, para aprender de él sus caminos.
5. **«Quien se burla del pobre –rash– agravia a su Hacedor»**. *Rash* es alguien que es pobre desde el día de su nacimiento, porque así fue el decreto del Eterno, que naciera en un momento en el cual por los designios supremos *–mazal–* sería pobre. Y quien se burla de él agravia a su Hacedor; es decir, de quien hace al pobre. **«Y quien se alegra de la desgracia –ajena–»**. Se refiere a aquel que era rico y vino a él una desgracia, y él se alegra de eso, tampoco él, «no será limpio», de ser quebrantado.
6. **«Los hijos de los hijos son corona de los ancianos»**. Porque el anciano, cuando tiene nietos, aunque el Eterno lo agració y aumentó sus descendientes «como plantas de olivo alrededor de tu mesa» (Salmos 128, 3), y se coronará con ellos, ellos serán también corona de los ancianos. **«Y la excelsitud de los hijos, sus padres»**. Es decir, la gloria con que se glorían los hijos son sus padres.
7. **«El hablar mucho *–sfat ieter–* no es agradable al necio; más aún, la lengua mentirosa al príncipe *–nediv–*»**. *Nediv* es un príncipe, y es lo opuesto a *naval,* o sea, necio. Y es común en el príncipe disminuir en sus palabras incluso en la verdad. Y es sabido que la mentira, incluso poca, es peor que el que habla

verdad, incluso mucha. Y a esto se refiere: *«sfat ieter»*, que significa hablar mucho, aunque hable verdad. Más aún para el príncipe, cuyo modo de comportarse debería ser disminuir en el habla incluso verdad, y más aún que no es agradable en él la lengua mentirosa.

8. **«El soborno es –cual– piedra de gracia en los ojos de sus poseedores».** Porque este libro desacredita los pecados de la Torá e informa el mal que viene por eso, como está escrito: «Hijo mío, oye la instrucción de tu padre» (Proverbios 1, 8). Y se refiere a la Torá, que ordena hacer eso sin una razón. «Y no abandones la enseñanza de tu madre» (ibíd.) se refiere a las palabras recibidas por tradición, y la Torá oral, que especifica las ramas del pecado y su castigo. Y aquí mencionó la ignominia del soborno que otorga gracia en los ojos de sus poseedores. **«Pues dondequiera se dirija, hallará perspicacia *–iaskil–*».** Es decir, tal como argumente prosperará. Y además, se enseña a través de esto lo concerniente al otorgado de soborno a los idólatras, como se dijo en el Talmud de Jerusalén, y asimismo, ése es el misterio del macho cabrío del Día del Perdón.

9. **«Quien cubre la culpa –de quien pecó contra él– busca amistad *–ahava–*; y quien la reitera, aparta al gobernante *–aluf–*».** (La expresión *ahava* significa literalmente «amor», es decir, amistad). Porque quien busca amistad siempre cubre la culpa. Pero quien reitera siempre la culpa, aparta incluso entre el *aluf*, o sea, entre el hombre y su mujer como está escrito: «*aluf* de mi juventud eres tú» (Jeremías 3, 4). Y la explicación del asunto es que quien desea amar y volverse con todo el corazón y fuerza, cubre la culpa, como está escrito: «el amor cubre sobre todas las culpas» (Proverbios 10, 12). Pero el que reitera un asunto de pecado «aparta al gobernante *–aluf–*». Es decir, al Gobernante *–alufó–* del mundo, como dijeron nuestros sabios: «Quien dice: "pecaré y me volveré [...]"» (Ioma 85b).

10. **«La reprensión atemoriza al entendido más que cien azotes al necio».** La explicación del asunto es que hay dos niveles de reprensión: la palabra y la corrección *–musar–*, es decir, aflicciones correctivas concretamente. Y dijo que la reprensión de la

palabra quebranta el corazón de la persona entendida más que cien azotes al necio. Como dijeron nuestros sabios: «Es mejor un azote *–mardut–* al corazón más que muchos azotes *–malkuiot–* [...]» (Berajot 7a).

11. **«Ciertamente, el rebelde busca el mal; y –finalmente– se enviará contra él mensajero *–malaj–* cruel».** Como dijeron nuestros sabios: está escrito: «Y el pozo estaba vacío, no había en él agua» (Génesis 37, 24). Se entiende que no había en él agua, pero serpientes y escorpiones había en él (Shabat 22a). Es decir, agua se refiere a la Torá, y cuando no hay agua en él, y él está vacío de la Torá que se denomina agua, inmediatamente serpientes y escorpiones [...]. Y se refiere al mal y al engaño, porque escorpión se refiere al mal y serpiente se refiere el engaño, tal como está escrito en el Zohar, y como está escrito «y la serpiente era astuta» (Génesis 3, 1). Y a esto se refiere: «Ciertamente el rebelde [...]», cuando se rebela contra la Torá para abandonarla y dejarla no busca sino mal, y por eso le será enviado un mensajero *–malaj–* cruel, como está escrito: «Les envía el ardor de su enojo, ira, furia y aflicción, una legión de ángeles *–malajei–* malos» (Salmos 78, 49). Porque cuando la persona solicita que su prójimo se encuentre en aflicción, le serán enviados ángeles malos, y así también es aquí.
12. **«Es preferible para el hombre toparse con un oso que perdió a sus hijos *–shakul–*, y no con un insensato con su necedad».** El oso es muy enojadizo, y más aún en el momento en que se denomina *shakul,* o sea, en el momento en que matan a sus hijos. Y con más razón ese hombre que mató a sus hijos, ciertamente que cuando se tope con él estará en un peligro muy muy grande. Pero, aun así, es mejor toparse con el oso que toparse con un necio en el momento en que va a hacer su necedad, o cuando se ocupa de su necedad.
13. **«Quien devuelve mal por bien, el mal no se apartará de su casa».** Porque la bondad del Eterno llena la tierra, y aquél a quien el Eterno dio mucha riqueza y su bondad es grande con él debe servir al Eterno más aún con todo su poder. Pero quien

realiza pecados con su dinero que el Eterno le otorgó, «devuelve mal por bien», y por eso: «el mal no se apartará de su casa».

14. **«El que comienza un altercado –*madon*– es como liberar las aguas –que el agujero producido se agranda cada vez más y salen cada vez con más fuerza–; y antes de que se revele la contienda –*riv*, a las demás personas–, abandónala».** *Madon* es el comienzo de la contienda, y *riv,* en medio de ella. Y *madon* se asemeja a los cursos de agua que se reunieron en un lugar, y después, cuando abren en él una pequeña abertura, fluye con fuerza: así es el que comienza un altercado. Por eso, antes de que se revele la contienda, o sea, cuando se esté en medio de ésta, «abandónala», porque después aumentará y no podrás abandonarla.
15. **«Quien justifica al malvado y quien condena al justo, ambos son también abominación al Eterno».** Y dijo «ambos», porque también el que fortalece sus manos es abominación.
16. **«¿Cuál es la utilidad del valor en mano del necio para adquirir sabiduría, y carece de corazón –entendimiento–?».** ¿Cuál es el beneficio del valor del necio, es decir, su dinero, con el que quiere adquirir sabiduría para él? ¿Acaso la sabiduría no reposa sino en el que tiene corazón entendido? Como está escrito: «La sabiduría reposa en el corazón del entendido» (Proverbios 14, 33). Y cuando no tiene corazón –de entendimiento–, ¿para qué le sirve el valor que hay en su mano?
17. **«El amigo ama en todo momento y el hermano –es como si– nació para –estar en el momento de– la aflicción».** Como dijeron nuestros sabios: «El hombre tiene tres amados: su dinero, sus amigos y las obras de bondad [...]» (Pirkei del rabí Eliezer XXIV). Y los dos primeros no están con él en forma constante, sino que vienen junto a él en forma temporal, incluso en este mundo, y más aún en el Mundo Venidero, que no estarán en con él en absoluto, pero: «Irá ante ti tu rectitud [...]» (Isaías 58, 8). Y a esto se refiere lo que dijo aquí, que ames siempre a un amigo, porque siempre está contigo, y además, **«el hermano nació para la aflicción».** Cuando viene una aflicción a la persona, Dios libre, en este mundo o en el Mundo Venidero, no le servirán los

dos primeros, como está escrito: «El hermano no redimirá al hombre, no dará su rescate por dinero» (Salmos 49, 8). Pero respecto a las obras de bondad: «el hermano nació para la aflicción».

18. **«El hombre falto de entendimiento toma fianza –tokea kaf–».** *Tokea kaf* es el garante que se denomina *shlof dutz* (y es el garante que responde por extraño, véase Ievamot 109b). «Y conviene salir garante», porque el prestador no presionará en primer lugar al garante, sino que primero reclamará al que pidió el préstamo, y cuando no le pague, entonces reclamará al garante. Pero cuando el garante dice: «Cóbrate de quien quieras», a esto se refiere: «conviene salir garante *–orev aruva–»,* se hace garante por esa *Aruba,* porque está obligado a pagar. **«Por su compañero».** Es decir, el prestador reclamará ante el que pidió prestado. Y la explicación del asunto es que *tokea kaf* es el juez, y el segundo es el que se introduce a sí mismo para estudiar con su compañero (véase la explicación a Proverbios 6, 1).
19. **«Quien ama la falta adrede, ama la contienda».** Quien ama la contienda, ama rebelarse y cometer falta adrede con sus compañeros. **«Quien levanta la entrada».** Es decir, hace entrar muchos compañeros a la entrada de su casa, **«busca quebranto»,** como está escrito: «El hombre ha de ser amigable para tener amigos *–lehitroea–*» (Proverbios 18, 24). Y además, «levanta la entrada» se refiere la boca, porque el que abre su boca para hablar infamia «busca quebranto», porque es quebrantamiento para él.
20. **«El de corazón tortuoso no hallará bien; y quien da giros con su lengua caerá en mal».** Si tiene corazón tortuoso y se aparta del buen camino, es decir, de cumplir los preceptos activos, no hallará para él el bien, como está escrito: «y vuestros pecados *–jatoteijem–* impidieron el bien de vosotros» (Jeremías 5, 25). *Jet* significa que no cumple preceptos y proviene de una expresión que indica carencia, tal como explicamos anteriormente (Proverbios 1, 10), y por eso le falta el bien, pero tampoco hay en él mal. Pero **«quien da giros con su lengua»,** el cual es hombre de controversias, porque hace mal con su palabra, él **«caerá en mal»,** es decir, en el mal que hace.

21. «**Quien engendra un necio es angustia para él**». Porque el maestro que le enseñó Torá se denomina padre del alma, como está escrito: «padre, padre [...]» (II Reyes 2, 12). Y a esto se refiere: «Quien engendra un necio», porque debido a que enseña Torá a un necio, él es angustia para él. Porque después discute con su maestro y lo humilla con palabras que no son apropiadas para él. «**Y no se alegrará el progenitor del torpe –*naval*–**». Se refiere al padre biológico concretamente, y cuando su hijo se denomina *naval,* y anda vagando y habla palabras de más, él se denomina *naval.*
22. «**El corazón alegre es buena medicina –gueah–; y el espíritu quebrantado seca los huesos**». *Gueah* se refiere al interior. Y la explicación del asunto es que en la persona hay cuatro cosas: piel, carne, y tendones y huesos. La piel es exterior y lo inferior de todos. Y en el interior de ésta se encuentra la carne, y después los tendones, y después los huesos, que son más interiores que todos. Y en ellos hay cuatro grados de alma: alma existencial, y espíritu, y alma suprema y el grado de alma denominado *jaia.* Y el grado de alma denominado *iejida* no hay quien lo merezca. Y también en el futuro venidero no merecerán el grado denominado *iejida* sino algunos pocos individuos selectos. Y cuando el hombre es reunido –y parte– a su mundo, primero se altera la piel, y después se deteriora la carne, y después se descomponen los tendones y después los huesos. Y dijo que para «el corazón alegre es buena», incluso *«gueah»,* que es la piel, «y el espíritu quebrantado, seca», incluso «los huesos».
23. «**El malvado toma soborno en forma oculta, para torcer los senderos de la justicia**». Corresponde a lo que fue mencionado anteriormente: «el espíritu quebrantado». Porque hace también esto, que toma soborno del malvado para torcer el juicio. Y en verdad incluso no para torcer, sino para justificar al justo no se debe tomar soborno, como está escrito: «y soborno por el limpio» (Salmos 15, 5).
24. «**La sabiduría está ante el entendido; y los ojos del necio, en el extremo de la tierra**». Es decir, el entendido no ve para dar un brinco, sino lo que está ante él, pero los ojos del necio están en

el extremo de la tierra. Es decir, en el momento en que comienza a estudiar, sus ojos pretenden terminar el Talmud o el tratado. Y la explicación del asunto es que en el mundo hay tres cosas: bueno, agradable y útil. Agradable se refiere a los deleites de este mundo que son agradables para el cuerpo. Y bueno y útil ambos como uno son buenos, pero lo útil es que después de un tiempo servirá, y ahora, en el momento en que come eso, no es bueno para él, como un medicamento, que es amargo en el momento en que se lo toma, y después le es útil. Y bueno es que en el momento de la acción también es bueno. Y así también en lo concerniente a los asuntos del Mundo Venidero: agradable es el que estudia para que lo llamen maestro; y bueno y útil es cuando se ocupa de la Torá para conocer toda la ley en forma cabal y verdadera. Y ese que estudia no es bueno para él en el momento en que se ocupa, sino después, cuando sepa la ley. Pero el que estudia para cumplir el precepto de su Creador, bendito sea, es bueno para él también en el momento en que estudia y cumple con el precepto de Creador, bendito sea, con lo que estudia. Y a esto se refiere: «No hay bien en el hombre» (Eclesiastés 8, 15). Es decir, el bien no se encuentra sino en el hombre que «come y bebe» (ibíd. 2, 24), porque se ocupará de la Torá y los preceptos. «Y haga ver a su alma lo bueno de su esfuerzo» (ibíd.). La explicación es que no es así sino cuando haga ver a su alma que será bueno para él con su esfuerzo mismo, es decir, que su intención sea cumplir los preceptos del Eterno, bendito sea, y entonces será bueno para él también en el momento de su esfuerzo. Y a esto se refiere lo que dijo: «La sabiduría está ante el entendido». Porque el entendido ve la sabiduría que está ante él y la aprovecha, porque es su intención cumplir los preceptos de su Creador. Pero «los ojos del necio», que estudia para saber las leyes, sus ojos están: «en el extremo de la tierra», porque no aprovecha hasta que estudie lo que su corazón desea y lo acabe.

25. **«Irritación para su padre es el hijo necio».** Porque el hijo necio se subleva contra su padre, y eso lo hace enojar, porque sublevase *–sorer–* se refiere a los preceptos activos. «Y amargura *–me-*

mer– para su progenitora». Y se rebela *–mored–* contra su progenitora; y corresponde a los preceptos pasivos, tal como hemos explicado anteriormente (véase Proverbios 1, 8).

26. «**Ciertamente que no es bueno castigar al justo; tampoco golpear a los generosos que actúan con rectitud**». Después, cuando el hijo crece y ejerce dominio en el mundo, entonces castiga también al justo para que vaya por camino: «que no es bueno». Y a esto se refiere: «castigar», porque no puede decir en forma explícita que vaya por un camino que no es bueno, aunque lo castiga en privado. «Tampoco golpear a los generosos *–nedivim–* que actúan con rectitud». *Nedivim* se refiere a los ministros que juzgan en la tierra, él los castiga golpeándolos en forma explícita por haber hecho rectitud, diciéndoles que eso es maldad.
27. «**Quien dosifica sus dichos, conoce sabiduría**». Quien se abstiene incluso de las palabras necesarias para él, conoce sabiduría. «**El hombre que valora su espíritu**». Es decir, aquel que valora incluso el pensamiento, por lo que no quiere que sea vano, «es entendido».
28. «**También el necio que calla es considerado sabio**». El que oye y se hace a sí mismo como sordo que no oye, «es considerado sabio». Y «**quien cierra sus labios**» se refiere al que oye y cierra sus labios y calla, «es entendido». Y mencionó aquí tres grados: percepción y entendimiento; y sabiduría y entender; y habla con cada uno y uno, porque el habla incluye a todos. Y respecto al necio dijo dos grados, que será considerado sabio y entendido, pero el que retiene sus dichos, alcanzará percepción y entendimiento.

XVIII

1. **«Quien se aparta –de la Torá– en busca de su codicia».** Es decir, cuando el hombre se aparta de la Torá, inmediatamente sale a perseguir la codicia, y la busca, porque la Torá quebranta la codicia, y cuando se aparta de la Torá persigue la codicia. **«En todo –lugar en que se ocupen de la– Torá, se descubrirá».** Es decir, se descubrirá su vergüenza en todo lugar.
2. **«El necio no desea –aumentar– sabiduría, sino, revelar lo –poco– que hay en su corazón».** El necio, cuando también él viene a la casa de estudio, no viene a estudiar la Torá, porque no desea eso, sino descubrir lo que hay en su corazón para divulgar su sabiduría.
3. **«Con la venida del malvado viene también la humillación».** Cuando el malvado viene a la casa de estudio no viene sino a oír quién se equivocó para humillarlo después. **«Y con el deshonrador, la ofensa».** Y cuando llega la deshonra, y humilla la casa de estudio, inmediatamente viene con él la ofensa, porque ofende delante de ellos inmediatamente. Y a esto se refiere: «Y con el deshonrador, la ofensa».
4. **«Las palabras de la boca del hombre son aguas profundas».** Hombre *–ish–* se refiere a un ministro, y es el que estudia en el nombre de ella –la Torá–; sus palabras son aguas profundas. «Y la fuente de la sabiduría, arroyo que emerge». Es como un arroyo que fluye siempre.
5. **«Ser parcial con el malvado no es bueno, como así pervertir el juicio del justo».** No es bueno ser parcial con el malvado incluso en un asunto de la Torá, o en cualquier asunto, porque si se

es parcial con él una vez, llegará a pervertir incluso el juicio del justo con él.

6. **«Los labios del necio vienen con riña y su boca vocifera golpes quebrantadores».** El necio viene siempre con riña con sus compañeros, y usualmente no se callarán porque los humilla siempre, ¿y quién puede soportar eso? Y llegará a los golpes. Y a esto se refiere: **«y su boca vocifera golpes quebrantadores».** Que lo golpee. Y además, por el pecado de las difamaciones vienen las llagas impuras (Arajin 16a). Y a esto se refiere: «y su boca», que habla difamaciones, llamará por sí mismo sobre él «golpes quebrantadores *–mahamulot–»,* que son las llagas impuras.
7. **«La boca del necio es quebrantamiento para él; y sus labios, celada para su alma».** A través de su boca viene el quebrantamiento para él, y a través de sus labios tropiezo para su alma. Y la explicación es tal como está escrito: «¿Quién es el hombre que desea la vida [...]? Guarda tu lengua del mal y tus labios de hablar engaño» (Salmos 34, 13-14). Porque mal es lo opuesto del bien, y el mal viene a través de la lengua, y el engaño a través de los labios, y por medio de eso viene a la muerte, que es lo opuesto de la vida. Y a esto se refiere: «La boca del necio», que es su lengua, «es quebrantamiento para él», porque trae males sobre él por dinero o derramamiento de sangre, «y sus labios celada para» toda «su alma». Porque lo lleva a la muerte.
8. **«Los labios del demandante son duros como golpe quebrantador».** Porque las palabras del que provoca contienda, que son palabras duras y filosas que perforan el cuerpo como espadas, son como golpe quebrantador para el cuerpo. **«Y ellos descienden al interior de las entrañas».** Porque la mala palabra es para el hombre más dura que un golpe, porque el golpe no es sino en el cuerpo, y esto desciende también el alma. Y además, el golpe se cura, pero la palabra no se cura. Y a esto se refiere: «y ellos [...]». Porque son más duros que los golpes quebrantadores, porque las palabras de ellos descienden «al interior de las entrañas», que es el alma. Y dijo «al interior de las entrañas» porque algo que llega al interior de las entrañas no se olvida pronto y no sana. Y por eso –el sabio estudioso de la Torá deno-

minado– Sinaí –es decir, que tiene mucho conocimiento– se denomina de entrañas amplias en la Torá.

9. «**También quien es negligente en su labor es hermano del hombre destructor**». Como está escrito: «Porque Dios misericordioso es el Eterno, tu Dios, no te abandonará y no te destruirá, y no olvidará el pacto que juró a tus padres» (Deuteronomio 4, 31). La explicación del asunto es que «no te abandonará –*iarpeja*–» se refiere a los preceptos activos, «y no te destruirá» se refiere a los preceptos pasivos. «Y no olvidará el pacto» se refiere a la Torá. Y a esto se refiere lo que dijo: «También quien es negligente –*mitrape*– en su labor», que se refiere a los preceptos activos, «es hermano del hombre destructor», o sea quien transgrede los preceptos pasivos.
10. «**El nombre del Eterno es una torre fortificada; a él correrá el justo, y será fortificado**». Es decir, el nombre del Eterno es una torre fortificada; a él correrá el justo que confió en el nombre del Eterno y el Eterno era su fortaleza; y correrá por camino recto y no tropezará. Y a esto se refiere: «justo», en los preceptos activos; «y será fortificado», del Mal Instinto, en los preceptos pasivos.
11. «**La riqueza del rico es su ciudad fortificada; y como muralla fortificada en su interior**». Porque en el hombre hay dos malos instintos: uno en el exterior y uno en el interior. En el exterior es el mundo, porque cuando disponga su alma al servicio del Eterno, bendito sea, se burlarán de él y con sus bocas le dirán: ¿por qué esto para ti? Y es el Mal Instinto exterior, como está escrito: «El pecado está echado en la entrada» (Génesis 4, 7). Y por eso se fija una *mezuzá* en la entrada de su casa, para que lo proteja cuando salga. Y en el interior es el Mal Instinto interior de él. Y a esto se refiere, que el rico que tiene riqueza, esa riqueza, que es la Torá, es su ciudad fortificada para él en el exterior, porque no dirige –su atención– a las burlas del mundo, y se ríe de ellos, y no teme de él, aunque salga al exterior. Y a esto se refiere: «es su ciudad fortificada –*uzó*–». Y en su interior, «muralla fortificada –*nisgaba*–», ante el mal instinto de él, y por eso dijo: «*nisgaba*», como dijo anteriormente.

12. **«El enaltecimiento del corazón del hombre precede al quebrantamiento».** Seguramente al comienzo tuvo enaltecimiento, y por eso vino sobre el quebrantamiento. Y además, el enaltecimiento del corazón del hombre precede al quebrantamiento, porque cuando el Santo, bendito sea, quiere tomar venganza de un hombre, para que se engrandezca y santifique su nombre en el mundo, primeramente lo eleva y después lo hace caer, para que su venganza sea grande, y también a través de eso se engrandecerá su nombre, como con Haman, que lo hizo ascender hasta llegar a ser segundo del rey, para que fuera colgado en su enaltecimiento, y entonces ocurrió el milagro con una difusión muy grande. Y cuando ese hombre es ministro sin eso desde el comienzo, entonces el Santo, bendito sea, pone en su corazón mucho enaltecimiento, y después lo hace caer, y su venganza es grande. Y a esto se refiere: «El enaltecimiento del corazón del hombre», que es ministro, «precede al quebrantamiento», porque el Santo, bendito sea, otorgará para que se enaltezca en su corazón. **«Y la humildad precede a la honra».** Como dijeron nuestros sabios: «Todo el que se humilla a sí mismo, el Santo, bendito sea, lo enaltece [...]» (Eirubin 13b).
13. **«Al que responde a un asunto antes de escuchar, le será –considerado– por insensatez y vituperio».** Corresponde a lo que fue mencionado anteriormente, que la humildad precede a la honra; pero al que responde a un asunto antes de escuchar, y eso es a causa de su gran ensoberbecimiento, desea revelar su corazón, y se precipita a responder, para que otro no responda a eso, y vendrá a humillación, porque a veces su maestro quiere decir otra cosa que no coincide con su respuesta en absoluto, o su maestro destruye sus palabras porque no coinciden con su respuesta. Y además: «le será –considerado– por insensatez y vituperio». Está entre las siete cosas del inmaduro *–golem–*, que se precipita a responder. Como dijeron nuestros sabios: «Hay siete características en el inmaduro y siete en el sabio. El sabio no emite juicio ante quien es más grande que él en sabiduría; y no se entromete en la conversación de su compañero; y no se precipita a responder; pregunta acorde al tema, y responde acorde a la ley; y habla

sobre lo primero, primero, y sobre lo último, último; y respecto a lo que no oyó dice: "No he oído"; y reconoce la verdad; y lo opuesto en el inmaduro» (Tratado de Avot 5, 7).

14. «**El espíritu –animado– del hombre soportará su enfermedad; y al espíritu abatido ¿quién lo soportará?**». Tal como hemos explicado anteriormente, la alegría viene a través del espíritu. Y a esto se refiere: «el espíritu del hombre». Cuando el hombre está siempre con alegría, «soportará su enfermedad». Incluso venga a él una enfermedad, Dios libre, soportará su enfermedad y con alegría la anulará. Pero el que tiene «espíritu abatido», o sea, tristeza, ¿quién cargará con eso?
15. «**El corazón del entendido adquiere percepción**». Quien posee entendimiento adquirirá percepción. «**Y el oído de los sabios busca percepción**». Y el oído que oye a los sabios, porque la sabiduría depende del oído, aunque aún no puede adquirir percepción, porque no tiene entendimiento, y si no hay entendimiento no hay percepción, aun así, él busca cómo hallar percepción.
16. «**El regalo del hombre le amplía –su camino–**». Cuando el hombre da generosamente *–tzedaká–* a los pobres, entonces, el Santo, bendito sea, le dará sustento con amplitud, como dijeron nuestros sabios: «Diezma para enriquecer» (Shabat 119a). «**Y lo conduce delante de los grandes**». Porque él sustenta a los estudiosos de la Torá, por eso «lo conduce» delante de ellos.
17. «**Quien viene primero al pleito parece justo –en su declaración–; y –después– viene su prójimo –el litigante, quien declara lo contrario– y se lo investigará**». El Mal Instinto viene primero, en el momento del nacimiento, y él es justo en sus ojos, y después «viene su prójimo», el Buen Instinto. Por eso ve de investigarlo bien, aunque te parezca que sus palabras son extrañas, investígalas y verás que son correctas y rectas.
18. «**La suerte acalla las disputas**». Dos personas discuten y riñen por un objeto: éste dice: «Es mío», y éste dice: «Es mío», y echan suertes, y entonces se acalla la disputa. «**Y separa entre los que se fortifican**». Entre esos que juzga, todo hombre que se fortifica, cuando echan suertes, él separa la disputa entre ellos.

19. **«Hay hermano culpado –desposeído por sus hermanos– de ciudad fortificada».** A través del echado de la suerte, entonces, hay hermano culpado, y se necesita separar de los miembros de su familia y un hermano de su compañero. Y «de ciudad fortificada». A causa del echado de la suerte también necesita irse de su lugar en que se encontraba el comienzo para ir a otra ciudad. **«Y las contiendas –entre ellos son– como cerrojo de palacio».** La explicación del asunto es que como el cerrojo del palacio del rey, el cual es muy fuerte, quien se oculta allí y cierra la puerta ante él, otro hombre no podrá venir a él, así separa la suerte, para que uno no venga a otro. Y enseña que la persona no debe reñir con su prójimo por ninguna cosa porque así fue decretado por el Eterno, tal como la suerte separa, así es todo, que surge del Eterno, como está escrito: «La suerte se echará en oculto y todo su juicio es del Eterno» (Proverbios 16, 33). ¿Y por qué ha de reñir? Y a esto se refiere lo que se dijo en el Talmud, pues a partir de aquí dijo Ben Azai: «Por tu nombre te llamarán, y en tu lugar se te hará residir, y de lo tuyo te darán. Y un hombre no toca lo que es de su prójimo, y un reinado [...]» (Ioma 38a). Dijo cinco asuntos en correspondencia con los cinco asuntos escritos aquí: «Por tu nombre te llamarán» se corresponde a: «hay hermano culpado», porque su nombre es al nombre de su familia. «Y en tu lugar se te hará residir» se corresponde a: «ciudad fortificada». «Y de lo tuyo te darán» se corresponde a: «acalla las disputas». «Y un hombre no toca lo que es de su prójimo» se corresponde a: «entre los que se fortifican». «Y un reinado [...]» se corresponde a: «cerrojo de palacio».
20. **«El estómago del hombre se saciará del fruto de su boca».** De lo nuevo que aprende de la Torá, que es el fruto, se saciará su estómago, es decir, se mantiene en su poder y lo recuerda. **«Del producto de sus labios»**, o sea, de su repaso continuo, «se saciará».
21. **«La muerte y la vida están en manos de la lengua».** Como dijeron nuestros sabios: «El estudio de la Torá equivale a todos –los preceptos–» (Pea 1, 1). Y como está escrito: «Amando al Eterno, tu Dios, atendiendo su voz, y apegándote a él, pues él es tu vida

y la longevidad de tus días, para morar en la tierra que el Eterno juró dar a vuestros padres, a Abraham, a Isaac y a Jacob» (Deuteronomio 30, 20). Y lo opuesto de la vida es la muerte. Y se refiere al que habla cosas vanas o burlas. **«Y quien la ama»,** quien ama a una de ambas, o la vida o la muerte, sólo él **«comerá su fruto».** Y a esto se refiere: «Si has obtenido sabiduría, has obtenido sabiduría para ti» (Proverbios 9, 12). Incluso si has estudiado con estudiosos, tú solo tomarás tu parte en la vida, y también en correspondencia con la parte de ellos. «Y si has burlado, lo cargarás tú solo» (ibíd.), en un grupo de personas, tú solo cargarás con el pecado de todos. Y a esto se refiere: «comerá su fruto», él solo.

22. **«Halló mujer, halló el bien».** «Halló mujer» se refiere a las buenas acciones. Y además, «halló mujer»: se refiere a las cualidades. Y además, «halló mujer»: se refiere a los preceptos. Y además, «halló mujer»: se refiere al servicio del Eterno, y «halló el bien» se refiere a la Torá. «Y hará salir la voluntad del Eterno» se refiere a la plegaria, que el Eterno hará –conforme a– su solicitud.
23. **«El pobre habla con ruegos».** Es decir, en la plegaria, que es ruegos, el hombre debe disponer sus ojos como un pobre, como está escrito: «plegaria del pobre» (Salmos 102, 1). **«Y el rico responde con dureza».** El maestro que estudia la Torá debe ser duro, como dijeron nuestros sabios: «Todo sabio estudioso que no es duro como el hierro no es sabio estudioso [...]» (Taanit 4a).
24. **«El hombre ha de ser amigable para tener amigos».** El hombre que incrementa amigos en su casa se quebrantará, como dijeron nuestros sabios: «El hombre no debe incrementar amigos dentro de su casa [...]» (Berajot 63a). **«Y hay amigo que se apega más que un hermano».** Es decir, cuando tiene un amigo, pero no está con él, sino que en el lugar en el que se encuentra, él es su amigo, de todos modos, se apega a él más que a un hermano, como está escrito, que el alma de Jonathan se apegó a David (I Samuel 18 1). Aunque no estaba con él, de todos modos, su alma se apegó a él. Y el apego del amigo es más que de un hermano, porque el amor entre hermanos se debe a su venida de un mismo lugar, y ahora están separados, pero el amigo se ape-

ga a él siempre. Y la explicación del asunto es que hay tres tipos de amigos de la persona: uno es su dinero, el segundo son sus parientes y el tercero son los actos de bondad y las buenas acciones. Y a esto se refiere: «El hombre ha de ser amigable *–reim–*». (La expresión *reim* significa literalmente «amigos», en plural). Porque persigue en pos de dos amigos que son el dinero y sus parientes, y eso se quebrantará, porque no vendrán con él al sepulcro. Incluso en el momento en que esté en riesgo de muerte y caiga en cama y se enferme con una enfermedad muy severa, ellos no le serán utilidad con su amor, y ellos no lo salvarán del decreto de la muerte. Pero «hay amigo», es decir, que no está con él, y sin embargo «se apega», incluso más que el pariente más íntimo, que es el hermano, porque siempre está con él y lo salvará de toda aflicción de este mundo y del Mundo Venidero, como está escrito: «Cuando andes, te guiará, cuando te acuestes, te cuidará y cuando despiertes, será tu habla» (Proverbios 6, 22). Y se apega a él en este mundo y en el Mundo Venidero.

XIX

1. **«Es mejor el pobre que anda con integridad».** Es mejor el pobre que anda con integridad y no persigue con engaño para tramar ardides contra el rico. A un hombre como éste le faltará también su sustento y el mantenimiento de su cuerpo. Porque él es «pobre» y también «anda con integridad», y es mejor **«que el de labios tortuosos y necio».** Porque al pobre le falta dinero como al de labios tortuosos y necio, pero de todos modos es íntegro en su razón, porque anda con integridad, lo que no es así en el necio, que es pobre y le falta razón, por lo que también él es pobre en percepción.
2. **«Asimismo no es bueno sin percepción del alma».** Es decir, si el hombre realiza preceptos y no se ocupa de la Torá «no es bueno», porque el pan sacia el corazón, como está escrito: «Y el pan sacia el corazón del hombre» (Salmos 104, 15). Porque incluso la persona que se deleitara con todos los deleites, si no comiera pan, su alma estará hambrienta; porque si realizara todos los preceptos, si no estudiara la Torá, que se denomina pan, como está escrito: «Venid, comed mi pan» (Proverbios 9, 5), no es bueno. Y a esto se refiere: «sin percepción del alma». Entonces no es bueno para el alma. Porque el temor del Eterno viene de la Torá, y si no estudiara, no tendrá temor. **«Y quien se apresura con los pies –para satisfacer su deseo–, es –considerado– pecador».** «Los pies» se refiere a las cualidades. Porque cuando la persona se habitúa a las buenas cualidades, se convierten para él como algo natural. Sólo que debe ir en las cualidades de grado en grado como cuando sube una escalera, y no ha de saltar a un grado que no es apropiado para él. Y a esto se refiere: **«Y quien**

se apresura con los pies». Porque da un brinco a una cualidad superior que no es para él, y peca *–joté–* y le falta todo, porque caerá de él.

3. **«La insensatez del hombre tuerce su camino; y su corazón se irrita contra el Eterno»**. Porque la aflicción que viene a la persona se debe a su insensatez, como está escrito: «A los pecadores los perseguirá el mal» (Proverbios 13, 21). Y él irrita contra el Eterno. Y además: «La insensatez [...]». Pues nuestros sabios, de bendita memoria, dijeron: «A quien viene a purificarse lo ayudan [...]» (Shabat 104a). Y a veces el hombre comienza a estudiar la Torá y a cumplir preceptos, y después se aparta, porque es muy difícil para él, porque no lo ayudan, y se irrita contra el Eterno, porque no se lo ayuda, y en verdad es a causa de su insensatez. Porque todo hombre debe ir según su grado y no dar brincos, tal como dijimos anteriormente, y entonces andará seguro por su camino, también porque lo ayudarán. Pero debido a que este hombre no comenzó a ir por su camino, por eso no lo ayudaron. Y a esto se refiere: «La insensatez del hombre». Es decir, debido a su insensatez, que actuó sin asentarse con su percepción, torció su camino, y se irrita contra el Eterno, porque no se lo ayuda.
4. **«La riqueza incrementa muchos amigos; y el pobre, su amigo se aparta de él»**. Cuando el hombre es rico tiene muchos amigos, pero cuando es pobre incluso su amigo se aparta de él. Y además, cuando el hombre es rico en la Torá incrementa muchos amigos, porque estudia con muchas personas, pero cuando es pobre en la Torá, incluso su amigo se aparta de él. Y además, «la riqueza incrementa [...]», cuando el hombre es rico en la Torá siempre incrementa para él muchos amigos para el Mundo Venidero, porque con cada palabra que estudia crea un ángel santo, y es su amigo; pero el pobre en la Torá, incluso su amigo, que es su alma, también se apartará de él, porque el alma sagrada *–neshama–* será tronchada del alma existencial *–nesfesh–* y se apartará de él.
5. **«El testigo falso *–shekarim–* no será absuelto»**. La diferencia entre *sheker* y *kazav* es que *sheker* es cuando habla algo diferente

a lo que hay en su pensamiento, y *kazav* es cuando desde el comienzo pensaba hacerlo, y después se apartó de él, como está escrito: «como surgente de aguas, cuyas aguas nunca cesan *–iekazvu–*» (Isaías 58, 11). Y así es también en la Torá, están estos dos, tal como decimos en la plegaria: «para que no nos esforcemos en vano y no produzcamos turbación». (Esta declaración se menciona en la parte de la plegaria denominada Uba Letzion). Y la explicación es que *sheker* es cuando estudia y no cumple, y en el momento de su estudio piensa solamente en completar su asunto y acusar; y *kazav* se refiere al que estudia y cumple, aunque a los pocos días se aparta de todo. Y a esto se refiere: **«para que no nos esforcemos en vano»** se refiere a *sheker,* que es vano, porque en el momento de su esfuerzo en la Torá –lo que hace– es en vano, **«y no produzcamos turbación»**, es decir, aunque produzcamos, porque hace buenas acciones y estudia, pero es para turbación, con lo que hace posteriormente, que se aparta, como dijeron nuestros sabios: «Estudió y se apartó [...]» (Pesajim 49b). Y a esto se refiere: «El testigo falso *–shekarim–»,* que estudia, pero cuyo pensamiento desde el comienzo es para mal, «no será absuelto», porque el mal vendrá sobre él. «Y quien pronuncia engaños *–kazavim–»* se refiere al que estudia e interrumpe, dejando de estudiar la Torá», «no escapará». Cuando venga a él el mal no escapará de él; y eso es medida por medida, porque tal como era su pensamiento al comienzo, para bien, y después se invirtió para mal, así al comienzo no vendrá sobre él el mal, pero cuando venga, no escapará de él.

6. **«Muchos buscan el rostro del generoso *–nadiv–»*;** *(Nadiv* se refiere a un príncipe, que también se denomina así). **«Y todos se amigan con el hombre dador».** Porque muchos buscan el rostro del príncipe, y del hombre que da regalos todos son compañeros y amigos de él. Porque muchos buscan el rostro del príncipe en la Torá, como dijeron nuestros sabios: «Yo me asemejo a un príncipe ante [...]» (Berajot 34b), porque estudia con ellos; y del hombre que da generosamente todos son sus compañeros y amigos. «Y todos se amigan con el hombre dador». Se refiere al que es cuidadoso con el precepto de dar *–tze-*

daká–, porque abre su mano para dar a los pobres *tzedaká,* en el Mundo Venidero todos son sus compañeros y amigos.

7. **«Todos los hermanos del pobre lo aborrecen».** Al pobre lo aborrecen incluso sus hermanos, y sus amigos, más aún que se alejarán de él, y no tiene sino el ir tras los dichos que no son para él, porque no tiene ningún beneficio de ellos, y son palabras vanas. Y la explicación del asunto es que los hermanos del pobre son los pecados que realizó en este mundo, ellos serán sus aborrecedores, porque lo castigan en el Mundo Venidero. **«Y aún más sus amigos»**, es decir, incluso los pocos preceptos que tiene y son sus amigos, ellos **«se alejan de él».** Porque los preceptos no se muestran a la persona sino cuando acaban sus pecados; y todo el tiempo que aún se hallan sobre él los pecados que realizó, entonces no vienen a él los preceptos. Y a esto se refiere: «se alejan de él». Porque aún hay con él muchos pecados. «Irá tras dichos, y serán para él». Y el que va atrás palabras vanas es juzgado con la Catapulta, como está escrito: «[…] y las naciones con mucha vanidad» (Habacuc 2, 13). Porque lo expulsan de lugar en lugar, y ellos lo perseguirán.
8. **«Quien posee corazón –entendimiento–, ama su alma».** Quién adquiere para sí mismo buen corazón será llamado amador de su alma. **«Quien guarda el entendimiento hallará el bien».** Porque quien desea que el entendimiento esté guardado en él, estudia para hallar el bien. Es decir, para realizar preceptos y buenas acciones, tal como mencionamos anteriormente acerca del versículo que manifiesta: «El temor del Eterno es el comienzo de la percepción […]» (Proverbios 1, 7).
9. **«El testigo falso no será absuelto».** Como está escrito: «Porque los caminos del Eterno son rectos, y los justos andarán por ellos, y los perversos tropezarán con ellos» (Oseas 14, 10). Y tal como dijeron nuestros sabios: «Para los que –van– hacia la derecha es elixir de vida, y para los que –van– hacia la izquierda es elixir de muerte» (Shabat 88b). Y la explicación del asunto es que la Torá es del cielo, y la realización de los preceptos de la tierra. Y a esto se refiere: «La verdad brotará de la tierra, y la justicia mirará desde los cielos» (Salmos 85, 12). Es decir, porque la tierra, que

su medida es la verdad, porque hace germinar con verdad todo lo que siembran en ella: si siembran en ella trigo, hace germinar también trigo, y si siembran en ella cebada, hace germinar también cebada. Y a esto se refiere: «La verdad brotará de la tierra». Y del cielo vendrá la lluvia, que es la justicia *–tzedek–*, que viene en calidad de generosidad *–tzadaka–*. Porque no dieron allí lluvia para que sea llamada verdad cuando venga la tierra. Y a esto se refiere: «y la justicia *–tzedek–* mirará desde los cielos». Y la lluvia viene sobre toda la tierra por igual, y también realiza su acción por igual, pero actúa según el receptor: el lugar que está sembrado con trigo, entonces, debido a eso, allí germinará trigo; y el lugar que está sembrado con elixir de la muerte, por esa causa germinará elixir de la muerte, pero la lluvia misma se denomina siempre buena. Y así es también con la Torá, que viene del cielo, realiza su acción –y actúa según el receptor– porque hará germinar lo que hay en su corazón: si su corazón es bueno –está sembrado de bien–, aumentará su temor, y si, Dios libre, en su corazón germinan hierbas amargas, tropezará más aún cuando la pronuncie y aumentará el aborrecimiento que hay en su corazón, hasta que haga ascender tropiezo. Y a esto se refiere: «Y los justos andarán por ellos, y los perversos tropezarán con ellos». Y aumentará la justicia de Dios. «Y los perversos tropezarán con ellos». Porque hará germinar su perversidad hasta que tropiecen. Y a esto se refiere lo que se dijo: «Para los que –van– hacia la derecha es elixir de vida», porque germina elixir de la vida. Como el lugar que está sembrado con elixir de la vida, que germinará allí elixir de la vida cuando venga sobre él la lluvia. «Y para los que –van– hacia la izquierda es elixir de muerte». Como el lugar que está sembrado con elixir de la muerte, que con la acción de la lluvia germina elixir de la muerte. Y a esto se refiere lo que dijo aquí: «El testigo falso, no será absuelto». Porque cuando estudia y no es su intención cumplir, entonces aumentará su perversidad, y se aumentará su maldad y no podrá ser absuelto, porque su testimonio será falso. Es decir, dirá de la Torá que se denomina testimonio, mentiras que no concuerdan con la ley. «**Y quien pronuncia mentiras se per-**

derá». Es decir, quien estudia al comienzo, y hace un poco de *tzedaká* y buenas acciones, y después se aparta de eso, pierde los primeros, como está escrito: «La justicia del justo no lo salvará en el día de su culpa» (Ezequiel 33, 12).

10. **«El deleite no es grato para el necio; más aún que el siervo señoree con los príncipes»**. El necio, cuando se sacia su deleite y su avidez le parece en sus ojos que señorea sobre todo el mundo, por eso, el deleite no le es grato, y más aún que no le es grato a un siervo o un humillado que en verdad sea señor, y con los príncipes, como está escrito: «Por tres asuntos la tierra se estremece [...]. Por un siervo que reina [...]» (Proverbios 30, 21-22).
11. **«La inteligencia del hombre calma su furor»**, como está escrito: «Quien es rápido para enojarse actuará con necedad» (Proverbios 14, 17). Y el inteligente, que no actuará con necedad, verá de ser lento para enojarse. Y a esto se refiere: «La inteligencia del hombre [...]». **«Y su honorabilidad, lo hace pasar por alto el agravio»**. Porque el lento para enojarse no perdonó su agravio, sólo que controló su enojo y fue lento para enojarse, por eso, no se maravillan de la honorabilidad de eso, pero el que hace pasar por alto el agravio, que perdona y pasa por alto el agravio, en eso se ha de maravillar con la honorabilidad, porque es la honorabilidad del hombre, porque es la más selecta de todas las buenas cualidades, como dijeron los sabios: «Todo el que pasa por alto sus cualidades [...]» (Ioma 23a). Y a esto se refiere: «Y su honorabilidad, lo hace pasar por alto el agravio».
12. **«La irritación del rey es como rugido de cachorro de león»**. Es decir, el hombre que escucha un rugido con sus oídos y no sabe qué es, y le parece en su imaginación que es como la voz de un león, y además, no sabe con certeza quién ruge con su voz furiosa, de todos modos, temerá y se estremecerá, y se llenará de pavor. Así es la irritación del rey, cuando ve al rey con rostro enojado, aunque no sabe ciertamente que está enojado, y tampoco sabe contra quién está enojado, de todos modos, teme ante él. «Y su voluntad, como rocío sobre la vegetación». Es decir, debido a que la lluvia a veces no es buena, lo que no

ocurre con el rocío, porque siempre es bueno, y también porque desciende sobre la hierba, que no es en vano, así es la voluntad del rey, se asemeja al rocío, que siempre es buena y no es en vano. Y la explicación del asunto es que se refiere al Rey de reyes, el Santo, bendito sea, pues ¿quién puede mantenerse en pie ante su ira? Porque inmediatamente cuando muestra rostro de enojo, supuestamente, sobre la persona, aunque no se enoje sobre él en forma explícita, inmediatamente los cachorros de león braman por la presa y rugen contra él como el bramido del mar. A esto se refiere: «como rugido de cachorro de león», porque el rey está enojado. Pero en el Jardín del Edén con los justos: «como rocío sobre la vegetación». A esto se refiere: «Y germinarán de la ciudad de como la hierba de la tierra» (Salmos 72, 16). Porque en la ciudad de Jerusalén vivirán y se levantarán a través del rocío de la resurrección. Y dijo que su buena voluntad en el Jardín del Edén es como el rocío de la resurrección que desciende sobre la hierba, porque germinará de la ciudad como la hierba.

13. **«El hijo necio es quebranto de corazón para su padre»**. El hijo necio, en todo momento expresa su necedad y quebranta el corazón de su padre. **«Y gotera apartadora, las contiendas de la mujer»**. Porque el mal fuera de su casa es sólo momentáneo, y no prevalecerá siempre sobre él fortificándose todos los días, pero su mala mujer es diferente, ya que se asemeja a una gotera que desciende gota a gota todo el día y lo perturba sin descanso, así la maldad de ella es continua y grande a cada instante y en cada momento y no tiene descanso de ella, como está escrito: «El goteo perturba el día de encierro –en la casa, cuando cae lluvia–; y para la mujer rencillosa, es igual –todo tiempo para perturbar a su esposo–» (Proverbios 27, 15).
14. **«La casa y la riqueza son herencia de los padres»**. Porque el hombre necesita tres cosas: casa y sus necesidades y una mujer, como está escrito: «lo que le falte de aquello que le faltare a él» (Deuteronomio 15, 8). Y nuestros sabios, de bendita memoria, dijeron: «lo que le falte» se refiere a la casa; «de aquello que le faltare» se refiere a sus necesidades; «a él» se refiere a la mujer

(Ketuvot 67b). Y una casa y sus necesidades el padre se lo puede hacer heredar, y puede aumentar para él honor en relación con la casa y la riqueza, como está escrito: «La casa y la riqueza son herencia de los padres». Pero una mujer sensata el padre no tiene en su poder la posibilidad de hacérsela heredar, sino: «la mujer sensata, del Eterno». Y la explicación del asunto es que «casa» se refiere a los preceptos activos y a los preceptos pasivos, como está escrito: «La casa se edificará con sabiduría *–jojmá–* y se afirmará con entendimiento *–biná–*» (Proverbios 24, 3). Y «riqueza» se refiere a la Torá, como está escrito: «Y los compartimientos se llenarán de todo tesoro preciado y agradable con percepción *–daat–*» (Proverbios 24, 4). Y está escrito en el libro Zohar que Abraham está vinculado con el grado de la sabiduría, Isaac está vinculado con el grado del entendimiento y Jacob está vinculado con el grado de la percepción. Y a esto se refiere lo que está dicho: «La casa y la riqueza son herencia de los padres y la mujer sensata *–maskelet–*, del Eterno». Es decir, que realice buenas acciones a través de –su capacidad cognitiva, o sea– su sensatez *–sejel–*, esto es, poner sus ojos en todos sus caminos. Y a esto se refiere: «Reconócelo en todos tus caminos, y él enderezará tus senderos» (Proverbios 3, 6).

15. **«La pereza hace caer en sueño».** A través del dormitar y el sueño entra en la cualidad de la pereza **«y el alma de engaño»**, porque desea aumentar riqueza y llenar sus depósitos con engaño «padecerá hambre». Y así es también con la Torá y los preceptos, ya que a través del dormitar entra en la pereza, y se sienta y no realiza preceptos y anula su ocupación de la Torá. Y lo que está escrito: «y el alma de engaño» se refiere a quien estudia mucho y no repasa constantemente y quiere acumular mucho, **«padecerá hambre»**, porque no quedará nada en su poder.
16. **«Quien guarda el precepto, guarda su alma».** Porque los preceptos son –efectivos– en el Mundo Venidero, porque allí lo protegerán para no ser castigado y para que su alma no caiga en el pozo. Y a esto se refiere: «Quien guarda el precepto», él «guarda su alma», del purgatorio *–Gueinom–*. **«Y quien desprecia sus caminos».** Se refiere a las cualidades con que el hombre debe

comportarse en este mundo para bien, y quien desprecia sus cualidades de este mundo, «morirá». Porque con su muerte desaparecerá de este mundo.

17. **«Quien da al pobre presta al Eterno».** Porque quien da generosamente al pobre o al carenciado hace dos cosas: una, que da de su dinero a su prójimo; y la segunda, que hace bien a su prójimo necesitado dándole en el momento en que lo necesita y realiza una acción de bondad con él. Y en correspondencia con dar de su dinero dijo: «Quien da al pobre presta al Eterno». Es decir, no se lo da como un regalo gratuito, sino que presta al Eterno y el Eterno le pagará. «Y el bien que ha hecho». Y también en correspondencia con la acción de bondad que hizo con él, «se lo pagará», en forma independiente.
18. **«Instruye a tu hijo porque hay esperanza».** Azota a tu hijo y castígalo cuando veas que hay esperanza en que con el castigo mejorará sus caminos. «Y tu alma no se precipite a matarlo –*hamito*–». La expresión *hamito* significa también clamor. Es decir, no inclines tu oído a su clamor y sus gritos. Asimismo, debe entenderse según el sentido textual de la palabra *hamito*, es decir, no lo mates, sino golpéalo un poco.
19. **«Quien se irrita mucho cargará el castigo».** Y si vieres que aumenta tu enojo contra él y no podrás golpearlo un poco, sino que despertarás todo tu furor sobre él, entonces: «cargará el castigo», es decir, perdónalo de todo, porque tal vez lo mates al golpearlo. **«Pues si se salva»**, es decir, tus azotes no sean sino para salvarlo en el futuro, y que no se tuerza de sus caminos, pero no por el pasado, por eso no incrementes en golpearlo hasta matarlo. **«Y aún añadirá más».** Y después vuelve a incrementar en golpearlo poco a poco, y oriéntalo así, por el sendero de la verdad y la aptitud de la acción, pero no aumentes –en castigarlo– de una vez, sino condúcelo poco a poco según su camino.
20. **«Oye consejo, y acepta corrección, para ser sabio en tu posteridad».** Porque el alma existencial de la persona manifestará rechazo por dos cosas: una por hacer algo cuando su percepción le indica lo contrario; y la segunda, por lo que es duro para su

cuerpo. Y a esto se refiere lo que está dicho: «Oye consejo», aunque tu percepción no coincida con eso, de todos modos, escucha consejo para hacerlo, **«y acepta corrección»**, la corrección que se te aplique por tu necedad, recíbela con alegría y buen corazón «para ser sabio en tu posteridad».

21. **«En el corazón del hombre hay muchos pensamientos».** Cuando el hombre desea hacer algo para su necesidad tendrá muchos pensamientos para determinar cómo lo hará, y qué, y cuándo, y –lo vinculado con– las demás dudas, pero todas ellas no son nada –concreto–. **«Y el consejo del Eterno»**, el consejo que el Santo, bendito sea, le pone en su corazón para hacer: **«se afirmará».** Se cumplirá. Porque «consejo» se denomina a lo que su compañero le aconseja, o lo que el Eterno dispone en su corazón, y «pensamiento» es lo que el hombre piensa por sí mismo.
22. **«El deseo de los hombres es por su bondad».** Todos desean al hombre que hace bondad, pero hay dos impedimentos para hacer bondad: uno, cuando es pobre, y el segundo, cuando es un hombre falso, que asegura y no hace. Y a esto se refiere lo que está dicho: «y es mejor el pobre», ese impedimento de ser pobre, porque por eso no se quejarán de él por no hacer bondad con ellos, porque no tiene con qué hacerlo, **«que el hombre engañador»**, porque contra él se quejarán, ya que asegura y no cumple sin tener una razón válida, sólo por ser un hombre engañador por naturaleza.
23. **«El temor del Eterno es para vida; y para estar siempre saciado, sin ser visitado por el mal».** Es decir, el temor del Eterno lo lleva a la vida, y además a **«estar siempre saciado»**, y **«sin ser visitado por el mal»**, o sea, entre los malos. Y la explicación del asunto es que el Santo, bendito sea, puso en la persona la naturaleza de dormir para que su alma ascienda a la academia de lo alto, y allí le revelan misterios de la Torá. Lo que la persona no puede aprehender estudiando durante setenta años lo aprehende en un instante. Pero de ese estudio no le llega ningún pago en absoluto, sino que ése es el pago. Sin embargo, lo que estudia durante el día, lo lleva a la vida en el Mundo Venidero. Y a esto se refiere: «El temor del Eterno». El estudiar la Torá con el te

mor del Eterno todo el día lo lleva a «vida», y «estar siempre saciado». Es decir, en la noche se saciará de la Torá que estudia en la academia de lo alto. Y a esto se refiere: «estar –*ialin*– siempre saciado», (la expresión *ialin* comparte raíz con la expresión *lina,* que significa «pernoctar»), en la noche. Y después, cuando su alma vuelve a su cuerpo, no será visitado por los malos, porque ellos quieren dañarlo y no podrán.

24. **«El perezoso introduce su mano en el pote».** Se refiere al que introduce su mano en su pecho y entre sus ropas y su cuerpo. **«Mas no la llevará a su boca».** Y la explicación del asunto es que el perezoso abraza sus manos para dormir y no realiza preceptos en absoluto, y no ve sino lo que concierne a su cuerpo. «Mas no la llevará a su boca». Porque el hombre debe realizar más preceptos que –el estudio de– su Torá, como dijeron nuestros sabios: «Haz más de tu estudio» (Avot 6, 5). Pero el perezoso, incluso aunque sus acciones sean iguales a su boca, no verá de igualarlas conjuntamente, a la Torá de su boca con sus acciones.
25. **«Golpea al burlador y el tonto se avivará; prueba al entendido y entenderá percepción».** El burlador –*letz*– es el que habla cosas vanas, burlas y las demás cosas, y no tiene provecho de eso en absoluto, y sabe que no tiene ningún beneficio de eso tampoco para su cuerpo. Por eso, el reproche no lo apartará de la burla, porque también él sabe que no tiene ningún beneficio de sus palabras repudiables, por eso: «golpea al burlador», entonces, cuando vea que su codicia lo trae a flagelos, abandonará el camino del mal. «Y el tonto se avivará». Se refiere al hombre que se deja seducir por sus avideces y los deleites agradan a su alma existencial, y cuando vea tu golpear al burlador, se avivará en su percepción y dirá: «¿Por qué iré en pos de las vanidades perdiendo el tiempo en placeres y deleites; pues acaso no es como la sombra que pasa y todas las avideces amargan más que la muerte?». Y no se dejará seducir. Pero «al entendido», no le hagas nada ni sea tocado por ninguna mano, sino repréndelo y él por sí mismo «entenderá percepción», porque si no hay entendimiento no hay percepción, y debido a que se denomina entendido, también será denominado hombre que «entenderá

percepción». Y a esto se refiere: «La reprensión atemoriza al entendido, más que cien azotes al necio» (Proverbios 17, 10).

26. **«El hijo que causa vergüenza y humillación despoja a su padre y espanta a su madre».** Es decir, al padre lo despoja en su casa y a su madre la espanta de su casa, ese hijo «que causa vergüenza y humillación».
27. **«Hijo mío, deja de oír la instrucción».** Porque al burlador se lo castiga para que el tonto se avive. Y a esto se refiere: «Hijo mío, deja de oír la instrucción», del burlador por ti. **«Para errar de los dichos de la percepción».** Instrucción se refiere la sabiduría, y los dichos de la percepción se refiere al entendimiento, y corresponde a «padre» y «madre» que mencionó anteriormente.
28. **«El testigo perverso *–bli al–* burlará el juicio; y la boca de los malvados expresará engaño encubiertamente».** (La expresión *bli al* significa literalmente sin yugo). Y la explicación es que el testigo falso, que carece del yugo divino sobre él para realizar los preceptos de nuestro Creador, bendito sea, se burla de la Torá. Respecto a una sentencia o un precepto dirá que ahora no se acostumbra a realizar, o que su explicación no es según su sentido textual para cumplir con el precepto, sino que se alude a otra cosa. Y a esto se refiere: «burlará el juicio». Porque hace burla del juicio. «Y la boca de los malvados», que quieren cometer pecados y rebelarse contra el Eterno y su Torá, para lo cual no sirve la burla, «expresará engaño encubiertamente». Porque dicen que no han realizado ningún acto inicuo y no es un pecado en absoluto.
29. **«Hay juicios preparados para los burladores»** en el Mundo Venidero y en el –alma existencial denominada– *nefesh.* «Y azotes quebrantadores para la espalda de los necios». Para el cuerpo en el sepulcro. Y la explicación es tal como está escrito: «Los cielos descubrirán su pecado *–avonó–*, y la tierra se levantará contra él» (Job 20, 27). La explicación es que la expresión *avonó* se refiere al castigo, como está escrito: «Mi pecado *–avoní–* es difícil de llevar» (Génesis 4, 13). Y cuando el Santo, bendito sea, decreta castigo, inicialmente va a los cielos y de los cielos a la tierra, y la tierra es el juicio (véase explicación de Agr"a a Isaías 5, 25). Y a

esto se refiere: «Los cielos descubrirán», en el comienzo del castigo, y después «la tierra se levantará contra él», para aplicarle el castigo. Y la tierra juzga al cuerpo, y en el cielo, al alma existencial, y está escrito: «El Eterno fundó la tierra con sabiduría; dispuso los cielos con entendimiento» (Proverbios 3, 19). Y por eso el burlador, que es lo opuesto a la Torá que viene de los cielos, su juicio es en los cielos y con el alma existencial; y el necio, que es lo opuesto a la sabiduría, su juicio es en la tierra y con el cuerpo.

XX

1. **«El –que bebe– vino nuevo es burlador –letz haiain–, vino añejo, alborotador».** (La expresión *letz haiain* significa literalmente burlador del vino). Porque la mayoría de la burla ocurre en el momento en que se sientan a beber vino. Y a esto se refiere: «*letz haiain*» se refiere al que persigue en pos del vino. Y está escrito a continuación: «vino añejo, alborotador», porque hace alboroto al ir tras el vino, para hallarlo. «Y todo aquel que erra con él» se refiere al asunto de la burla, «no se hace sabio». Como dijeron nuestros sabios: «Fluye el óleo del perfumista» (Eclesiastés 10, 1). ¿Por qué las palabras de la Torá fueron comparadas con el óleo? Así como el óleo, cuando entra en él un poco de agua sale el óleo, así son las palabras de la Torá, cuando entra en ella un poco de burla se pierde mucha Torá. Y a esto se refiere: «no se hace sabio».
2. **«El pavor –por la ira– del rey es como rugido de cachorro de león».** Incluso el pavor del rey en el momento en que están de pie ante él cuando no está enojado, es como rugido de cachorro de león, porque «quien lo irrita, reduce su alma». Se disminuirá su alma existencial, porque «el enojo del rey es –como– mensajeros de muerte» (Proverbios 16, 14).
3. **«Es honorable para el hombre abstenerse de la contienda».** Porque para una persona distinguida es loable abstenerse de la contienda y no contender. «Y todo insensato se aparecerá en ella». En el momento en que dos necios contienden, cada necio quiere descubrir y humillar a su prójimo; y bramarán en voz alta ambos a la vez, porque cada necio quiere que lo escuchen más a él, y se descubra la humillación de su prójimo.

4. **«El perezoso no ara a causa del –frío del– invierno –joref–».** El invierno comprende la mitad del mes de Kislev y el mes de Tevet y la mitad del mes de Shvat. Y lo que está escrito la explicación de Rashi al Pentateuco (Génesis 8, 22), que la mitad del mes de Kislev y el mes de Tevet y la mitad del mes de Shvat, es frío *–kor–*, es un error de transcripción, y debe decir: *joref.* Y véase lo que consta en Baba Metzía 106b, que inmediatamente cuando llega el tiempo del *joref,* que es un poco frío, no ara; y después, cuando llega el tiempo de la siega no tiene nada. Y la explicación del asunto es que en correspondencia con esos tres tiempos mencionados en la cita bíblica hay tres tiempos en la persona: los días del ascenso, y los días de estabilidad, y los días de descenso. Y sus nombres son Caín, Abel y Set. Y todas las malas cualidades están incluidas en estas generalidades: codiciador, enojadizo, y burlador. Y se refiere a quitarse el yugo de la Torá y el temor de los cielos. Los días de ascenso corresponden a el codiciador. Y en los días de estabilidad se denomina Ebel –así se denomina también a Abel–, y va tras el honor y la riqueza y las vanidades *–heblei–* del mundo. Y en los días de descenso quiebra la burla. Y por eso mencionaron cuatro tipos de cualidades en el hombre: (como dijeron nuestros sabios: existen cuatro tipos de cualidades en el hombre: el que dice: «Lo mío es mío y lo tuyo es tuyo», es una cualidad media. Y hay quien dice: ésta es una cualidad sodomita. El que dice: «Lo mío es tuyo y lo tuyo es mío» es un ignorante. El que dice: «Lo mío es tuyo y lo tuyo es tuyo» es un generoso. El que dice: «Lo mío es mío y lo tuyo es mío» es un perverso, [Mishná, tratado de Avot 5, 10]. Y en el Talmud se mencionaron cuatro señales) el burro rebuzna corresponde a el codiciador; y los perros claman: *hav, hav* –dame, dame–; y el tercero corresponde a el niño pequeño que se amamanta de los pechos de su madre; y la mujer conversa con su marido. Y fue enseñado: «Dijo el rabí Janina: he aprendido mucho de mis maestros, y de mis compañeros más que de mis maestros, y de mis discípulos –he aprendido– más que de todos» (Taanit 7a). Y en correspondencia con eso tres, primogé-

nitos, y el cuarto, el diezmo, que incluye a todos. Y en correspondencia con eso cuatro exilios, y en el cuarto está escrito acerca del diezmo: «No se venderá ni será redimido» (Levítico 27, 28). Y a esto se refiere aquí: en el *joref*, que es el tiempo de la estabilidad, que corresponde a el hombre de cuarenta años, que es apto para el entendimiento, (como fue enseñado en la Mishná, tratado de Avot 5, 21), él «no ara», porque no se ocupa de la Torá y hace el bien, **«y en la siega buscará»**, que es el tiempo del descenso, cuando es el tiempo de la cosecha, y estará entre los hombres del campo, poseedores de percepción, «y no hallará», para él.

5. **«Aguas profundas es el consejo en el corazón del hombre»**. Lo que está escrito: «consejo» se refiere a la percepción, y es «aguas profundas», y es –un asunto– profundo «en el corazón del hombre», es decir, en quien se denomina hombre, y no lo pueden aprehender. Porque entiende un asunto a partir de otro asunto, él lo aprehenderá, porque entenderá esto a partir de esto otro hasta que lo sepa. Como dijeron nuestros sabios: se asemeja a la parábola de un pozo profundo del cual no podían extraer agua [...] Un hombre entendido ató una cuerda a otra cuerda, y la cuerda a un balde, hasta que extrajo agua. Y a esto se refiere: **«Y el hombre entendido lo extraerá»**.
6. **«Muchos hombres *–adam–*, cada hombre *–ish–* proclama su bondad»**. Porque muchos hombres corren tras el hombre que hace bondad, **«mas hombre fiel»**, que cumple sus palabras y su bondad es perpetua, «¿quién hallará?».
7. **«El justo anda en su integridad; bienaventurados sus hijos que le sucederán»**. El justo que anda con integridad de corazón, sus hijos que lo suceden son bienaventurados. Y la explicación del asunto es que hay tres grados, como está escrito: «Éstas son las crónicas de Noé, Noé fue un hombre justo, íntegro en sus generaciones; Noé anduvo con Dios» (Génesis 6, 9). Y a esto se refiere lo que se dijo, que quien tiene esos tres grados: «anda», «en su integridad», y es «justo», entonces: «bienaventurados sus hijos que le sucederán».

8. **«Cuando el rey se sienta en el trono del juicio».** Es decir, cuando el Rey de reyes, el Santo, bendito sea, se sienta en el trono del juicio, y todos los moradores del mundo pasarán ante él como ovejas –que pasan una a una por el pasaje estrecho, sin que se pase por alto ninguna–, entonces «disipa *–mezare–»,* es decir, esparce, de la expresión «esparce *–mezare–* el viento», porque todos los malvados que hicieron mal en el mundo están ante él, y los malvados con sus pecados están apartados (véase *peirush* Agra"a a Proverbios 16, 11). Y dijo: **«con sus ojos disipa todo mal».** Se refiere a los ojos del Eterno que recorren toda la tierra (véase Zacarías 4, 10), como está escrito: «He hecho mal en tus ojos» (Salmos 51, 6). Y además, otra explicación de *mezare,* es que el mal es extraño *–zar–* en sus ojos y es abominación en sus ojos.
9. **«¿Quién dirá: "He limpiado mi corazón, me he purificado de mi pecado"?».** Porque respecto a transgredir preceptos pasivos es posible para la persona cuidarse y privarse a sí mismo de hacerlo en forma intencionada, pero respecto a lo que hay en el corazón y los preceptos activos: «¿Quién dirá: "He limpiado mi corazón [...]"?».
10. **«Piedra y piedra».** Quien tiene dos pesos, uno para él y uno para vender a su prójimo, *«eifa* y *eifa»,* también es la denominación de una medida *(véase* Proverbios 10, 23), **«ambas son abominación al Eterno».** Y la explicación del asunto es que la persona debe ir por su camino paso a paso, de grado en grado, y si da un brinco y toma un camino más elevado de lo necesario para él, y cae de él y toma para él otro camino, es abominación ante el Eterno. Y así *«eifa* y *eifa»,* lo que necesita entre él y las personas, y a veces es bueno y a veces es malo, ambas son abominación al Eterno. Y dijo: «también ambas», porque cada uno de los dos caminos son abominación para el Eterno.
11. **«También el joven es conocido por sus acciones; si su accionar es limpio, si es recto».** Viene a advertir a la persona para que no diga: «¿Quién sabe lo que hay en mi corazón?». ¿Pues acaso no se conoce al joven cuando es pequeño por sus acciones si es

puro en su corazón y si es recto en la acción de sus actos? Cuánto más el Santo, bendito sea, como está escrito: «El que forma el ojo, ¿acaso no verá? El que hace el oído, ¿acaso no oirá?» (Salmos 94, 9).

12. **«El oído que oye, y el ojo que ve, el Eterno hizo también a ambos –al órgano y a su sentido–».** Dijo: «también a ambos», porque ambos, a la visión del ojo y a la audición del oído, a todo lo creó el Eterno, como dijeron nuestros sabios, de bendita memoria, en el Talmud, (tratado de Nida 31a), que el Santo, bendito sea, otorga la audición del oído y la visión del ojo. Y dijo tres cosas: «También por sus acciones [...]», «el oído que oye [...]», y «el ojo que ve [...]», en correspondencia con pensamiento, habla y acción, como dijeron nuestros sabios: «Observa tres asuntos y no llegarás a pecar: sabe qué hay sobre ti: un ojo que ve, un oído que escucha, y todas tus acciones son escritas en un libro» (Avot 2, 1).

13. **«No ames el sueño, pues empobrecerás».** Como está escrito: «Porque el bebedor y el devorador empobrecerán; y el dormilón vestirá andrajos» (Proverbios 23, 21). Porque no realiza labor y tampoco arregla sus ropas. Y nuestros sabios, de bendita memoria, dijeron: todo el que duerme en la casa de estudio su Torá se torna andrajos, como está escrito: «Y el dormilón –*numa*– [...]» (Proverbios 23, 21). Es decir, cuando dormita, y sus compañeros no lo esperarán –con el estudio– él se saltará la clase y después estudiará más. Y además, cuando dormita y no lo esperan, necesitará saltear más y su Torá será andrajos. Pero quien duerme en todo momento empobrecerá y no estudiará en absoluto. **«Abre tus ojos, y sáciate de pan».** Como está escrito: «¿Por qué pesáis –gastáis– el dinero en lo que no es pan, y vuestro esfuerzo en lo que no sacia? Oídme atentamente, y comed del bien, y vuestra alma se deleitará con manjares» (Isaías 55, 2). Porque respecto a los que estudian Torá, hay quienes estudian por dinero y hay quienes estudian por sí mismos y se esfuerzan por sí mismos. Y en la Torá hay dos asuntos: cereal y grano, como dijeron nuestros sabios: cereal en Galilea y grano en Judá (Meguilá 6b). Y a esto se refiere: «¿Por qué pesáis el dinero en lo que

no es pan?», porque vosotros no coméis sino la paja y no el pan. «Y vuestro esfuerzo en lo que no sacia». Como dijeron nuestros sabios: «Te has esforzado y no has hallado, no le creas». Y dijeron que esto se refiere a la agudeza –en el estudio–, pero para establecer el estudio, se requiere ayuda del cielo. Y a esto se refiere: «Y vuestro esfuerzo en lo que no sacia». Porque no tenéis ayuda, y vosotros os ocupáis en la Torá con esfuerzo y no hay en eso nada, porque no permanece en vuestras manos. Antes bien: «Oídme atentamente y comed del bien». Es decir, lo bueno de la Torá que es el pan, y también: «vuestra alma se deleitará con manjares», como está dicho: «Porque serán agradables cuando las guardes en tus entrañas; y cuando estén dispuestas igualmente en tus labios» (Proverbios 22, 8). ¿Cuándo las palabras de la Torá son agradables? Cuando están guardadas en tus entrañas, y el deleite de vuestras almas será con que os daré ayuda de los cielos. Y a esto se refiere: «abre tus ojos», al Santo, bendito sea, «y te daré ayuda de los cielos», porque te saciarás y también comerás el pan de la Torá.

14. **«"Es malo, es malo", dirá el comprador; y cuando se marche, entonces elogiará».** Cuando el hombre adquiere un objeto desprecia al objeto y después, cuando se retire, «entonces elogiará», al objeto y se faroleará. Y esto tiene también un paralelismo con la Torá y los preceptos.
15. **«Hay oro y muchas perlas; y utensilio valioso son los labios entendidos».** Porque el grado del oro es que por él puede alcanzar y adquirir todo lo necesario para él, y las perlas son valiosas en su estimación y son como algo preciado y un tesoro. Y dijo: «muchas *–rav–* perlas», porque las perlas son muy pequeñas, y aquellas que son un poco grandes son mucho más valiosas en su estimación; Y a esto se refiere: *«rav* perlas», es decir, perlas grandes. «Y utensilio valioso» se refiere a los utensilios necesarios para todo lo que desea, y también ellos son buenos en su estimación y muy valiosos. Y estos tres son todos ellos para las necesidades del hombre: el oro y las perlas para su honor, y los utensilios para su necesidad. Y en cada cosa un sentido selecto. Y dijo que estos tres entes esenciales se vinculan con «los labios

entendidos». Y la explicación del asunto es que la percepción incluye a las tres primeras emanaciones –que son: corona, sabiduría y entendimiento–.

16. **«Toma su ropa porque se hizo garante por extraño, y fiador por extraña».** Porque el prestador tiene prohibido ir a casa del que pidió prestado para tomar la prenda de la fianza, como está escrito: «Permanecerás fuera, y el hombre al que le has prestado te traerá la prenda fuera» (Deuteronomio 24, 11). E incluso el representante del tribunal no vendrá a su casa para tomar la prenda de la fianza, pero el representante del tribunal puede tomar su vestimenta cuando los ve fuera.
17. **«El pan de mentira agrada al hombre; y después se llenará su boca de cascajo».** El pan que llega a la persona por su mucha necedad y tortuosidad le es muy agradable y dulce, pero después «se llenará», por eso, «su boca de cascajo».
18. **«Los pensamientos se disponen con el consejo».** El pensamiento con que se aconseja con los sabios consejeros, se dispone –y afirma–, como está escrito: «Los muchos consejeros los afirman» (Proverbios 15, 22). **«Y la guerra se hace con estrategias».** Es decir, para la guerra no sirve consejo, sino que se necesitan estrategias. Y asimismo para el servicio al Creador, para saber cómo andar por el camino del Eterno se debe aconsejar con sabios y justos que andan por el camino del Eterno, para no tropezar con una piedra, es decir el Mal Instinto; y para enfrentar al Mal Instinto él mismo debe elaborar estrategias, y en eso no sirve el consejo solamente, sin estrategias.
19. **«Quien anda con chismes revela el secreto; y con el de labios tontos, no te mezcles».** Es decir, no te mezcles con estos tres: el primero, el que revela el secreto, el segundo, el que anda con chismes, y el tercero, el de labios tontos; no te mezcles con todos esos porque éste revelará tu secreto, y éste andará con chismes de ti, y el de labios tontos, llevará chismes de ti y de tu prójimo.
20. **«Quien maldice a su padre o a su madre, su lámpara se apagará en la oscuridad de las tinieblas».** Padre se refiere a quien le enseño Torá, como está escrito: «Las enseñarás *–velimadtem–* a tus

hijos y hablarás de ellas cuando estés sentado en tu casa, y cuando andes por el camino, y cuando te acuestes y cuando te levantes» (Deuteronomio 6, 6). Y está escrito: «Se las enseñaréis *–veshinantam–* a vuestros hijos para hablar de ellas, mientras estás sentado en tu casa, mientras andas por el camino, cuando te acuestas y cuando te levantas» (Deuteronomio 11, 19). Y su madre es quien lo guía para que realice los preceptos y vaya en un camino recto. Y ellos son luz y lámpara, porque la Torá es luz y el precepto lámpara, como está escrito: «Porque el precepto es lámpara, y la Torá es luz» (Proverbios 6, 23). Y cuando el hombre en ocasiones está en un lugar de oscuridad, si tuviera con él una lámpara encendida, le iluminará incluso en la oscuridad. Y a esto se refiere: «Quien maldice a su padre», y lo desprecia, y también «a su madre», y entonces no tiene Torá ni preceptos, «su lámpara se apagará», y permanecerá «en la oscuridad de las tinieblas».

21. **«La heredad precipitada que viene al comienzo precipitadamente, al final no será bendecida».** Es decir, él está precipitado por el trabajo, y es común en el que se precipita que al comienzo quiere terminar, y cuando llega al final, se apresura mucho, y finalmente no será bendecido.
22. **«No digas: "Le pagaré con mal"; confía en el Eterno, y te salvará».** En el momento en que alguien te quiere hacer mal, y tienes la posibilidad de pagarle con mal, «no digas: "Le pagaré con mal"». Y si tienes temor de que después te haga mal, no temas, sino «confía en el Eterno, y te salvará», también ahora de tu aflicción.
23. **«Piedra y piedra –grande y pequeña– es abominación al Eterno; y la balanza de engaño no es buena».** Es decir, ese hombre que tiene dos pesos, uno con el que pesa para sí mismo y uno para vender a los demás, y asimismo la balanza de engaño, es abominable para el Eterno, bendito sea, y además no es bueno para él en este mundo.
24. **«Los pasos del hombre *–guever–* son del Eterno».** Se refiere a la acción misma, que es del Eterno. «Y el hombre *–adam–*, ¿qué entenderá de su camino?». Es decir, y el hombre, ¿qué hace y

qué debe hacer? Y dijo que no necesita sino entender su camino necesario para él. Y cuando medite y entienda su camino, y tome su rumbo y comience a ir por él, entonces: «Los pasos del hombre *–guever–* son del Eterno», como dijeron nuestros sabios: «A quien viene a purificarse lo ayudan [...]» (Shabat 104a).

25. **«Cuando el hombre tropieza y se golpea, daña su santidad».** Cuando el hombre tropieza con el pecado daña la santidad de él y se confunde. **«Y después, debe buscar los votos».** Y después debe buscar que no hizo votos al comienzo, y por eso le vino el tropiezo, y cumplirlos.
26. **«El rey sabio dispersa a los malvados».** Lo que está escrito: «el rey sabio» se refiere al Rey de reyes, el Santo, bendito sea, o, «el rey sabio» se refiere a cuando el sabio se convirtió en ministro, y los esparce al comienzo, y después: **«hace volver sobre ellos la rueda».** Es decir, les paga según lo que hicieron, medida por medida.
27. **«El alma del hombre es lámpara del Eterno; escudriña todos los compartimentos de las entrañas».** Porque en el hombre hay pensamiento, habla y acción, y en correspondencia: «Los ojos del Eterno recorren toda la tierra» (Zacarías 4, 10), y ven toda la obra de las personas, y sus oídos escuchan cada cosa que sale de la boca del hombre, y el alma del hombre es como una lámpara que inspecciona todos los compartimentos de las entrañas de los pensamientos, y después asciende y testifica ante él.
28. **«La bondad y la verdad guardan al rey».** Ellos rodean al rey, el cual hace bondad con quien necesita bondad y hace verdad con quien necesita verdad. **«Y sostiene su trono con la bondad».** También el trono está dispuesto para el juicio, y aun así se sostiene con la bondad. Y la explicación del asunto es que rey se refiere al Santo, bendito sea.
29. **«La gloria de los jóvenes es su fuerza; y el resplandor de los ancianos, sus canas».** La explicación es que en la Torá hay dos asuntos: la Torá y la sabiduría de la Torá. Y la Torá se denomina «fuerza», como está escrito: «y la abundancia del grano viene por la fuerza del toro» (Proverbios 14, 4). Y la sabiduría se denomina «canas», como dijeron nuestros sabios: «Era anciano y

se sentaba en la academia *–ieshivá–*» (Ioma 28b). Como dijeron nuestros sabios: «Quien aumenta en estar sentado *–ieshivá–* aumenta sabiduría» (Avot 2, 7).

30. **«Las heridas y las llagas depuran el mal; y los flagelos a los compartimentos de las entrañas»**. Pues ellas vienen por el mal y también golpean a los compartimentos de las entrañas. Y se corresponden a los tres males del pensamiento, el habla y la acción.

XXI

1. **«Como los surgentes de aguas –están en manos de las personas para desviarlas al lugar que deseen–, así el corazón del rey está en la mano del Eterno; lo inclina a todo lo que deseare».** Así como las aguas se dividen en dos, así el corazón del rey está en la mano del Eterno, ya sea para bien o para mal, y a todo lo que deseare inclinará su corazón.
2. **«Todo camino del hombre es recto en sus –propios– ojos; y el Eterno penetra los corazones».** Se refiere a lo que fue mencionado anteriormente, y por el camino por el cual el hombre quiere ir, se lo conduce. Y dijo que todos los caminos son rectos en los ojos de sus amos, pero el Eterno es quien escudriña los corazones y conoce su pensamiento, porque toda acción va detrás del pensamiento.
3. **«Para el Eterno es más elogiable el hacer justicia y juicio que sacrificio».** Como está escrito: «El escuchar es mejor que un sacrificio» (I Samuel 15, 22), para ir en sus caminos. Y está escrito: «Y guardarán el camino del Eterno para hacer justicia *–tzedaká–* y juicio» (Génesis 18, 19). He aquí justicia *–tzedaká–* y juicio es más elogiable para el Eterno que sacrificio.
4. **«La altivez de ojos y la avidez de corazón son cavilaciones de malvados, es pecado».** Porque hay tres diferencias entre los discípulos de nuestro patriarca Abraham, que la paz sea con él, y los discípulos de Bilam, el malvado, ya que quien posee buen ojo, espíritu bajo y alma humilde es de los discípulos de nuestro patriarca Abraham; y quien posee mal ojo, espíritu altivo y alma expansiva es de los discípulos de Bilam, el malvado (Avot 5, 19). Y éstas corresponden a la envidia, la codicia y el honor. Y a esto

se refiere: «La altivez de ojos» se refiere al espíritu altivo, y «la avidez de corazón» se refiere a alma expansiva. Y lo que está escrito: «cavilaciones de malvados» se refiere al mal ojo. Y la envidia «es pecado *–jatat–*». (La expresión *jatat* significa también «falta» o «carencia»). Porque sacan al hombre de este mundo y faltará del mundo.

5. **«Los pensamientos del diligente son ciertamente provechosos *–lemotar–*»** y útiles, y por eso, en la obra de sus manos no hay falta en absoluto, sino abundancia *–motar–* y amplitud. **«Y los de todo precipitado»**, que no espera el fin –y el beneficio– del asunto, en toda la obra de sus manos hay carencia. Y a esto se refiere: **«ciertamente empobrecedores»**.
6. **«La reunión de tesoros con lengua de engaño es una vanidad circunstancial para los que buscan la muerte»**. Es decir, en su lengua de engaño, porque sentencia engaño, debido a que toma soborno, hay reunión de tesoros de quien lo soborna; pero los tesoros son una vanidad circunstancial, porque no quedará nada en su mano, y será considerado entre los que buscan la muerte, tal como enseñaron nuestros sabios, de bendita memoria (véase Sanhedrín 7b).
7. **«El despojo de los malvados les traerá terror»**. Porque debido a que sentencian engaño se multiplican los malvados despojadores, pues no tienen juez y perseguidor; y esos despojadores vendrán a sus casas, debido a que ellos mismos lo provocaron, «porque se abstuvieron de hacer juicio».
8. **«El tortuoso, el camino del hombre se dirige a él ocasionalmente *–afajpaj–*, y ocasionalmente le es extraño»**. Es decir, debido a que se abstuvo de hacer juicio, por eso, todo hombre modifica *–neepaj–* sus cualidades y hará lo recto a sus ojos, y por eso aumentaron los extraños que persiguen tras la avidez a causa de ellos. **«Y la acción del recto es limpia –y coherente–»**. Es decir, y no es recto en su acción sino quien es puro y limpio en su corazón.
9. **«Es preferible residir –apartado– en un rincón del terrado»**, que es un sitio muy estrecho y peligroso, **«que con mujer reñidora»**, debido a que es angustiante para él, debido a que riñe

siempre con él. «**Y en una casa con amigos**», es decir, entre muchos vecinos, porque a lo que hablará todos lo sabrán.

10. «**El alma del malvado ambiciona el mal**». Porque desea realizar malas acciones y ver el mal en su prójimo. «**Y su compañero no hallará gracia en sus ojos**». Tampoco su compañero hallará gracia en sus ojos; y también se alegrará por el mal de su compañero.
11. «**Con el castigo del burlador el tonto se hace sabio; y con la prosperidad del sabio, adquiere conocimiento**». Como está escrito: «Golpea al burlador, y el tonto se avivará» (Proverbios 19, 25). Y como está escrito: «Y al entendido [...]». Como está escrito: «Prueba al entendido, y entenderá percepción» (ibíd.).
12. «**La casa del malvado prospera por el justo**». Es decir, el justo adoctrina y guía a los miembros de la casa del malvado, los cuales aún son pequeños, y a ellos los adoctrina para que vayan por el buen camino. «**Y tuerce a los malvados al mal**». A los malvados mismos que no se apartan a –hacer conforme a– su enseñanza y se burlan de su voz y sus palabras, a ellos los desviará al mal, porque tomará lo bueno de ellos cuando no lo oyeren, y quedarán –sin bien– totalmente con mal.
13. «**Quien cierra su oído al clamor del pobre, también él clamará, y no será respondido**». Debe entenderse textualmente, y la explicación es que el Buen Instinto se denomina «hombre pobre y sabio» (Eclesiastés 9, 15), y cuando cierra su oído para no oír la voz de su clamor, y para no apartarse de sus pecados, después «también él clamará, y no será respondido». Como está escrito: «¿Acaso la sabiduría no llamará, y el entendimiento dará su voz?» (Proverbios 8, 1). Y está escrito: «Porque clamé, y os rehusasteis a oír; extendí mi mano, y no hubo quien atendiera [...] Entonces clamarán a mí, y no responderé; me buscarán, y no me hallarán» (Proverbios 1, 24-28).
14. «**El dar en secreto –a quien se enfureció con él– cubre –y oculta– la ira –*af*–; y quien da soborno en el seno –ocultamente–, intensa irritación –*jema*–**». *Af* se denomina al comienzo del enojo, porque aún no comenzó sobre él el enojo en absoluto. Pero quien da soborno en el seno, produce irritación –*jema*–,

que es la acción que surge al final del enojo. Y además la irritación será intensa.

15. **«Para el justo es alegría el hacer juicio».** Cuando juzguen a los malvados y sean enjuiciados por sus maldades, entonces, es alegría para el justo, como está escrito: «Todos los que actúan con maldad serán apartados [...]. El justo florecerá como la palmera» (Salmos 92, 10-12). Pero ese juicio es **«quebranto para los que actúan con maldad».**
16. **«El hombre que erra del camino de la sabiduría reposará en congregación de muertos».** Como dijeron nuestros sabios: estudiaron los sabios: «Cuando el rabí Eliezer enfermó [...]. Y cuando enfermó el rabí Yeojanán, hijo de Zakai [...]. Lámpara de Israel, columna derecha [...]. Pues si se enoja [...]. Y no lo puedo consolar [...]» (*véase* Berajot 28b).
17. **«El hombre necesitado ama la alegría».** Quien carece de todo ama la alegría, alegrarse siempre. **«Y quien ama el vino y el óleo, no enriquecerá».** Porque no ve ganancia con su sustento, sino que persigue tras el vino y el óleo.
18. **«El malvado es –tomado como– rescate por el justo; y en lugar de los rectos, el rebelde».** El malvado es lo opuesto al justo y el rebelde es lo opuesto al recto. Y dijo que el malvado es tomado por rescate del justo cuando fue decretado sobre el justo algún mal, entonces, el malvado será su rescate, porque el decreto vendrá sobre el malvado, y el justo no sabrá de su decreto en absoluto; y por un justo, un malvado será su rescate. Y cuando fue decretado un mal sobre los rectos, entonces, en lugar de muchos rectos vendrá un rebelde en rescate, y ellos son rescatados del decreto. Porque debido a que los rectos son más selectos que los justos, por eso, aunque viniera sobre ellos un decreto, no necesitan sino un rebelde en lugar de ellos.
19. **«Es preferible morar en tierra desierta que con mujer reñidora y colérica».** Porque quien mora con mujer reñidora, todos sus días son enojo y sufrimientos. Y la explicación es que la mujer reñidora se refiere a su cuerpo, cuando persigue tras su codicia y su enojo es constante, es mejor residir en el desierto para salvarse de eso.

20. «**En casa del sabio hay tesoro deseable y óleo**». Nuestros sabios, de bendita memoria, dijeron: tesoro se refiere la Torá, y deseable se refiere a los Profetas, y óleo se refiere a los Escritos Sagrados, y esos tres están en la casa del sabio (véase Midrash Tanjuma Deuteronomio 37, 9). «**Y el hombre necio lo consume todo**». Cuando estudia con un alumno que no es honorable, él lo consume todo.
21. «**Quien persigue la justicia y la bondad, hallará la vida, la justicia y el honor**». Como está escrito: «Prolongación de días en su derecha; en su izquierda riqueza y honra» (Proverbios 3, 16) (véase Shabat 63a).
22. «**El sabio ascendió a la ciudad de los fuertes y bajó a la fortaleza de su confianza**». Se refiere a la más selecta de las fortalezas. Y dijeron nuestros sabios, de bendita memoria, que «la ciudad de los fuertes» se refiere al cielo, que allí están los fuertes poderosos que cumplen su palabra. Y «el sabio ascendió» se refiere a Moisés. «Y bajó a la fortaleza de su confianza» se refiere a la Torá, que es lo más selecto de todo, porque todos la anhelan. Y también se denomina fortaleza, como está escrito: «El Eterno dará fortaleza a su pueblo; el Eterno bendecirá a su pueblo con paz» (Salmos 29, 11). Se denomina confianza *–betaj–*, como está escrito: «Y quien me oyere, habitará seguro *–betaj–*» (Proverbios 1, 33).
23. «**Quien guarda su boca y su lengua, guarda su alma de angustias**». Porque hay dos cabezas de los pecados y son la codicia y el habla, y en correspondencia con ellos hay dos juicios, el purgatorio y la Catapulta. El purgatorio por la codicia y la Catapulta por el habla. Y esos dos juicios están en un lugar muy angosto, como está escrito: «Porque la meretriz es pozo profundo; y la extraña es fuente estrecha» (Proverbios 23, 27). Y acerca de la Catapulta está escrito: «Los confines del pozo» (Isaías 14, 15). Y a esto se refiere lo que dijo: «Quien guarda su boca y su lengua, guarda su alma de angustias».
24. «**El presumido que es arrogante –al hablar– se llama burlador**». Se refiere al que no cuida su boca y va tras su codicia, y después se envanece. Tal como dijeron nuestros sabios, está

escrito: «y a mí me has arrojado [...]» (I Reyes 14, 9). Después de que comió y bebió y se envaneció [...]. Y a esto se refiere: «El presumido que es arrogante», y «burlador», es de su lengua. Y de eso surgirá también que «actúa con ira presuntuosamente». Y he aquí pensamiento, habla y acción. «Es arrogante», se vincula con el pensamiento [...].

25. **«La codicia del perezoso lo matará».** Porque codicia enriquecer, y esa codicia lo matará. «Porque sus manos se abstuvieron de trabajar». Y por eso no tiene y él codicia.
26. **«Ciertamente todo el día codicia; y el justo dará, y no se abstendrá».** Porque todos sus días codicia y no hace nada. Pero el justo tiene mucho y dará *–tzadaka–* a otros, y aun así no se abstendrá, porque le quedará mucho.
27. **«El sacrificio de los malvados es abominación».** Porque lo principal del sacrificio es que el hombre quebrante su orgullo y su enaltecimiento, y vuelva al Eterno por la maldad de sus acciones. Pero los malvados que no vuelven al Eterno de sus malos caminos, también el sacrificio de ellos es abominación. «Más aún, cuando lo trae con pensamiento de maldad». Es decir, cuando el sacrificio es robado u otro tipo de pecado.
28. **«El testigo engañador se perderá».** Tal como explicamos anteriormente, que quien estudió y se apartó perderá también todo lo que estudió, como está escrito: «La justicia del justo no lo salvará en el día de su culpa» (Ezequiel 33, 12). **«Y el hombre que oye».** Pues oye lección y exhortación, **«hablará perpetuamente»** de la Torá.
29. **«El hombre malvado se endurece en su enojo».** Es decir, es insolente ante su prójimo y no se avergüenza. **«Y el recto entiende su camino»**, por el cual debe ir, y también entenderá en forma recatada.
30. **«No hay sabiduría, y tampoco hay entendimiento y tampoco hay consejo contra el Eterno».** Consejo se refiere la percepción y sabiduría y entendimiento, es sabido. Y dijo que incluso cuando la persona reuniere a todos esos tres, no son nada ante el Eterno, es decir, lo que no acuerda con la voluntad del Santo,

bendito sea, como está escrito: «Porque no para los sabios pan [...]» (Eclesiastés 9, 11).

31. **«El caballo está preparado para el día de la guerra y la victoria es del Eterno».** Porque para ellos, lo importante de la guerra era el caballo, ya que el caballo tenía mucho éxito en su acción en la guerra. Y dijo que aunque el caballo está preparado para el día de la guerra, de todos modos la victoria del caballo es mentira, sino que la victoria es del Eterno.

XXII

1. **«Es más elogiable el buen nombre que la mucha riqueza; y la gracia es mejor que la plata y el oro».** Riqueza *–osher–* se refiere a aquel que tiene muchas posesiones y muchas casas llenas de todo lo bueno, y muchos animales y ganado esparcido por la tierra, como dijeron nuestros sabios: lo que está escrito: «Ashterot» (Deuteronomio 7, 13), indica que enriquece *–meashrot–* a sus amos (Julín 84b). Y el oro y la plata están cubiertos y resguardados –y no a la vista de todos–, y no todas las personas conocen su riqueza a través de eso. Y asimismo hay diferencia entre nombre y gracia, porque nombre significa que su nombre –su fama– se esparce en las lejanías de la tierra, y gracia, que halla gracia en los ojos de los que lo ven. Y a esto se refiere: «Es más elogiable el buen nombre que la mucha riqueza; y la gracia es mejor que la plata y el oro».
2. **«El rico y el pobre se encuentran; el Eterno hace a todos».** Es decir, en el nombre y la gracia, el bien de ellos se encuentra igualado, porque eso no depende de la riqueza ni del oro ni de la plata, sino del Eterno, y el Eterno hace a todos, por eso se igualan en eso.
3. **«El perspicaz ve el mal y se oculta».** Porque «hay quien perece sin juicio» (Proverbios 13, 23) del decreto sobre él, pero perece junto con ésos sobre los cuales fue decretado, y por eso el perspicaz se oculta a sí mismo. **«Y los tontos pasan y son afectados».** Aunque no fue decretado sobre ellos, pero debido a que no se ocultaron a sí mismos son tomados con ellos.
4. **«La finalidad de la humildad es el temor del Eterno; –y entonces hallará– riqueza, y honor, y vida».** Pues la recompensa de la

humildad es riqueza [...]. Porque hay dos malas cualidades, y ellas son: el de alma de amplitud y el de espíritu de altivez, y su opuesto: el afligido y el de espíritu humillado, como está escrito: «Porque así dijo el Excelso y Sublime, el que mora por la eternidad, y cuyo nombre es Santo: "Yo moro en lo alto y en la santidad, y con el afligido y de espíritu humillado, para hacer vivir el espíritu de los humillados y para vivificar el corazón de los afligidos"» (Isaías 57, 15). Y en la humildad se encuentran ambos: afligido, que es lo opuesto de alma de amplitud; y espíritu humillado, que es lo opuesto de espíritu de altivez. Y por eso la recompensa de la humildad son también dos cosas: riqueza, en correspondencia con su aflicción el Eterno amplía su frontera y deleita a su alma; y el honor en correspondencia con su espíritu humillado, y en correspondencia con el temor del Eterno por lo que le otorga vida, como está escrito: «El temor del Eterno para vida» (Proverbios 19, 23).

5. **«En el camino del tortuoso hay espinos y obstáculos».** Porque en el camino llano no se hallarán, debido a que rectifican caminos y senderos rectos. Pero cuando va en camino tortuoso allí hay espinos y obstáculos, pues no hay quien levante el tropiezo del camino tortuoso para que no los pisen las personas. Por eso: **«quien guarda su alma se alejará de ellos».**
6. **«Instruye al joven según su camino»**, mientras aún es joven, y entonces: **«incluso cuando envejezca no se apartará de él».**
7. **«El rico es señor de los pobres».** Porque los pobres están bajo el dominio del rico. **«Y el prestatario es siervo del hombre prestador».**
8. **«Quien siembra maldad, cosechará necedad».** Porque hay dos generalidades de las malas cualidades: el codiciador y el enojadizo, como hemos mencionado anteriormente. Y a esto se refiere: «quien siembra maldad *–avla–*», porque toma con maldad y engaño de su prójimo para satisfacer su codicia «cosechará necedad», porque se levantarán contra él y tomarán de él. **«Y la vara de su ira»**, porque los golpea con su ira, **«se acabará».**
9. **«El de buen ojo –misericordioso– será bendecido porque dio de su pan al pobre».** Y los sabios dijeron: «buen» se refiere a

Jacob que vivió ciento treinta años hasta que vino a Egipto y estuvo diecisiete años en Egipto. (El valor numérico de «buen *–tov–*» es diecisiete y el valor numérico de «ojo *–ain–*» es ciento treinta).

10. **«Expulsa al burlador y saldrá la contienda; y cesará el pleito y la humillación»**. Porque el hombre que se burla humilla siempre a todos, y por eso lo aborrecerán y vendrán a su casa para reñir con él; y también lo sacarán de su casa, al juez de la ciudad, y lo juzgará por eso. Y entonces el juez lo condenará a ser azotado, u ordenará hacerle alguna cosa humillante. Y a esto se refiere: «Expulsa al burlador» de tu casa. Porque cuando lo expulses de tu casa, entonces no vendrán sus aborrecedores a tu casa para reñir con él. Y a esto se refiere: «y saldrá la contienda *–madon–*». O sea, el comienzo de la riña. Y también: «cesará el pleito y la humillación».

    Se refiere a lo que ocurrirá después, cuando lo sacarán para juzgarlo con un juicio o humillación. Entonces, al expulsarlo de tu casa, aplacas de ti el juicio con que lo azotarán o la humillación con que lo humillarán.

11. **«Quien ama la pureza de corazón, y la gracia en sus labios, se corresponde a la voluntad del rey»**. Es decir, quien ama a aquel que su corazón es puro, y también ama a aquél en cuyos labios hay gracia, que es aquel que habla juicio y rectitud, es amigo del rey, porque ése es el camino del rey, amar a esos dos. Asimismo, Rey es el Santo, bendito sea, porque también el Santo, bendito sea, ama a quien le sirve con pureza de corazón y quien habla juicio y rectitud.

12. **«Los ojos del Eterno guardan la sabiduría y trastorna las palabras del contumaz»**. Los ojos del Eterno guardan a los justos para que no olviden la percepción; y a las palabras del engañador las trastorna para que se sepa su engaño.

13. **«El perezoso dijo: "El león está fuera; seré asesinado en medio de las calles"»**. «Fuera *–jutz–*» se refiere a un lugar apartado de la ciudad, y dijo que allí está echado el león; y «calles *–rejovot–*» se refiere a un lugar cercano a la ciudad. Y allí no se encuentra el león, o sea, dijo que allí será asesinado por asaltantes.

14. **«Pozo profundo es la boca de las extrañas»**. La boca que habla cosas extrañas vendrá a un pozo profundo. **«Quien el Eterno se irrite contra él»**. Es decir, quien escucha y calla, «caerá allí».
15. **«La insensatez está unida al corazón del joven»**. Es decir, el grande, incluso realizare insensatez en su corazón, sabe que es una insensatez y no está unido a ella, pero el joven, la insensatez está unida a su corazón, y aun así: **«la vara de la instrucción la alejará de él»**. Hasta que sea lejano en sus ojos realizarla.
16. **«Quien oprime al pobre para aumentar para sí, da al rico, y ciertamente le faltará»**. Quien oprime al pobre para aumentar para sí mucha riqueza, finalmente dará al rico y no al pobre, de modo que lo que da se considere justicia *–tzedaká–*, sino que da al rico; y el rico tampoco le hará una bondad por eso, sino que será para él solamente por faltante, o sea, «la faltará», y no le servirá para nada.
17. **«Inclina tu oído y escucha las palabras de los sabios y dispone tu corazón a mi sabiduría»**. De modo que la intención de tu corazón sea conocerme, como está escrito: «No se alabe el sabio [...]. Pues con esto se alabará el que hubiere de alabarse, con la aprehensión y el conocimiento de mí, porque yo, el Eterno, hago bondad, juicio y justicia en la tierra; pues esto deseo, dice el Eterno» (Jeremías 9, 22-23). Como dijeron nuestros sabios: «Determina con todo tu corazón percibir mis caminos [...]» (Berajot 17a).
18. **«Pues serán agradables porque las guardarás en tus entrañas»**. Cuando me percibas agradará a tu alma, como está escrito: «no es bueno sin percepción del alma» (Proverbios 19, 2). «Y la percepción agradará a tu alma» (Proverbios 2, 10). Y además, cuando llegues a percibir, las guardarás en tus entrañas. Y además **«estarán dispuestas igualmente en tus labios»**. Porque en ocasiones, aunque conoce el asunto en forma correcta y verdadera, no lo puede manifestar con sus labios y sacar a luz la sentencia, y se debe a que no está ordenada, como dijeron nuestros sabios: «Si vieres un sabio estudioso cuyo estudio le es duro como el hierro, se debe a que su estudio *–Mishná–* no está or-

denado en él» (Taanit 8a). Pero cuando guardes la percepción estará ordenado en ti y dispuesto en tus labios.

19. **«Te las he hecho saber también a ti hoy, para que tu confianza sea en el Eterno».** Como está escrito: «Él estableció testimonio en Jacob y puso la Torá en Israel. Pues ordenó a nuestros padres que hicieran saber a sus hijos, para que lo sepa la generación venidera [...]. Y pongan su confianza en Dios, y no olviden [...]. Y guarden sus preceptos» (Salmos 78, 5-7).

20. **«¿Acaso no te las he escrito por triplicado, con consejos y percepción?».** Lo que está escrito: «por triplicado» se refiere al Pentateuco, los Profetas y los Escritos Sagrados. «Percepción» se refiere al Pentateuco, y «consejos» se refiere a los Profetas y los Escritos Sagrados. Porque el consejo incluye dos asuntos: uno, que el Santo, bendito sea, habla con él su consejo, y el segundo, que el Santo, bendito sea, pone el consejo en su corazón; y son el espíritu de santidad y la profecía.

21. **«Para hacerte saber la autenticidad de las palabras de la verdad».** Es decir, el contenido de la intención de la autenticidad de las palabras de la verdad, y son el Pentateuco, los Profetas y los Escritos Sagrados. «Las palabras» se refiere a los Profetas y los Escritos Sagrados. Y «verdad» se refiere al Pentateuco. «Para que respondas con palabras de verdad». También se refiere al Pentateuco, los Profetas y los Escritos Sagrados. «A los que te envían». A quien te envió y te acompañó a este mundo, y se refiere a la Torá escrita y la Torá oral, como está escrito en el Zohar, que «con la columna de nube durante el día» (Éxodo 13, 22) se refiere a la Torá escrita, y «con la columna de fuego en la noche» (ibíd.) se refiere la Torá oral.

22. **«No robes al necesitado *–dal–* porque es necesitado».** *Dal se refiere* a un hombre que era rico y perdió sus bienes y se hizo indigente *–dal–*, pero aún no es pobre carente de todo. Y dijo que no le robes, aunque es necesitado y no tiene amigos, como está escrito: «y el necesitado, su amigo se aparta de él» (Proverbios 19, 4). Y no hay quien se levante por él, de todos modos, no le robes. Y a esto se refiere: «porque es necesitado». «Y no aflijas al pobre», porque no tiene qué robarle, ya que es pobre y

carente de todo, y quiere golpearlo «en la entrada», que allí se sientan los ricos del pueblo y los ancianos de la tierra, por eso dijo que no lo aflijas.

23. **«Porque el Eterno disputará la causa de ellos, y despojará el alma de sus despojadores».** Es decir, en correspondencia con el robo de los necesitados dijo que el Eterno disputará la causa de ellos; y en correspondencia con los que golpean a los pobres en sus cuerpos y en sus almas dijo que despojará el alma de sus despojadores.

24. **«No te hagas amigo del poseedor –*baal*– de ira –*af*–; y no vengas con el hombre –*ish*– irritante –*jema*–».** Ya hemos explicado que *af* se denomina al comienzo del enojo, e irritación –*jema*– es la acción que surge al final del enojo. Y dijo que no te hagas amigo del poseedor –*baal*–, porque no es ministro ni persona importante, sino un dueño de casa –*baal habait*–, y aunque no es poseedor sino de ira, no te hagas amigo de él. Y lo que está escrito «con el hombre –*ish*–», es un ministro, e «irritante». No vengas a él en absoluto.

25. **«Para que no aprendas sus senderos y tomes trampa para tu alma».** Es decir, para que no aprendas a ser también poseedor de ira u hombre irritante, y entonces serán tropiezo para tu alma, cuando seas poseedor de ira e irritación.

26. **«No estés con los que hacen convenios –*tokei caf*–».** Se refiere al garante receptor –*kablan*–, y él precede al préstamo, y da la mano –*caf*– a su prójimo, acordando que le pagará por éste, para que le preste. «Con los que salen garantes por deudas». Después de que el prestador le exige que pague, él es garante por él.

27. **«Si no tuvieres para pagar, ¿por qué –por tu causa, el prestador– tomará tu cama de debajo de ti?».** Como está escrito: «Permanecerás fuera, y el hombre al que le has prestado te traerá la prenda fuera [...]. Cuando se ponga el sol le devolverás la prenda [...]» (Deuteronomio 24, 11-13). Y los sabios dijeron que eso es específicamente con el que toma prestado, lo que no es así con el garante, que no necesita todo lo mencionado anteriormente, sino que puede tomar y quitar de él sus ropas y su cama debajo de él. Y a esto se refiere: ¿Por qué tomará [...]?».

28. **«No traspases las fronteras ancestrales –*olam*–, que fueron dispuestas por tus ancestros».** Por los cercos que están desde siempre –*olam*– y fueron dispuestos por tus ancestros. Y no digas que ahora no se acostumbra, sino guárdalos. Pero tú no innoves para ti cerco ni ninguna cosa en los caminos del Eterno, sino anda tras los talones del rebaño.
29. **«Si has visto hombre presto en su labor, estará ante reyes».** En correspondencia con el garante por su compañero, en relación con la Torá y la acción, dijo: «Si has visto hombre presto en su labor», en la Torá, y no sale garante por otros, él estará entre reyes, y son los sabios estudiosos, para estudiar junto a ellos. **«No estará ante pordioseros».** Esos que andan en la oscuridad y no realizan preceptos.

XXIII

1. **«Cuando te sientes a comer con un gobernante, entiende cabalmente lo que está delante de ti».** Es decir, entiende qué desea saber de ti. Y no comas con él aunque lo codicies mucho, porque no podrás apartarte tú mismo de su comida por tu gran deseo de eso.
2. **«Y pon cuchillo a tu garganta si eres poseedor de alma –de entendimiento–».** Si no puedes levantarte ante él –el Mal Instinto– para salvarte de él, alecciónate a ti mismo y espera hasta que se vaya de ti, y entonces estudia.
3. **«No codicies sus delicias, ya que es pan de engaño».** Que el Mal Instinto no te precipite diciendo: ¿en qué me dañará si estudio por placer o por –ser llamado– rabino? Eso es muy agradable en el momento del estudio; y «su alma encenderá brasas» (Job 41, 13) para estudiar con amor y su deseo por la Torá aumentará. Responde a sus palabras y no codicies sus delicias. Porque te dañará en dos cosas: una, porque en el momento en que estudies, tu concentración estará dirigida a asuntos de orgullo; y la segunda, por el engaño con que te engaña tu instinto. Y además, «ya que es pan de engaño». Porque cuando aparte su yugo de tu cuello y vayas tras la inclinación, entonces no estudiarás en absoluto. Como dijeron nuestros sabios: «Todo amor que depende de un factor determinado, cuando ese factor desaparece, el amor desaparece. Pero aquel amor que no depende de un factor determinado, no desaparece jamás» (Avot 5, 16).
4. **«No te fatigues por hacerte rico».** Corresponde a lo que es útil; porque quien estudia por lo que es útil, lo hace para reunir y atesorar muchos conocimientos y leyes para conocerlas, y en el

momento de su estudio no tiene provecho de eso. Y a esto se refiere lo que dijo: «**No te fatigues por hacerte rico**» para aumentar y estudiar. «**Con tu entendimiento desiste**». Pues has de entender que cuando termines este tratado, entonces lo sabrás completo y sacarás a luz su juicio, lo que no es así si desistes de eso.

5. «**–En ocasiones–, haces un movimiento de ojos y –la riqueza– ya no está, porque se hará alas; como águilá volará al cielo**». Cuando hicieres según tu mal pensamiento, entonces no tendrás en absoluto, porque todo se volará de ti y no quedará nada en tu mano.
6. «**No comas el pan del avaro** *–ra ain–* **y no codicies sus delicias**». Corresponde a el bien, que lo opuesto es el mal. Y dijo que no estudies de aquel que es avaro *–ra ain–,* y no quiere enseñar, sino que lo hace por una razón particular de él, a causa de dinero u otra cosa.
7. «**Porque como lo que estima en su interior, así es él; "come y bebe", te dirá, y su corazón no está contigo**». Para que estudies con él, pero su corazón no está contigo, sino para satisfacer su intención.
8. «**Vomitarás el pan que has comido**». Pues vomitarás tu estudio que has estudiado, también lo del comienzo, que has estudiado sin él, y con lo que estudias de él «**arruinarás tus palabras agradables**».
9. «**No hables a oídos del necio**». Corresponde a lo que fue mencionado anteriormente, pues dijo tres cosas: lo bueno, lo agradable y lo útil; y hay una adicional que es la sabiduría. Y a esto se refiere lo que dijo, que «no hables a oídos del necio» tu sabiduría. «Porque despreciará la sensatez de tus palabras». Por falta de conocimiento despreciará la veracidad de tus palabras. Y dijo tres cosas en correspondencia con el alumno, y aquí se refirió al maestro. Porque a los tres grados mencionados anteriormente los reciben, pero a la sabiduría la da.
10. «**No traspases las fronteras ancestrales** ***–olam–***». La expresión *olam* significa también «mundo» y asimismo «eterno». Tal como explicaron los sabios, se refiere a dejar las espigas sueltas que

cayeron, lo que fue olvidado, y el extremo del campo –para los necesitados–, y su entrega está determinada en la Torá, y dijo que no traspases las fronteras ancestrales *–olam–*. **«Y no vengas a campo de huérfanos –a recoger para ti–».** Porque está prohibido ir al campo del prójimo, y las demás personas es posible que te perdonen, pero los huérfanos no están facultados para perdonar (y se les asigna un tutor), por eso, no vayas en absoluto a los campos de ellos.

11. **«Porque el Redentor de ellos es poderoso».** No debes considerar: ¿quién reclamará por ellos? He aquí que no tienen redentor para fortificarse en el asunto que les concierne. Y lo mismo con las espigas caídas y lo olvidado –en el campo– [...]. También es dinero que no tiene reclamadores, porque no pueden reclamar. No digas así porque su Redentor es poderoso. Es decir, está próximo a ellos, como está escrito: «porque tú eres Redentor» (Rut 3, 9). Y él se fortificará por esos huérfanos. Y en correspondencia con las fronteras ancestrales *–olam–*, porque te abstienes de dar las espigas caídas, y lo olvidado –al recolectar–, y el extremo –del campo–, dijo: **«Él disputará la causa de ellos contra ti».** Como está escrito: «Y os mataré con espada» (Éxodo 22, 23). Porque eso viene por el pecado con los presentes para los pobres.
12. **«Trae tu corazón a la instrucción y tus oídos a los dichos de sabiduría».** Porque toda cosa que el corazón de la persona codicia, y el deseo de su alma orienta a ella, eso se concreta; lo que no es así si no instruye su corazón para eso, incluso lo haga, no se concreta. Por eso dijo que traigas tu corazón a la instrucción, para que descanse en tu corazón muchos días. Y asimismo, inclina «tu oído» para que codicie correr siempre para oír «los dichos de sabiduría».
13. **«No impidas instrucción al joven»** para castigarlo siempre, porque de ese modo, **«cuando lo golpeares con vara, no morirá»** por eso. Y además, a través de eso no morirá en su mal camino una muerte eterna.
14. **«Tú lo golpearás con vara y salvarás a su alma del Seol».** Es decir, cuando lo golpees con la vara aquí para apartarlo del mal camino, tú solamente lo golpearás, y solamente con la vara, y

también lo golpearás en su cuerpo, y a través de eso lo salvarás de los golpes de los ángeles dañadores, y también del Seol, y también a su alma.

15. **«Hijo mío, si tu corazón fuere sabio, también yo me alegraré en mi corazón».** Porque el padre y su hijo provienen de una misma raíz. Y cuando el hijo se torna sabio en su corazón y se alegra, aunque su sabiduría no se revele fuera, en su palabra, inmediatamente también el corazón del padre se alegra, tal como una piedra magnética, que cuando se la divide en dos, cuando una parte se mueve, también la segunda parte se moverá, aunque esté lejos, en el extremo del mundo.
16. **«Y mis riñones se regocijarán cuando tus labios hablaren rectitudes».** Al comienzo se refirió a la sabiduría de la Torá, y ahora dijo «tus labios», para ir por el camino recto. Y a esto se refiere: «rectitudes». Y los riñones aconsejan por qué camino ir, por eso, también «mis riñones se regocijarán». Y se refiere a la percepción, por eso dijo: «cuando tus labios hablaren».
17. **«Tu corazón no envidie a los pecadores –que prosperan–».** Tu corazón no envidie el éxito de los pecadores en este mundo, **«sino, en el temor del Eterno».** Envidia al que hay en él temor del Eterno, y no digas suficiente, sino envidia «todo el día». Y todos los días de tu vida serán con el temor del Eterno. Y la envidia despertará riña con tu Mal Instinto para someterlo.
18. **«Porque hay un fin».** Es decir, cuando hay envidia por el temor del Eterno, y no por los pecadores, entonces, en el final de tus días: **«tu esperanza no será tronchada».** Porque tu Amo es fidedigno y te otorgará la paga por tu labor, como dijeron nuestros sabios: «No está sobre ti culminar la labor, y –aun así– no eres libre para anularla; si has estudiado mucha Torá, se te otorgará mucha paga; y tu Amo –el Santo, bendito sea– es fidedigno y te otorgará la paga por tu labor; y sabe que el pago de los justos se entregará en el Mundo Venidero» (Avot 2, 16). Y debes –analizar y– juzgar por ti mismo: si a los pecadores no les escatimó el pago por sus preceptos, de otorgarles en este mundo, si con los malvados es así, con los justos, cuánto más y más, como está escrito: «Y confía porque hay esperanza» (Job 11, 18).

19. «**Tú, hijo mío, oye y sé sabio**». Aunque los pecadores endurecieron sus oídos para escuchar, tú escucha y sé sabio. «**Y encauza tu corazón al camino**». Para que vayas por un camino recto y llano, y éste está fuera, y tiene interior y exterior.
20. «**No estés con los bebedores de vino**». Y no vayas con los bebedores de vino que van a las tabernas a beber vino, y corresponde a: «y encauza tu corazón al camino [...]». «**Con los devoradores de carne, para ellos**». Porque siempre comen carne en sus casas y codician las codicias de este mundo, y dijo que no estés con ellos.
21. «**Porque el bebedor y el devorador empobrecerán; y el dormilón vestirá andrajos**». Tal como mencionamos anteriormente, porque dormita en el momento de su estudio y su Torá se convierte en andrajos; porque estudia al comienzo y después interrumpe y después estudia, y así cada día, y es como un vestido andrajoso. Pero el bebedor y el devorador, que no estudia en absoluto, él empobrecerá, porque olvidará todo lo que estudió.
22. «**Oye a tu padre, éste que es tu progenitor; y no desprecies a tu madre cuando envejeciere**». Porque en el hombre hay tres conductores: su padre, su madre y su maestro, y en correspondencia con ellos las tres partes de la Torá: Torá escrita, Torá oral y los secretos de la Torá. Como dijeron nuestros sabios: su maestro se refiere a quien le enseñó sabiduría. Y a esto se refiere: «Oye a tu padre», que es la Torá escrita. «Éste que es tu progenitor» se refiere a los secretos de la Torá. «Y no desprecies», que tu madre envejeció, y corresponde a la Torá oral, que al comienzo era Mishaniot, y después Guemará, y después los sabios denominados Gueonim, los Primeros y los Postreros, y ellos resumieron y explicaron; aun así, no –los– desprecies, y no digas que no hay con nosotros alguien que no conoce algo de la Torá oral.
23. «**Adquiere verdad, y no la vendas; sabiduría, instrucción y entendimiento**». Porque en la Torá hay cuatro partes y son: el sentido llano, las insinuaciones, las disertaciones y los secretos. Y el sentido llano es conocido por todos, pero las insinuaciones y las disertaciones y los secretos, para aprehenderlos se requiere

esfuerzo, como está escrito: «Para conocer sabiduría e instrucción; para entender palabras de entendimiento» (Proverbios 1, 2). Y el sentido llano de los versículos de la Torá se denomina verdad, porque ningún versículo sale de su sentido llano, y en éstos, es decir, en el sentido llano de los versículos, se invisten las insinuaciones, las disertaciones y los secretos, y todo está orientado según la dirección llana esto frente a esto. Y a esto se refiere lo que dijo: «verdad». Aunque en el sentido llano no necesitas esforzarte en su entendimiento y también es sabido por todo hombre, de todos modos, «adquiere». Y «sabiduría, instrucción y entendimiento», corresponden a las insinuaciones, las disertaciones y los secretos, aunque te debes esforzar mucho en eso, aunque así sea, **«no la vendas»**, sino estudia gratis.

24. **«Ciertamente el padre del justo se regocijará –*guil*–; y quien procrea sabio se alegrará –*ismaj*– con él».** La diferencia entre regocijo –*guil*– y alegría –*simjá*– es que regocijo viene por un asunto constante, y alegría viene por un asunto nuevo, por ejemplo, con el nacimiento de un hijo a la persona; entonces, con su nacimiento, su padre se alegrará, y después, todos los días del hijo serán regocijo para su padre. Y lo que está escrito: «el padre del justo» se refiere a su maestro. Y «se alegrará con él», indica que se renovará su alegría por las nuevas –revelaciones– de su sabiduría.

25. **«Alégrense tu padre y tu madre; y regocíjese quien te engendró».** Después, cuando vaya del maestro a la casa de su padre y su madre y llegue allí, entonces su padre y su madre se alegrarán con él, cuando vean y escuchen sus nuevas revelaciones de la Torá día tras día. Y a esto se refiere: «Alégrense tu padre y tu madre». Porque para ellos la alegría se renovará al ver y oír sus nuevas revelaciones siempre, lo que no es así con su maestro, que no se regocijará sino porque a través de él llegó a alcanzar las revelaciones de la Torá. Porque él le enseñó sabiduría, pero no sabe de sus nuevas revelaciones estando en casa de su padre, y por lo tanto, en relación con su maestro corresponde el término regocijo. Y a esto se refiere: «y regocíjese quien te engendró».

26. «**Hijo mío, dame tu corazón; tus ojos guarden mis caminos**». Porque lo principal del estudio de la Torá es para conocer el camino apropiado y recto para ir por él, para servir al Eterno y que su pie no tropiece, como está escrito: «Pues con esto se alabará el que hubiere de alabarse, con la aprehensión –*askel*– y el conocimiento de mí» (Jeremías 9, 23). Y *askel* es conocer el camino por el cual andará. Y «el conocimiento de mí», es conocer al Santo, bendito sea, como está escrito: «Conoce al Dios de tu padre y sírvelo» (I Crónicas 28, 9). Y conocer su nombre, bendito sea, es también lo principal del servicio, y es conocer el camino por el cual andar.

27. «**Porque la meretriz es pozo profundo; y la extraña es fuente estrecha**». En correspondencia con «tu corazón» y «tus ojos», que son interior y exterior, dijo también aquí: «meretriz» y «extraña», que son la codicia y la avidez, y son también interior y exterior. La codicia es interior, porque se sienta en su casa y colma la codicia de su cuerpo, y la avidez es exterior porque va en persecución del dinero por las ferias y las calles. Y dijo: «es pozo profundo [...]», porque respecto al Jardín del Edén está escrito: «Y Yo te haré subir sobre las alturas de la tierra» (Isaías 58, 14). Y es en un lugar muy alto. «Y te daré a comer la heredad de Jacob tu padre» (ibíd.). Es decir, una heredad sin fronteras. Pero el purgatorio es lo opuesto, pues en correspondencia con «las alturas de la tierra»: «la extraña es fuente estrecha», y en correspondencia con «una heredad sin fronteras»: «pozo profundo».

28. «**También ella acosa como secuestrador**». Es decir, no sólo el que persigue tras la codicia y la avidez finalmente caerá allí, sino que «también ella acosa», en pos de él, como está escrito: «A veces estaba fuera, a veces en las calles, o acechando junto a toda esquina» (Proverbios 7, 12). Cuando se aparte un poco de la Torá, entonces ella lo cogerá repentinamente y lo hará caer al pozo. «**Y aumenta rebeldes entre los hombres**». Para que no digas que no acosa sólo a los sabios estudiosos, sino también a los rebeldes, para hacer caer el alma de ellos al pozo.

29. «**¿Para quién –*oy*– será el lamento, para quién –*avoy*– la queja, para quién las riñas, para quién las palabras –vacías–; para**

quién las heridas vanas; para quién el enrojecimiento de ojos?». Aquí dijo seis cosas, tres en correspondencia con tres. Cuando el hombre se aparta del camino del bien y persigue tras su codicia para llenar su garganta con vino, entonces tres tipos de personas lo afligen y claman por la maldad de sus acciones: los miembros de su casa, sus parientes y las demás personas que no son parientes suyos. Y a esto se refiere: «¿Para quién será *–oy–»?* Se refiere a las personas que claman: «Ay de él, porque persigue el vino y abandona su sustento». Y dijo: por quién dicen: *«oy»* ¿y por quién *«avoy»?* Se refiere a los que claman ellos mismos *avoy* porque no tienen qué comer y las demás necesidades, y se refiere a los miembros de la casa del que persigue tras el vino, porque ellos gritan *avoy* porque él da todo lo que hay en la casa por el vino. **«¿Para quién las riñas?»**. Se refiere a sus parientes que riñen con él por su embriaguez, y él también los avergüenza. **«¿Para quién las palabras?»**. Se refiere a los que están en su casa, que hablarán no delante de él por su maldad, que es muy grande. **«¿Para quién las heridas?»**. Se refiere a los lejanos, ya que en el momento de su embriaguez golpea a personas, y ellos también lo golpean y le provocan heridas. **«¿Para quién el enrojecimiento de ojos?»**. Porque muchas personas se reunirán junto a él y se burlarán de él.

30. **«Para los que se demoran con el vino, para los que vienen en busca de mistura»**. A esto se refiere: «¡Ay de los que se levantan de madrugada y van en persecución del vino embriagante, y después, en el atardecer, son encendidos por el vino!» (Isaías 5, 11). En el versículo se modificó el lenguaje y dijo respecto a la mañana: «vino embriagante» y «persiguen», y junto al «vino» dijo: «atardecer» y «encendidos». Y la explicación del asunto es que en el momento en que se levanta en la mañana y debe ir a su trabajo y a su actividad, y desea beber vino, pero no tiene un tiempo libre para fijar para sentarse a beber vino, debido a su gran precipitación por ir a su trabajo, por eso, persigue tras el vino embriagante, que es vino añejo muy fuerte, y no necesitará beber mucho de él para embriagarse, y llena su codicia con lo poco que bebe, y se embriaga. Y después, cuando cae

el sol y termina el día, viene por la noche a su casa y entonces se sienta de modo fijo para beber mucho vino, de modo que su beber se prolongue mucho, y bebe mucho hasta embriagarse.

31. **«No mires el vino cuando enrojece»**, y parecerá en tus ojos que seguramente también su sabor es muy bueno, porque no es así, sino **«cuando –el hombre– pone su ojo en el vaso»**, porque su aspecto se debe al vaso, **«anda en rectitudes»**.

32. **«Finalmente morderá como serpiente»**. En correspondencia con los tres asuntos mencionados anteriormente dijo también tres. Es decir, en correspondencia con el sabor dijo: «Finalmente morderá como serpiente». **«Y como víbora –*tzefa*– que envenena se apartará»**, del mundo.

33. **«Tus ojos verán extrañezas»**. En correspondencia con el aspecto dijo: «Tus ojos verán extrañezas». Porque el ebrio en el momento de su embriaguez ve con sus ojos cosas extrañas a la razón, y eso es lo que parece en sus ojos como si fuera que debajo de él girara como un maremoto, y eso es por la confusión de su razón. **«Y tu corazón hablará controversias»**. Asuntos controvertidos, que una cosa no se corresponde a la otra, y las hablas juntas; y también en lo referente a la captación de tu corazón.

34. **«Y serás como el que se acuesta en el corazón del mar –sobre la embarcación, por los movimientos de la nave a causa de la tempestad–, o como el que se acuesta en el extremo del mástil»**. Corresponde a: «anda en rectitudes». Y dijo que no podrás ir en absoluto, sino que será como si estuvieras acostado en el corazón del mar, o sea, un muerto concretamente; y el que se sienta en una embarcación, en el lugar del capitán, tiene temor y pánico de no caer al mar. Y corresponde a ambas cosas conjuntamente: cuando se acuesta en el mar y es muerto, pero también su corazón tiembla y teme de pánico por si caerá al mar.

35. **«Y –aún semidormido– dirás: "Me golpearon –estando bajo el efecto del vino– y no enfermé, me azotaron y no lo sentí; cuando despierte volveré a buscarlo nuevamente"»**. No digas que beberás vino y lo probarás, y si es bueno me apegaré a él, y si es malo lo abandonaré y lo dejaré. Porque cuando te apegues a él agradará a tu paladar también lo malo de él y sus golpes.

XXIV

1. **«No envidies a los hombres malos y no desees estar con ellos».** Es decir, no envidies la prosperidad de los hombres malos; y no sólo no codicies hacer la maldad que ellos hacen, sino tampoco estar con ellos no codicies en absoluto, sino aléjate de la entrada de sus casas.
2. **«Porque el corazón de ellos piensa en despojar *–shod–* y sus labios hablan perversidad *–amal–*».** La diferencia entre *shod* y *amal* es que *shod* se refiere a lo que uno toma de su prójimo por la fuerza en forma revelada, y por eso su corazón piensa siempre para elaborar ardides para quitar de los demás. Y *amal* es que se nota lo que piensa sobre su prójimo. Y a esto se refiere: «y sus labios hablan perversidad *–amal–*». Porque las bocas de ellos hablan siempre de robar, y corresponde a pensamiento, habla y acción.
3. **«La casa se edificará con sabiduría y se afirmará con entendimiento».** Pero «la casa se edificará con sabiduría» se refiere al cuerpo, con los preceptos activos y con los preceptos pasivos. «La casa se edificará», con los preceptos activos, «y se afirmará», con los preceptos pasivos.
4. **«Y los compartimientos se llenarán de todo tesoro preciado y agradable con percepción».** Corresponde a la cabeza de los miembros en los cuales moran el alma existencial, el espíritu y el alma suprema. Y ellos son: «todo tesoro preciado y agradable con percepción». Y corresponden a las tres facultades cerebrales, en correspondencia con las tres facultades del cerebro cósmico denominadas sabiduría, entendimiento y comprensión.

5. **«El varón sabio *–jajam–* es fuerte *–maoz–*».** Como está escrito: «La sabiduría fortalece *–taoz–* al sabio más que diez poderosos que hubiera en una ciudad» (Eclesiastés 7, 19). Es decir, los diez miembros del cuerpo, y los diez dedos, y eso es en el interior. «Y el hombre perceptivo, fortalece *–meametz–* la fuerza», en el exterior. Como está escrito: «Fortifica *–jazak–* y fortalece *–ematz–*» (Josué 1, 6). *Jazak* en el exterior, y *ematz* en el interior. Y se refiere a la Torá, que lo dota de fortificación y le da fuerza.
6. **«Porque harás guerra con estrategias».** Corresponde a los preceptos, que son preceptos activos y preceptos pasivos. Porque por ellos necesita guerra, es decir, guerrear contra el Mal Instinto que lo acosa para anularlo de los preceptos activos y lo incita a transgredir los preceptos pasivos. **«Y la salvación, con buen consejero».** Se refiere a los secretos, que requieren consejo.
7. **«La sabiduría es para el necio piedra preciosa»** –difícil de obtener–, e incluso se encuentre próximo a él, aun así, «no abrirá su boca en la entrada donde se sientan los sabios–».
8. **«A quien piensa en hacer el mal».** No se refiere al que no hace el bien, sino al que piensa en hacer el mal, «lo llamarán hombre de malas cavilaciones». Todos.
9. **«La cavilación del necio es pecado *–jatat–*; y la burla, abominación a los hombres».** Es decir, la cavilación del necio es para su necedad, ese mismo pensamiento será para él por falta *–jatat–* y por quebranto del alma. Y la expresión *jatat* proviene de la expresión que indica falta y carencia, como está escrito: «Yo y mi hijo Salomón *jataim*» (I Reyes 1, 21). Y el burlador es abominación para todo hombre, porque el burlador es abominable a los ojos de todos.
10. **«Si fueres flojo en el día de la aflicción –de tu compañero, para ayudarlo–, se estrechará tu –propia– fuerza».** Tal como se explica en el versículo siguiente.
11. **«Si escatimares en salvar a los tomados para la muerte; a los destinados al exterminio».** Es decir, cuando aflojares de salvar a los que son tomados para la muerte, o cuando escatimes de ti mismo salvar a los dispuestos para ser matados, y son los que están dispuestos para ser juzgados –y determinar– ser matados

o no, y cuando aflojares de salvarlos en el día de su estrechez, entonces «se estrechará tu –propia– fuerza».

12. **«Porque si dijeres: "Ciertamente no sabíamos eso"».** Es decir, si te justificas a ti mismo de eso diciendo: «ciertamente no sabíamos [...]», que no sabías que estaba en tu poder salvar, «¿acaso no lo entenderá quien sondea los corazones, y lo sabrá el que guarda tu alma? Y devolverá al hombre según sus acciones». Y también corresponde a pensamiento, habla y acción, en correspondencia con los tres asuntos mencionados anteriormente. Es decir, «sondea los corazones» se refiere al pensamiento; «guarda tu alma» se refiere al habla; «devolverá al hombre» se refiere a la acción. Porque el habla se vincula con el alma, como está escrito: «y el hombre fue un ser con alma de vida» (Génesis 2, 7), y Onkelus tradujo: «con espíritu parlante».
13. **«Hijo mío, come miel, porque es buena».** Es decir, la buena miel, que no se vomita, pero «y la miel destilada, es dulce a tu paladar», a ella también comerás. La miel se refiere a comprender, entendimiento y capacidad cognitiva, y todas están incluidas en la percepción; y la miel destilada se vincula con la sabiduría. Y a esto se refiere: «Así será la percepción de la sabiduría» (Proverbios 24, 14).
14. **«Así será la percepción de la sabiduría para tu alma».** Porque la sabiduría *–jojmá–* es oculta y no se la ha de revelar, por eso dijo: «para tu alma». Y también: «si la hallares». Porque para eso se necesita mucho esfuerzo. **«Y hay –con ella– posteridad».** Se refiere el entendimiento, porque la sabiduría es el comienzo, como está escrito: «el comienzo es la sabiduría, y el entendimiento, la posteridad» (Salmos 111, 10). **«Y tu esperanza no será tronchada».** En el Mundo Venidero, porque tu Amo –el Santo, bendito sea– es fidedigno y te otorgará la paga por tu labor (Tratado de Avot 2, 16). Y se refiere a la percepción.
15. **«Malvado, no aceches la casa *–neve–* del justo; no despojes su morada *–ribtzo–*».** Porque el malvado acosa el justo y quiere matarlo, como está escrito: «Acechando junto a toda esquina» (Proverbios 7, 12). Porque si abandona un poco la Torá lo coge inmediatamente. Por eso dijo: «Malvado, no aceches la casa del

justo [...]». Y la diferencia entre *neve* y *ribtzo* es que *ribtzo* es un lugar en el que mora circunstancialmente, y *neve* el lugar principal donde vive, su casa. Y a esto se refiere lo que dijo: «No aceches la casa del justo», que es en el Mundo Venidero, que allí está su casa, su lugar principal para vivir, y allí es la casa del alma existencial, el espíritu, y el alma suprema. Y «no despojes su morada *–ribtzo–*», en este mundo.

16. **«Porque el justo cae siete veces y se levanta; y los malvados tropezarán con el mal».** Se vincula con lo que fue mencionado anteriormente: «no aceches [...]». Porque incluso un justo cayere siete veces y no hubiere quien lo ayude, incluso así se levantará, porque el Eterno, bendito sea, lo ayudará para que se levante a sí mismo. Y los malvados, incluso muchos malvados juntos, de todos modos, tropezarán con el mal, o sea, uno. Es decir, permanecerán con el mal y tropezarán con él sin levantarse jamás.

17. **«No te alegres con la caída de tu enemigo».** Es decir, aunque veas al malvado permanecer en su mal, no te alegres con su caída, es decir, en el comienzo de su caída, inmediatamente, no te alegres, porque entonces corresponde el término alegría, que es algo nuevo, y viene de cerca, y después: «y cuando tropiece», cuando permanece en su mal, que entonces corresponde el término regocijo, que viene por un asunto constante. Y así aquí, el malvado permanece en su mal constantemente, y además, como le es habitual hablar acerca de él, por eso dijo: **«no se regocije tu corazón».** Es decir, cuando lo recuerdes, no se regocije tu corazón.

18. **«Por si el Eterno ve y es malo ante sus ojos».** Es decir, al comienzo de su caída, cuando te alegres entonces en forma revelada, dijo: «Por si el Eterno ve», porque el término "visión" corresponde a un asunto revelado; y también después, cuando se regocije tu corazón por el tropiezo de él en oculto, dijo: «malo en sus ojos», es decir, un asunto que sólo sus ojos ven. «Y hace volver de sobre él su enojo». Es decir, que haga volver de él su tropiezo, y también: «su enojo», con que se enojó con él al comienzo.

19. **«No te entreveres con los hacedores de mal; no envidies a los malvados».** Para ser como los hacedores de mal y los malvados, pues ya que tú ves su éxito, de todos modos, no te entreveres para ser como ellos.
20. **«Porque no habrá posteridad para el mal».** Porque su final será que «como perecerá para siempre su deposición» (Job 20, 7), y no tendrá posteridad. «La lámpara de los malvados se apagará». Su lámpara se extinguirá. Es decir, debido a que la Torá es luz, y a la luz no se la puede apagar como a una lámpara. Pero los preceptos son lámpara, por eso, un pecado apaga al precepto, y los preceptos se vinculan con el alma existencial *–nefesh–* y el espíritu *–ruaj–*, y por eso la lámpara *–ner–* de ellos se apagará. (Las iniciales de *nefesh* y *ruaj–* son las letras *nun* y *reish,* las mismas letras con que se escribe la expresión *ner,* que significa «lámpara»).
21. **«Hijo mío, teme al Eterno y al rey; no te mezcles con los veleidosos».** Es decir, no te mezcles con los que hacen mal y los malvados, sino teme al Eterno. Como dijeron nuestros sabios: está escrito: «Teme *–et–* al Eterno tu Dios» (Deuteronomio 6, 13). Viene a aumentar a los sabios estudiosos. Y a esto se refiere: «Hijo mío, teme *–et–* al Eterno», y también a los sabios estudiosos, y mézclate con ellos. Pero «con los veleidosos *–shonim–*», es decir, esos que se modificaron *–shinu–* a sí mismos, que al comienzo eran buenos y después se convirtieron en malos, con ellos: «no te mezcles». Aunque veas que prosperan mucho.
22. **«Porque su quebranto se levantará en forma repentina; ¿y quién conoce el quebrantamiento de ambos?».** Para que no digas: «Iré con ellos hasta que venga sobre ellos la aflicción y después me apartaré de ellos». Por eso dijo que no vengas con ellos, porque su quebranto se levantará en forma repentina, contra ellos y contra esos que se mezclaron con ellos.
23. **«También éstos son para los sabios: el –hacer dictamen por– conocimiento de rostro en el juicio no es bueno».** Porque los hombres de la Gran Asamblea fueron quienes ordenaron los Profetas y los Escritos Sagrados. Y en el libro de los Salmos, que fue dicho por el rey David con espíritu de santidad, también orde-

naron allí asuntos de alabanza y agradecimiento a Dios, bendito sea, que fueron recopilados por otros hombres con espíritu de santidad. Y en el comienzo de esos asuntos escribieron el nombre del compilador como: Cántico de Asaf, o Plegaria de Moisés, o similares. Y asimismo en el libro de los Proverbios recopilaron todas las sabidurías y las lecciones correspondientes al servicio al Eterno, bendito sea; y en el final del libro fijaron las palabras de Agur y también las palabras de Lemuel, como está escrito más adelante. Y a esto se refiere lo que dijo aquí: «También éstos son para los sabios». Es decir, los sabios recopilaron esto con espíritu de santidad, y por eso más adelante dijo: «También éstos son proverbios de Salomón» (Proverbios 25, 1). Porque se interrumpió con las palabras de otros sabios.

24. **«Quien dijere al malvado: "Eres justo", las naciones lo maldecirán, y los pueblos se airarán con él».** Porque adula al malvado al decirle: «Eres justo». Por eso: «las naciones lo maldecirán» se refiere a los sabios, «y los pueblos se airarán con él» se refiere a los reinos.

25. **«Y a quienes lo reprendieron, agradarán; y sobre ellos vendrá buena bendición».** Es decir, a los aduladores, aunque ellos adulen a los malvados, los maldecirán. Pero a los que reprenden las palabras de ellos para que no adulen, agradarán, porque serán agradables entre las personas. «Y sobre ellos». Sobre los jueces que no son parciales en el juicio, «vendrá buena bendición». Lo opuesto a los que son parciales, acerca de los cuales dijo: «no es bueno» (Proverbios 24, 23).

26. **«Sus labios se besarán».** Es decir, sus labios son apropiados para ser besados. Asimismo, esos que oyen sus palabras besarán sus labios éste con éste sin poder responder a sus palabras, porque «responde palabras correctas». Porque responde con palabras contra ellos, lo que hicieron inapropiadamente, y les muestra el buen camino por el que han de andar.

27. **«Prepara fuera tu labor».** Ocúpate de la mercancía. «Y disponla *–atda–* en el campo». Pues tienes animales *–atudim–* en el campo, y **«después edificarás tu casa».** Cásate con una mujer.

28. «**No testifiques de balde contra tu prójimo**». Es decir, no seas único testigo contra un hombre. Y a esto se refiere lo que dijeron: «Tuvia pecó, y Zigud es azotado» (Pesajim: 113b) (Como está escrito: «No se levante un testigo contra un hombre [...] [Deuteronomio 19, 15]). Porque saca mal nombre de él. Y a esto se refiere: «**y no persuadas con tus labios**». Porque no es sino sacar mal nombre.
29. «**No digas: "Le haré así como él hizo conmigo, le devolveré al hombre conforme a su acción"**». La explicación del asunto es que el hombre no debe decir: haré al Santo, bendito sea, tal como me ha hecho a mí, pues creó el Mal Instinto y yo iré tras él. Sino esfuérzate en la Torá, y el Eterno te ayudará, como dijeron nuestros sabios: «Me he esforzado y he hallado [...]» (Meguilá 6b).
30. «**Pasé por el campo de un hombre –*ish*– perezoso, y por el viñedo de un varón –*adam*– falto de corazón –entendimiento–**». Como está escrito: «Venid, comed mi pan y bebed del vino que he mezclado» (Proverbios 9, 5). «Mi pan» se refiere a las leyes –*halajot*– y las disertaciones de la Torá, y vino se refiere a las enseñanzas denominadas *agadot,* pues allí están escondidos todos los secretos. Y a esto se refiere: «Pasé por el campo de un hombre perezoso», poseedor de *halajot,* y era perezoso con ellas, porque para eso se requiere esfuerzo, «y por el viñedo de un varón falto de corazón –entendimiento–», poseedor de *agadot,* que allí están escondidos todos los secretos de la Torá, por eso dijo: «falto de corazón». Y dijo *adam,* que se vincula con la sabiduría, e *ish,* que se vincula con las leyes.
31. «**Y he aquí que ascendieron espinos en la totalidad de éste**» se refiere a las espinas que crecen alrededor del campo, «**y su superficie estaba cubierta de malezas**» se refiere las hierbas que queman las manos del que las toca y hacen arder la mano, «**y el cerco de piedra estaba destruido**» se refiere a los preceptos.
32. «**Y yo observé –*veejeze*– y lo dispuse en mi corazón**». *Ejeze* es cubriendo y cerrando los ojos, y se refiere al viñedo del falto de corazón –entendimiento–, y cubrí los ojos de eso, y puse mi co-

razón en eso, y también «vi», en forma revelada, el campo de un hombre perezoso, **«y tomé lección»**, para no ir en sus caminos.

33. **«Pocos sueños, poco dormitar, poco cruzado de manos para dormir».** Es decir, el buen camino y el cerco que se mantiene es: «pocos sueños», en el interior y en el exterior, dormir concretamente, y «dormitar», sabe todo asunto, sólo que sus ojos están cerrados exteriormente (véase Pesajim 120b). «Poco cruzado de manos para dormir». Se refiere a cuando no duerme en absoluto, pero sus manos están abrazadas a su cuerpo. Y corresponde a la Torá, la acción y la sabiduría, que son campo, viñedo y cerco.
34. **«Y vendrá como caminante tu pobreza –que pasará y se irá–».** Se refiere a la Torá y los preceptos. «Y tu necesidad, como hombre con escudo –que pasa y se va a la guerra–». Se refiere a la sabiduría, como está escrito: «y los que buscan al Eterno no les faltará todo lo bueno» (Salmos 34, 11).

XXV

1. **«También éstos son proverbios de Salomón».** Debido a que interrumpió con palabras de otros sabios, por eso dijo aquí: «También éstos son proverbios de Salomón». **«Que fueron transcritos por los hombres de Ezequías, rey de Judá».** Porque los hombres de la Gran Asamblea fueron quienes compilaron los Profetas y los Escritos Sagrados en su orden. Y hallaron estas palabras de Salomón que copiaron los hombres de Ezequías, que recuperó la Torá después de la muerte de Ajaz.
2. **«Cubrir el asunto –insondable– es honor de Dios; y escudriñar el asunto, honor de reyes».** Porque en la Torá oral hay dos asuntos: *halajot* y *agadot.* Y dentro de las *halajot* están guardados los secretos, que son el honor de Dios, y se los debe ocultar, como está escrito: «y cubran a Atik» (Isaías 23, 18). Se refiere a lo que cubrió el Anciano *–Atik–* de Días (véase Daniel 7, 9). Y «honor de reyes» se refiere a las leyes *–halajot–.* «Y escudriñar el asunto», como dijeron nuestros sabios: los asuntos que reveló el Anciano *–Atik–* de Días.
3. **«Para la altura de los cielos, y la profundidad de la tierra, y el corazón de los reyes, no hay escudriñamiento».** Como está escrito: «Los cielos de lo alto» (Deuteronomio 4, 39). Es decir, en los cielos y lo que hay sobre los cielos. Y así aquí: «Para la altura de los cielos». O sea, lo que hay sobre los cielos. «Y la profundidad de la tierra». Es decir, lo que hay sobre la tierra y lo que hay debajo de la tierra, no se puede escudriñar. Es decir, cielos se denomina a una expresión de lo Alto, como está escrito: «y arrojó al cielo *–Shamaim–*» (Éxodo 9, 10). Por eso los cielos mismos se denominan ***Shamaim.*** Y a esto se refiere: «La altura

de los cielos». Es decir, no se refiere a los mismos cielos que nosotros vemos, porque para eso hay escudriñamiento, pero para los cielos –*Shamaim*–, es decir, en lo alto, para esos cielos no hay escudriñamiento. Y asimismo la profundidad de la tierra, no hay escudriñamiento, porque para nosotros la tierra es inferior, ya que es más profunda que todo, y en eso no hay escudriñamiento para la tierra, para escudriñar lo profundo de todo, que también se denomina tierra. **«Y el corazón de los reyes, no hay escudriñamiento».** Así es el corazón de los sabios estudiosos, que se denominan reyes, no hay escudriñamiento.

4. **«Aparta los residuos de la plata».** Porque cuando el hombre tiene la voluntad de realizar un utensilio primero debe quitar los residuos, y después realizar el utensilio, y a través de eso **«saldrá utensilio al fundidor».** Es decir, saldrá el utensilio depurado.
5. **«Aparta al malvado de delante del rey, y su trono se afirmará con justicia».** Porque «para justicia reinará el rey» (Isaías 32, 1).
6. **«No te elogies a ti mismo delante del rey».** No te enaltezcas delante del rey, es decir, cuando estudias ante un maestro, no digas ante él tus deducciones y tu Torá, sino observa siempre de recibir de él Torá. Y a esto se refiere: «Con el altanero vendrá humillación, y con los recatados, sabiduría» (Proverbios 11, 2). **«Y no te pongas de pie en lugar de grandes».** Es decir, en el lugar en que están los grandes e importantes no estés allí, o sea, de un maestro más grande que tu –capacidad de aprehensión–, que tú no puedes levantarte ante él y entender de él, no te pongas de pie ante él, y ve a otro maestro que no sea tan agudo como ése para aprender de él.
7. **«Porque es preferible que te digan: "Asciende aquí", a que te hagan bajar delante del ministro, al cual han visto tus ojos».** Porque cuando estudies de un maestro del cual entiendas de él, progresarás, y te dirá: «Asciende». Pero si no puedes entender y aun así te sientas ante él, después serás humillado, porque perderás incluso lo que estudiaste al comienzo.
8. **«No salgas a la riña rápidamente».** No te precipites a reñir por un asunto que tú consideras que el juicio y la rectitud están

contigo, **«por si no sabrás qué hacer al final, cuando tu prójimo te humille»**.

9. **«Contiende tu contienda con tu prójimo y no reveles secreto de otro»**. Es decir, incluso lo que has visto después de sopesarlo detenidamente y la rectitud está contigo, y riñes contra tu prójimo por eso, y te dice acerca de un hombre justo, que también él dijo que la rectitud está con él y no contigo, no reveles el secreto de ese justo para no sacar difamación sobre él.
10. **«Para que no te ofenda quien oyere, y no puedas volver atrás tu infamia»**. Porque cuando digas alguna cosa mala de ese justo, verán en ti abominación y ofenderá a los que escucharen. Y a lo que has dicho no lo podrás volver atrás para apaciguarte ante ellos.
11. **«La palabra hablada en forma apropiada es –como– manzanas de oro encubiertas de plata»**. Tal como la manzana de oro cubierta de plata, que el que la ve superficialmente no ve sino solamente la plata, y no el oro, pero el que la observa en profundidad y con ojo agudo ve que debajo de la plata hay oro, así es el que habla en forma apropiada.
12. **«La represión del sabio es al oído que escucha cual pendiente *–nezem–* de oro y adorno *–jali–* de oro fino»**. *Nezem* es un atavío para la oreja, y *jali* es un atavío para el rostro. Y es habitual hacer el atavío para el rostro del material más caro. Y así como esos dos atavíos son buenos y agradables, así es bueno cuando reprende el sabio y también al oído que escucha. Porque cuando reprende el sabio, entonces la sabiduría de la persona ilumina el rostro y se dirige con expresión agradable al alumno y se asemeja a adorno de oro fino y pendiente de oro para el alumno que oye con sus oídos.
13. **«El mensajero fiel es para quienes lo envían como frío de nieve en tiempo de la siega y apacigua al alma de sus amos»**. Es decir, el frío de la nieve y no la nieve misma, porque la nieve misma es dura en el día de la siega y no es buena, pero el frío de la nieve es muy bueno para la siega que se realiza en tiempo de mucho calor; y del mismo modo es bueno el mensajero fiel, ya que cumple la palabra de quien lo envió, por eso es bueno como

el frío de la nieve. «**Y apacigua al alma de sus amos**». Pero quien tiene un siervo fiel apacigua el alma de sus amos siempre en forma fija y no circunstancial.

14. «**El hombre que se jacta con regalo falso –que no entrega– es como nubes y vientos sin lluvia**». Y en el Talmud dijeron que a causa de los que pautan dar *–tzedaká–* en público y no dan, los cielos se cierran de hacer descender la lluvia. Y aparentemente es difícil de entender la correspondencia del asunto según la norma de medida por medida. Y la explicación es que así como los cielos dan lluvia sobre la tierra y eso es dar concretamente, porque la tierra no tiene nada de ella y es pobre, y las nubes publican a todos que vendrá inmediatamente la lluvia, y el que trae la lluvia es el viento, así es el habla, que es viento. Es decir, el asegurar dar es semejante al viento, y cuando se jacta es semejante a las nubes que publican a todos; así, él es el que se jacta a sí mismo y después no da nada, por eso ellos tampoco dan.
15. «**Con lentitud para la ira –controlando los impulsos– se aplaca el –enojo del– mandatario; y la lengua blanda quebranta el hueso –la dureza–**». Cuando el mandatario es lento para la ira, a través de eso se aplacará, porque con el correr del tiempo se sosegará. Y a veces, aunque el mandatario es lento para la ira, no se lo puede aplacar, porque hay personas que son duras como los huesos e impiden ser aplacados. Pero cuando él habla siempre con un lenguaje suave y con ruegos, quiebra incluso a los duros como huesos. Y a esto se refiere: «y la lengua blanda quebranta el hueso –la dureza–».
16. «**¿Has hallado miel? Come sólo lo suficiente; para que no te hastíes de ella y la vomites**». La explicación del asunto es que no debes ser demasiado sabio e ir con maravillas y proezas tuyas, para que no te hastíes y vomites todo lo que te has esforzado y estudiado. Y dijo miel *–dbash–*, porque esta expresión contiene las iniciales de las palabras: *dea, biná, sejel,* cuyo significado es: conocimiento, entendimiento y facultad cognitiva. Si has hallado, no vayas en proezas y maravillas tuyas –que te exceden–, por si fueras a un lugar que no es apropiado para ti y cayeres de allí. Y se refiere a las tres primeras emanaciones cós-

micas –es decir, asuntos cabalísticos recónditos e insondables– que está prohibido observar en profundidad.

17. **«Dosifica tu pie de la casa de tu compañero, para que no se hastíe de ti y te aborrezca».** Pues debes impedir a tus pies ir siempre a casa de tu compañero, aunque te ame mucho, por si se hastiara de ti, se hartara de ti, y te aborreciera.

18. **«El hombre que testifica falso testimonio contra su prójimo es –como– maza y espada y saeta afilada».** La maza *–mefitz–* se refiere al instrumento denominado *kurnas* que se utiliza para romper la roca. Y es usual matar a las personas con esos tres elementos. Y el que mata con la maza es la muerte más dura, y con la espada no tan dura, y con una flecha afilada es la forma más leve de todas de matar. Así ocurre con el que testifica falso testimonio contra su prójimo, tiene la totalidad de las tres. Porque la mentira en sí misma es un pecado grande; y cuando testifica, saca dinero de éste a éste a través de su falsedad, y eso ciertamente es más grave; y a «su prójimo», pues está prohibido hacerle mal incluso sin pecado. Y por eso, cuando testifica falsamente contra su prójimo, su castigo es por los tres asuntos mencionados anteriormente.

19. **«Diente quebrado *–roa–* y pie dislocado es la confianza del rebelde en el día de aflicción».** La expresión *roe* tiene dos sentidos: uno, es una expresión que significa alimentarse, porque se pastorea a sí mismo; y el segundo es lenguaje de mal, porque se hace mal a sí mismo. Es decir, el diente quiere pastorearse a sí mismo y comer, es decir, colmar su codicia, como está escrito: «a pastorear *–lirot–* las ovejas de su padre» (Génesis 37, 12). Y los sabios dijeron: a pastorearse *–lirot–* a ellos mismos. Y quiebra sus dientes hasta que no puede comer en absoluto. «Y pie dislocado *–muedet–*». La expresión *muedet* significa también «tropezar», como está escrito: «Y no tropezaron *–maadu–* sus tobillos» (Salmos 18, 37). Es decir, así como el pie va a colmar su codicia y desliza sus pies hasta que no puede andar con ellos, así es el que confía en el rebelde en el día de aflicción.

20. **«Se pone un vestido ataviado en día frío».** Porque se quita sus ropas en el día frío, cuando las necesita mucho. **«Vinagre sobre**

jabón». Es decir, lava con jabón y después coloca vinagre sobre el jabón, que deteriora al jabón, porque el jabón se ablanda a través del vinagre. **«Y canta canciones al corazón quebrantado»**. Es decir, aquél cuyo corazón está quebrantado y le cantan canciones, le provocan un dolor mayor a través de eso. Resulta que esas tres cosas son equivalentes.

21. **«Si tu enemigo está hambriento, dale de comer pan; y si está sediento, dale agua»**. Y no digas: ¿acaso no es mi enemigo y cómo lo salvaré y él me ha hecho mal? Porque brasas esparces sobre su cabeza. Porque se quemará su cabeza y por eso no podrá levantar su cabeza contra ti.

22. **«Porque brasas esparces sobre su cabeza»**. Es decir, eso que tú estudias no en el nombre de ella –la Torá– son brasas sobre la cabeza –del enemigo de la persona, o sea, el Mal Instinto–, porque no es la voluntad de él que estudies no en su nombre, sólo circunstancialmente, porque piensa que a través de eso te seducirá para que no estudies en absoluto, y en verdad no es su voluntad tampoco eso, porque también eso son brasas sobre su cabeza. **«Y el Eterno te recompensará»**. Y finalmente también lo que tú estudias no en su nombre no será así, sino que finalmente estudiarás en su nombre, porque también él completará contigo, al ver que no se cumplió su consejo; porque al estudiar no en su nombre se llega a estudiar en su nombre, después de que tu intención fue en el nombre de los cielos. Y, «cuando los caminos del hombre agradan al Eterno, también a sus enemigos hace estar en paz con él» (Proverbios 16, 7).

23. **«El viento norte –*tzafon*– genera lluvia, y la lengua –difamadora que habló– en lo oculto, rostro airado»**. La expresión *tzafon* significa también «oculto». Es decir, cuando viene la lluvia y el viento no se nota en el mundo, y es sabido que es imposible que la lluvia venga sin que anteriormente la traiga el viento, resulta que forzosamente el viento está oculto y no se manifiesta en forma revelada. Así el rostro airado que se observa en la persona contra su compañero amado, y no sabe por qué, forzosamente por el lenguaje oculto que habló contra él, chismoseando de él.

Y en el Talmud se dijo que por la lengua en lo oculto se suspenden las lluvias.

24. «**Es preferible residir –apartado– en un rincón del terrado**». Se refiere a lo que fue mencionado anteriormente, que la lengua en lo oculto trae rostro airado, incluso del amigo; por eso, es mejor residir en un rincón del terrado que estar con ellos. Y lo comparó con el terrado, porque así como en el terrado teme siempre y a cada instante por si se cae y necesita cuidarse a sí mismo, así, del lenguaje en lo oculto, necesita cuidarse en todo momento y a cada instante, y debido a que se hace a sí mismo como amigo ante él, y por eso es imposible cuidarse, por eso, es mejor residir en un rincón del terrado, ya que allí es posible cuidarse a sí mismo, y de ellos es imposible. «**Que con mujer reñidora, en una casa con amigos**». Es decir, una mala mujer que conoce sus asuntos ocultos, y cuando ella riñe con él, ella revela eso. Y es imposible cuidarse de ella porque es su mujer. Y asimismo: «en una casa con amigos». Es decir, el que se hace a sí mismo como buen amigo y lo engaña, y del mismo modo es imposible cuidarse de él. Y por eso es mejor residir en un rincón del terrado que residir con ellos, porque de ellos se revelará el lenguaje oculto.

25. «**El agua fría –es grata– sobre el alma exhausta**». Cuando las aguas frías se posan sobre el alma exhausta y sedienta, disfruta mucho de ellas, así como cuando viene «**una buena noticia –que viene– de tierra lejana**», que el hombre disfruta mucho de ella.

26. «**Manantial pisoteado**», porque está lleno de barro y no es transparente. «**Y fuente enturbiada**». Fuente *–mekor–,* es el lugar de donde sale el manantial, y está enturbiada completamente. Y manantial se refiere al entendimiento y fuente se refiere a la sabiduría. Y fue dicho en correspondencia con «el agua fría» y «**una buena noticia**» que mencionó anteriormente. Es decir, que el manantial está lleno de barro y lodo y la ley no es lúcida y clara, y los estudiantes no tienen provecho de ellos, y la fuente, que se refiere a los secretos, está enturbiada de todo, porque no tienen provecho ni la aprehenden en absoluto, no es a causa de ellos, Dios libre, sino a causa de «**el justo que cae ante el**

malvado». Porque el Mal Instinto se fortificó contra el Buen Instinto y el Buen Instinto cayó *–mat–* ante él, y por eso se pisoteó y enturbió el manantial y la fuente.

27. **«El comer mucha miel no es bueno».** Es decir, ¿y por qué cae el justo, ya que es justo, y por qué caen sus pies y no se puede levantar? Porque el comer mucha miel no es bueno, o sea, ir por un grado que no es apropiado para él, por eso cae el justo, y por eso se pisoteó y enturbió el manantial y la fuente. Es decir, a causa de eso se perdió la sabiduría de los sabios, y el entendimiento de los entendidos se ocultó. **«Y escudriñar los honores de ellos –los sabios–, es honor».** Es decir, escudriñar el honor de ellos. Y el honor tampoco es bueno. Y el honor está vinculado con el misterio de la percepción. Y por eso dijo tres veces «honor» («los honores» y «honor»), es decir, la percepción de la fuente, y la percepción del manantial, y la percepción de sí mismo.
28. **«Una ciudad abatida».** Es decir, una ciudad que tiene muralla, pero en la muralla hay muchas brechas, **«que no tiene muralla»**, es decir, que no tiene muralla en absoluto. Así **«es el hombre cuyo espíritu no tiene freno».**

XXVI

1. **«Como la nieve en el verano y como la precipitación en la siega, así el honor al necio no es grato».** Porque la nieve y la precipitación son un gran beneficio para la tierra, ya que la nieve humecta la tierra, como está escrito: «Porque a la nieve dirá: sea tierra» (Job 37, 6). Resulta que a través de la nieve se forma y se fortifica la tierra. Y la precipitación es buena en dos tiempos denominados *revia.* En la primera *revia* hace nacer a la tierra, y en la segunda, hace germinar a la tierra, como está escrito: «Pues cuando descienda de los Cielos la lluvia y la nieve, y allí no volverá, sino cuando humectare la tierra, y la hiciere producir, y germinar, y diere semilla al que siembra, y pan al que come; así será mi palabra que saldrá de mi boca, no volverá a mí vacía, sino cuando hiciere lo que he deseado y prospere en su encargo» (Isaías 55, 10). Pero la nieve en verano, que es tiempo de recoger los higos, es muy mala, porque no sólo no humecta la tierra, sino que hace perder el cereal que ya maduró, y así la lluvia en la siega es señal de maldición, así el que da honor al necio.
2. **«Como el ave para deambular y como el gorrión para volar»,** que vuelve al lugar original del que salió, «así es la maldición gratuita, le volverá». Porque envía la maldición de su boca y ésta vuelve a él y viene sobre su cabeza.
3. **«El látigo para el caballo, el ronzal para el asno y la vara para el cuerpo de los necios».** Porque el caballo no necesita sino el látigo, es decir, lanzar el látigo al aire y no golpearlo con él, y cuando se lanza el látigo al aire sobre él, él siente temor y corre. Y al asno eso no le sirve, sino que necesita un ronzal para conducir-

lo y tirar de él. Pero al necio no le sirve nada, sino: «la vara para el cuerpo de los necios».

4. **«No respondas al necio según su insensatez, para que no te asemejes a él también tú».** En el Talmud se preguntó: está escrito: «responde al necio» (Proverbios 26, 5), y está escrito: «no respondas». Y se enseña: aquí se refiere a palabras de la Torá y aquí a asuntos mundanos (Shabat 30b).
5. **«Responde al necio según su insensatez».** Incluso palabras de la Torá no le respondas según tu capacidad cognitiva, porque tus palabras humillarán a tu capacidad cognitiva, sino respóndele según su pregunta. **«Para que no sea sabio en sus –propios– ojos».** Pues dirá que no le has podido responder, pero no le respondas sino únicamente según su necedad, y no según tu capacidad cognitiva.
6. **«Quien envía mensaje a través de un necio corta los pies y bebe su daño».** Porque el que envía palabras a través de un necio, él no entiende y modifica las palabras, y a través de eso viene la riña. Porque no habla apropiadamente y en forma correcta según el honor correspondiente, y necesitará aumentar –enviar– amigos para apaciguarlo, y es posible que no pueda apaciguarlo en absoluto. Y a esto se refiere: «corta los pies», de los que van para hacer paz, y aun así no saldrá de su corazón, con corazón íntegro. «Y bebe su daño». Porque lo agravia su compañero al que le envió las palabras, y todo por enviar las palabras en manos del necio.
7. **«Las piernas del cojo están levantadas; y –así– el proverbio en boca de necios».** Porque las piernas del cojo, una está más elevada que la otra, y no son iguales, y así es el proverbio en boca de necios, no se asemeja a lo que fue comparado; esto va para un lado y esto va para otro lado, como los pies del cojo.
8. **«Como quien sujeta una piedra en la honda, así es quien da honor al necio».** Así como el que sujeta una piedra en la honda para arrojarla, no es su intención que caiga en ese lugar, porque la piedra gira y reposa en otro lugar, no en el lugar que era su intención que cayera, así es el necio cuando se le da honor. Es decir, cuando se estudia con él la Torá, la Torá que estudió no

hace en él según la intención del que le enseñó, sino que hace conforme a su necedad y la arroja a otro lugar.

9. **«La espina asciende en la mano del embriagado; y el proverbio en la boca de los necios».** Como la espina en mano del embriagado, que ven la espina y aun así no pueden tomarla de su mano porque su pensamiento está confuso y no puede aferrar su mano, así es el proverbio en boca de los necios, todos ven y saben el proverbio, pero no es posible sacar –y orientar– la orientación y la comparación de éste.
10. **«El contendedor mata a todos».** Es decir, el hombre contendedor «mata» y golpea a todos en su riña. **«Y contrata necios y contrata pecadores».** Y debido a que el ataque de ambos es malo, el necio y el enojadizo, él contrata a ambos para reñir contra aquellos con los que riñe.
11. **«El necio repite su insensatez como un perro que vuelve a su vómito».** Así como el perro que vomita su alimento que comió y después vuelve a comer su vómito, así hace necedad el necio. Y cuando le reprenden, diciendo: ¿por qué has hecho eso?, y se vuelve de su acción y abandona su necedad, después vuelve a su necedad y vuelve a hacerlo.
12. **«¿Has visto un hombre sabio en sus –propios– ojos? Hay más esperanza para el necio que para él».** Porque el hombre que sabe que es necio hay en él esperanza, porque es posible que se rectifique a sí mismo y quite su necedad de él; pero el hombre que es sabio en sus ojos y no ve con sus ojos su necedad por necedad sino por sabiduría, entonces no tiene esperanza. Y a esto se refiere: «Hay más esperanza para el necio que para él».
13. **«El perezoso dijo: "El león *–shajal–* está en el camino; el león *–ari–* en medio de las calles"».** *Shajal* se denomina al león anciano, y *ari* es un león que aún no es anciano. Y la explicación del asunto es tal como está escrito: «Para llamar a quienes pasan por el camino; a los que andan por senderos rectos» (Proverbios 9, 15). Porque el Mal Instinto acosa a esos que transgreden y ahora desean rectificar sus senderos.
14. **«La puerta gira sobre su eje».** Es decir, las personas ya se han levantado y andan, y debido al andar de las personas la puerta

gira. «**Y el perezoso**», aún está acostado, «**sobre su cama**». Y eso corresponde contra el cuerpo y contra la Torá, porque está acostado y no se sienta para ocuparse de la Torá.

15. «**El perezoso introduce su mano en el pote**». Corresponde a las manos y con la acción. «**Se cansa de llevarla a su boca**». Es decir, esos preceptos cuyo pago es para el Mundo Venidero ciertamente no los realiza, porque no sabe cuándo será el pago, pero incluso esos preceptos cuyos frutos se disfrutan en este mundo tampoco los realiza. Y a esto se refiere: «Se cansa de llevarla». Incluso lo que es para su boca.
16. «**El perezoso es más sabio en sus –propios– ojos», corresponde a la sabiduría y con la cabeza, «que siete que responden con razón**». Se refiere a los siete que ven el rostro del rey y a las siete cabezas del Sanhedrín.
17. «**Quien se irrita en una riña que no es de él –es como quien– coge a un perro por las orejas**». Tal como el que sujeta a un perro por las orejas, que no tiene ningún provecho en absoluto y el perro lo morderá, así es «quien se irrita en una riña que no es de él». Porque no tiene provecho de eso, ya que no le concierne, y lo golpearán de balde en la riña.
18. «**Como quien se cansa de arrojar chispas**». Tal como el que arroja chispas, que es fuego, porque arrojan fuego a través de armamento. «Saetas», textualmente. «**Y muerte**». Es algo que se unta con veneno mortal; y todos matan a las personas.
19. «**Así es el hombre que engaña a su compañero, y dice: "Ciertamente era una broma"**». Y la explicación del asunto es que al comienzo el Mal Instinto dice el hombre: «Vamos, bebamos como amigos», y juega con él en su momento y lo engaña, y después le arroja chispas y flechas y muerte. Y son los tres juicios que vienen sobre la persona: «Chispas» se refiere al fuego del purgatorio; «saetas» se refiere a la Palma de la Catapulta, y «muerte», allí hay escorpiones y *mererot* –amargos–, y le dan a comer de esos *mererot,* y cuando los toca, inmediatamente cae y muere. Y a esto se refiere: «muerte».
20. «**Si no hay leña, el fuego se apagará**». Y la explicación del asunto es que el purgatorio no arde sino por los malvados de este

mundo. Tal como dijeron los sabios, que ocurrió que atraparon al Mal Instinto y se apagó el purgatorio. Y a esto se refiere: «si no hay leña». Cuando no estén en este mundo los malvados que se denominan leña, entonces se apagará el fuego del purgatorio. **«Y si no hay hablador, se acallará la contienda»**. Porque no habrá acusación en lo alto, sino solamente cuando hubiera discusión en este mundo. Y a esto se refiere: «se acallará la contienda», en lo alto.

21. **«El carbón para las brasas y la leña para el fuego, y el hombre contendedor para encender contienda»**. Las brasas se hacen tomando los carbones que se apagaron y acercándolos al fuego y entonces se transforman en brasas. Y para aumentar el fuego toman maderas y las colocan debajo del fuego para avivarlo. Y «para encender contienda» es «el hombre contendedor».
22. **«Las palabras del hablador son ardientes»**. Porque por las palabras malas es castigado en la Palma de la Catapulta. Por eso dijo: «Las palabras del hablador son ardientes». Porque golpean en el momento del arrojado en la Palma de la Catapulta. **«Y penetran hasta las entrañas»**. Y después descienden hasta lo profundo del Gran Abismo, que está en los compartimientos de las entrañas del Seol.
23. **«Los labios acosadores y el corazón malo –son como– recipiente de barro recubierto con escoria de plata»**. Como escoria sobre barro, así es el que habla y sus labios se encienden con buenas palabras y su corazón es malo. Es decir, estudia y ora con enardecimiento como si ardiera con el fuego de su alma y lo aferrara la llama, y muestra a sí mismo como que orara con concentración, y en su corazón no hay nada, sólo mal.
24. **«El que aborrece se hace el desentendido con sus labios»**. El aborrecedor se desentiende a sí mismo con sus labios y con sus seducciones, y se muestra a sí mismo como si fuera amigo y no aborrecedor, **«y en su interior trama engaño»**.
25. **«Cuando expresare gracia en su voz»**. Y por eso, aunque te agraciare con su voz y dijera que su intención es para bien, **«no le creas, porque hay siete abominaciones en su corazón»**.

26. **«Cuando encubre su odio en oscuridad»**. Es decir, se muestra a sí mismo como amigo y encubre su odio en la oscuridad, **«su maldad se descubrirá en congregación»**. Mucha congregación. Y asimismo, el que se muestra a sí mismo como justo en los ojos del pueblo y en la oscuridad sus acciones son malas, y es apropiado que los del pueblo lo aborrezcan por sus malas acciones en la oscuridad, pero él oculta el aborrecimiento con oscuridad, su mal será revelado en público.
27. **«Quien cava un pozo caerá en él»**. Porque cava un pozo para hacer caer en él a su prójimo, y finalmente él caerá en él. **«Y quien remueve una piedra»** para arrojarla contra su prójimo **«se volverá contra él»**.
28. **«La lengua mentirosa»**, el hombre que engaña, **«quebranta a sus aborrecidos»**. Quien quiere hacerse merecedor a sí mismo, porque debido a que en su pensamiento desea hacerle mal con su engaño, por eso lo aborrece, porque se hace merecedor a sí mismo. **«Y la boca limpia»** se refiere al engaño, **«hará que se desplace»**. Para desplazarlo y que no venga a hacerse merecedor a sí mismo, y por consiguiente caerá en mal. Y ellos son el mal y el engaño.

XXVII

1. **«No te maravilles del día de mañana».** No te maravilles con que harás alguna cosa mañana ni te aventures a decir lo que has de hacer, banquete y alegría: «lo haré mañana», no te maravilles de eso, «porque no sabes qué nacerá en el día –de hoy–». Y lo mismo ocurre con la Torá: «no digas: "Cuando esté desocupado, estudiaré", pues tal vez no te desocuparás» (Avot 2, 4).
2. **«Te alabe el extraño, y no tu boca; el ajeno, y no tus labios».** Advierte que el hombre no se alabe a sí mismo, sino que se humille a sí mismo, y que extraños lo alaben.
3. **«La piedra es pesada».** Se refiere al peso de la piedra, porque la piedra misma es muy pesada. **«Y la arena una carga».** Y la arena en sí misma es liviana, pero se abulta, y es pesada para ser tomada. **«Y la ira del necio es más pesada que ambas».** Es decir, dos aflicciones diferentes en su perjuicio para la persona: una es la aflicción pesada como una piedra, la cual es grande para ser cortada de una vez; y la segunda, la aflicción misma no es tan pesada, pero se prolonga durante varios días de aflicción. «Y la ira del necio es más pesada que ambas». Porque siempre padece aflicciones de él, y además es una aflicción muy pesada, por eso es más pesada que ambas.
4. **«La irritación es cruel y el enojo, tempestuoso; ¿y quién estará de pie ante la envidia?».** Porque la persona atraviesa tres juicios en el momento en que es reunida de este mundo: uno, con la muerte, y es en la acción, y la segunda, cuando lo dejan en el sepulcro, entonces el enojo sobre él es mayor, y lo juzgan y sentencian su juicio, y corresponde a el habla. Y después, en el

purgatorio lo afligen los entes vengadores, porque se vengan debido a que no hizo conforme a la palabra del rey y su ley.

5. **«La exhortación manifiesta es buena con amor oculto».** Es decir, es mejor para el hombre que se le reproche en forma revelada a que se lo ame en secreto. Porque quien le reprocha en forma revelada seguramente lo ama mucho, ya que el beneficio del amor del que ama para el que es amado es notorio con el beneficio de la reprensión, como está escrito: «Porque el Eterno reprende al que ama; y como padre al hijo que quiere» (Proverbios 3, 12). Y así el amor del padre por su hijo, porque aunque su amor por su hijo sea grande, con amor deleitable, de todos modos golpea a su hijo y le reprocha en forma revelada, lo que no es así con los demás parientes, que no lo golpean, pero le reprochan. Y las demás personas tampoco le reprochan, y esto es así porque cuanto más grande es el amor por él, es grande el reproche. Porque tiene la intención de enderezar sus cualidades y corregirlo con su reproche, y eso se corresponde a la integridad del amor. Y así el Santo, bendito sea, como está escrito: «Debido a que no habéis creído [...]» (Números 20, 12). Como dijeron nuestros sabios, de bendita memoria (Ioma 87a): «Bienaventurados los justos, ya que el Santo, bendito sea, no es parcial con ellos para favorecerlos; ay de los malvados [...] Como está escrito: «"Debido a que Ajav no se sometió ante mí [...]" (I Reyes 21, 29)».
6. **«Fieles son las heridas del que ama y reiterados –y fastidiosos–, los besos del que aborrece».** La explicación del asunto es que son buenos los flagelos y las aflicciones que vienen a la persona por consejo del Buen Instinto, y reiterados y fastidiosos los besos del Mal Instinto, como está escrito: «Y ella lo aferró y le besó» (Proverbios 7, 13). Y ésos son los besos malos, despreciables y abominables.
7. **«El alma saciada pisoteará la miel destilada; y para el alma hambrienta, todo lo amargo es dulce».** La explicación del asunto es que cuando la persona no quiere la aflicción de la Torá no prueba la dulzura, y entonces pisoteará la miel destilada. Pero cuando el alma está hambrienta, que ansía y desea ocuparse de

la Torá, incluso todo lo amargo es dulce para él, porque se esforzó por eso y se afligió a sí mismo por ella.

8. **«Como el ave que emigra de su nido»**, que se lamenta mucho por deambular, **«así es el hombre que emigra de su lugar»**. Y dijo «su nido» y «su lugar», y la diferencia es que nido es un lugar transitorio, y lugar es un lugar fijo. Y la explicación del asunto es que «como ave [...]» se refiere al hombre que ora siempre y una vez no oró, que parece en sus ojos como si no hubiera orado nunca. Y así, el hombre que estudia la Torá siempre y una vez no estudió, entonces está como confundido y deambulante. Y se refirió a la plegaria como nido y a la Torá como lugar, como está escrito: «Cuán buenas son tus tiendas, Jacob; tus moradas, Israel» (Números 24, 5). (Las tiendas son para morar transitoriamente, y las moradas, un lugar fijo).
9. **«El óleo y el incienso alegran el corazón»**. El óleo es para la iluminación y el incienso para aroma, y ellos alegran el corazón de la persona. **«Y las palabras dulces del compañero son consejo del alma»**. Porque le da un buen consejo y es dulce para su alma. Y fueron mencionados los tres asuntos que aplacan el pensamiento de la persona: voz, visión y aroma. Visión y aroma es «el óleo y el incienso», y «las palabras dulces del compañero» es la voz de su compañero con su consejo, porque tiene provecho de la voz de su consejo. Y dijo aquí «compañero», y lo principal de la dulzura de la voz de su compañero es el consejo del alma, porque su compañero le da un buen consejo para su alma –*lenafsho*– (o sea, para él).
10. **«No abandones a tu compañero, ni al compañero de tu padre; y no vengas a la casa de tu hermano en el día de tu angustia, es preferible el vecino que está cerca que el hermano que está lejos»**. A quien es tu compañero y el compañero de tu padre, no lo abandones, porque debido a eso no necesitarás venir en el día de tu angustia a la casa de tu hermano. Porque es mejor el vecino, aunque antes no estaba junto a ti y ahora se ha acercado a ti, que el hermano que estaba cerca desde el comienzo y es tu hermano desde antes, pero ahora está lejos de ti.

11. **«Hijo mío, sé sabio y alegra mi corazón».** Al hacerte sabio se alegrará mi corazón, y también podré responder a quien me injurie; a esos que me injuriaban y tú no sabías, ahora les responderé, cuando te hagas sabio. Y también en el Mundo Venidero, se alegrará mi corazón en el Jardín del Edén. **«Y tendré argumento para responder a quien me injurie».** Es decir, en los portales, como está escrito: «Como flechas en manos del valiente [...]. No lo avergonzarán cuando hablare con los enemigos en el portal» (Samos 127, 4-5).
12. **«El perspicaz ve el mal y se oculta».** La explicación del asunto es que el perspicaz entiende el final, es decir, ve y entiende incluso el mal oculto y se oculta a sí mismo de eso por esa causa. **«Y los tontos»**, que no entienden el final, **«pasan»** por ese asunto y viene sobre ellos la aflicción, y después **«son castigados»**. También por la aflicción misma, porque no se cuidaron a sí mismos, y se obligaron a sí mismos –con su exposición, para recibir sobre ellos la sanción–.
13. **«Toma su ropa porque se hizo garante por extraño, y por extraña, quita de él».** Porque respecto al que toma prestado dinero no tienen permiso de tomar su ropa fuera, y asimismo venir a su casa para quitarle –la prenda–, lo que no es así con el garante, con quien está permitido todo eso, y con más razón quien se hizo garante por un cuteo. Y a esto se refiere: «Toma su ropa», fuera, en la feria. **«Porque se hizo garante por extraño, y fiador por extraña»**, que es un cuteo, ve a su casa y **«quita de él»**.
14. **«A quien bendice a su compañero en voz alta, madrugando de mañana»**, es decir, lo bendice en voz alta porque le hizo grandes comidas y buenas, eso no es bendición, sino **«se le considerará maldición»**. Porque todos vendrán a confundirlo con solicitud de alimentos para ellos y sus necesidades, porque escucharon del que bendice su gran bondad y su generosidad.
15. **«El goteo perturba el día de encierro –en la casa, cuando cae lluvia–; y para la mujer rencillosa, es igual –todo tiempo para perturbar a su esposo–».** Así como el goteo perturba todo el día, gota tras gota y no descansa, así es la mujer rencillosa, ya que él no tiene descanso día y noche.

16. «**Quien la oculta, oculta el viento**». Quien quiere ocultarla es como quien oculta el aire en un recipiente, que no ocultará allí al aire, pues no dejará de haber en el recipiente algún agujero, y entonces el aire saldrá de allí, así no podrá ocultarla, porque inmediatamente hallará un lugar para salir y perseguir tras sus abominaciones e inmundicias. «**O el óleo en la mano derecha, que llama –con su aroma–**». Es decir, óleo descompuesto con un aroma putrefacto, y quiere ocultarlo reuniéndolo en su mano derecha, porque a su mano izquierda no puede cerrarla con tanta fuerza, por eso dijo su derecha. Y aun así el mal aroma se esparce como al comienzo, así no podrá ocultarla; y aunque la oculte, su mal aroma se esparcirá y su vida aborrecerá (véase Job 33, 20). Asimismo, «la mujer rencillosa» se refiere al alumno que no es apropiado o al mal compañero, que no lo dejará día y noche como la gotera que perturba, y no podrá ocultarlo, así como no se puede ocultar el aire en un recipiente, y cuando su compañero vea en él alguna cosa que a su parecer es juzgada por él como no buena, llamará y la publicará, como el óleo, que su mal olor se esparce y no le sirve ocultarlo en su mano derecha, así su compañero. Y es un mismo asunto.
17. «**El hierro se afila con hierro; y el hombre afila el rostro de su compañero**». Dijo que el hierro se afila con hierro porque ¿cuándo se afilarán éste a éste? Cuando ambos son filosos como el hierro, como dijeron nuestros sabios: si has visto a un sabio estudioso que es duro como el hierro cíñelo a tu cintura porque saldrá Torá de él, como está escrito: «del duro salió dulzura» (Jueces 14, 14). Y asimismo no se afilarán sino si ambos son afilados, como dijo el rabí Iojanan (Baba Metzía 84a): «Hijo de Lakish [...] veinticuatro preguntas [...] veinticuatro respuestas, y por consiguiente se amplía el estudio.
18. «**Quien cuida la higuera comerá su fruto**». Porque a los higos no se los recoge de una vez, sino que maduran poco a poco, y la higuera requiere cuidado siempre, y quien la cuide comerá su fruto, porque madura en cualquier momento. «**Y quien cuida a su señor será honrado**». Porque el cuidador es la cabeza, como

está escrito: «Te pondré por cuidador de mi cabeza todos los días» (I Samuel 28, 2).

19. **«Como el agua –refleja– al rostro –con las mismas expresiones– del rostro»**, y si tuerce el rostro también las aguas lo mostrarán, **«así el corazón del hombre al hombre»**.

20. **«El Seol y el Infierno no se sacian –de recibir en su interior–»**. Los siete compartimientos del purgatorio se denominan en general Seol, y Abadon es el séptimo. Y a todos los seis entran y salen, pero Abadon es conforme a su nombre, que se pierden –*nevadu*– allí todos los que vienen, y el purgatorio no se sacia jamás, «y –así– los ojos del hombre, no se sacian –siempre desean más–». Y dijo: «ojos» (en plural), en referencia a la codicia y la avidez. La codicia entra y saca, porque expele fuera, y la avidez entra y no saca, como el Seol y Abadon.

21. **«El horno prueba a la plata, y el crisol al oro; y al hombre, la boca del que lo alaba»**. Cuando un hombre necesita probar la plata para verificar si es buena la pone en el horno. Y al oro se lo examina en el crisol. Pero al hombre, por su alabanza, como dijeron nuestros sabios: «Todo aquel que el espíritu de las criaturas –personas– se conforta con él, el espíritu del Omnipresente se conforta con él; y todo aquel que el espíritu de las criaturas –personas– no se conforta con él, el espíritu del Omnipresente no se conforta con él» (Avot 3, 10). Y la explicación del asunto es que el horno de la plata se refiere a los preceptos activos, y el crisol del oro se refiere a los preceptos pasivos, y al hombre la boca del que lo alaba se refiere a la Torá, como está escrito: «Dadle del fruto de sus manos, y la alabarán en los portales por sus acciones» (Proverbios 31, 31). Es decir, como se alaba al hombre en el Mundo Venidero.

22. **«Si mueles al necio con el pisón en un mortero en medio de granos de trigo –aun así– su necedad no se apartará de él»**. Porque aunque sea molido, de todos modos, no apartará de él a su necedad. Y la explicación del asunto es que en tres tiempos distintos se castiga y azota al hombre: uno, al hacer una de las acciones que no se deben hacer y es culpable, entonces lo azotarán en el tribunal y con gran pueblo será juzgado. El segundo,

cuando el Santo, bendito sea, envía sobre él una aflicción después de que en lo alto se determinó azotarlo con los hijos u otros asuntos. Y el tercero es cuando el Eterno envía su ira contra todo el mundo, y todos revisan y hacen introspección y vuelven al Eterno, y él no abandona sus caminos. Y a esto se refiere: «Si mueles [...]», en este mundo, del tribunal. «En medio de granos de trigo [...]» se refiere al momento en que viniere una aflicción, Dios libre, sobre toda la congregación y fueren molidos todos, y también él entre ellos. Y el tercero, «con el pisón», que es de lo alto, del cielo vendrán sobre él aflicciones, y aun así su necedad no se apartará de él.

23. **«Sé conocedor del rostro de tus ovejas –para saber qué necesitan–; pon tu corazón en los rebaños».** La explicación es que siempre debes buscar la paz del rebaño, y poner en tu corazón hacer grupos, grupos, es decir, cada grupo en forma independiente (véase Génesis 32, 17).

24. **«Porque el poder –de la riqueza– no es eterno –y te podrás salvar con las ovejas–».** Porque: «La casa y la riqueza son herencia de los padres» (Proverbios 19, 14). Y de modo natural eso no siempre estará en tu mano, porque es una rueda que gira en el mundo. **«Y si es corona»**, porque te han recibido por rey, que es para siempre, aun así, no es: **«por las generaciones de las generaciones».** Y tus hijos después de ti, ¿qué harán? Por eso, pon tu corazón en las ovejas, que según el modo natural son de generación en generación.

25. **«Aparecerá la grama»**, para que investigues si apareció la grama, «y se verá la hierba», que son verdor y hortalizas, que también son para los animales, y aunque también son para el hombre, de todos modos, principalmente son para los animales. **«Y se reunirá la vegetación de los montes».** Porque a las cimas de los Montes es imposible llevar las ovejas allí, y por eso reúne para ti de la hierba de los montes.

26. **«Las ovejas para tus vestidos».** Y las ovejas producirán lana para tus vestidos. **«Y los machos cabríos para –preñar las cabras e incrementar– el valor del campo».**

27. **«Y suficiente leche de cabras para sustento, para sustentar tu casa y la vida de tus criadas».** Y junto a «tus criadas» dijo «vida», como está escrito: «Se levanta aún de noche y da alimento a su casa, e imparte ración a sus criadas» (Proverbios 31, 15). Es decir, a su casa da todo lo necesario, pero a sus criadas no les da sino la ración fija establecida que les corresponde. Y así es también aquí, para ti y para tu casa habrá pan según todo lo que necesites, y para tus criadas no habrá sino lo necesario para que vivan.

XXVIII

1. **«Los malvados huyen y no hay perseguidor».** Es decir, los malvados, aunque no hay quien los persiga, de todos modos huyen, pero «los justos están seguros como un león».
2. **«Por la insurrección de la tierra»**, como castigo, **«se aumentan sus ministros»**, como está escrito: «Del reinado de un hombre adulador, del tropiezo del pueblo» (Job 34, 30). Es decir, debido a eso, el hombre hará todo lo que es recto en sus ojos y los malvados brotarán como la hierba (véase Salmos 92, 8). «Y por el hombre entendido dotado de sabiduría». Como está escrito: «El hombre tonto no sabrá y el necio no entenderá esto» (Salmos 92, 7). La explicación es que lo que está escrito a continuación: «cuando florezcan los malvados [...] y broten todos los hacedores de maldad» (Salmos 92, 8), y no sabrán ni entenderán que es para eliminación y «para exterminio perpetuo de ellos» (ibíd.), por eso, el hombre que entiende y sabe esto, prolongue la base *–kan–*, es decir, el fundamento y el pie de la ciudad. Y a esto se refiere: «ciertamente *–ken–* se prolonga».
3. **«El hombre pobre que despoja a los indigentes»** para enriquecer **«es como la precipitación torrencial, que arrasa –lo sembrado– y no hay pan».** Se refiere a la precipitación que desarraiga los árboles con su fuerza y no es útil para el sembrado, así es el que despoja a los indigentes. Y además él permanecerá indigente, y en su casa no habrá pan ni vestimenta.
4. **«Quienes abandonan la Torá alaban a los malvados».** Los que alaban al malvado comúnmente son los que abandonan la Torá, porque ése es el modo de actuar de los que abandonan la Torá, alabar al malvado. **«Y quienes guardan la Torá conten-**

derán con ellos». Y dijo: «con ellos», es decir, con los malvados y con los que los alaban.

5. **«Los hombres malos no entenderán juicio»**, porque ellos no entenderán por qué los malvados tienen éxito en este mundo, pero **«quienes buscan al Eterno entenderán todo»**. Ya que el éxito de los malvados es para exterminarlos para siempre, y «el justo florecerá como palmera» (Salmos 92, 13).
6. **«Es mejor el pobre que anda en su integridad que el de caminos tortuosos y rico»**. La explicación es tal como hemos dicho anteriormente (véase Proverbios 6, 9).
7. **«Quien guarda la Torá es hijo entendido»**. El hijo entiende que se sienta y estudia en la casa de estudio entre los sabios estudiosos, entonces la Torá es para él como una ciudad protegida, porque los sabios estudiosos están a su alrededor y la Torá los protege. Pero **«quien se une con glotones humilla a su padre»**. Se refiere al que se acostumbra a comer en todo lugar, él humilla a su padre, como dijeron nuestros sabios: «Y profana el hombre de los cielos, y su maestro, y el nombre de su padre [...]» (Pesajim 49a).
8. **«Quien aumenta su riqueza con usura e interés»**, porque cobra interés a los pobres de Israel, **«reúne para el que agracia a los pobres»**. Se refiere al justo que agracia a los pobres. Porque toda cosa debe volver a su lugar.
9. **«Quien aparta su oído de oír las enseñanzas de la– Torá»**, como está escrito: «Escuchar es mejor que un buen sacrificio [...]» (I Samuel 15, 22), y con más razón la plegaria, que es –ofrecida– en lugar de los sacrificios, y cuando no quiere escuchar, entonces: **«también su plegaria es abominación»**.
10. **«Quien hace errar a los rectos por mal camino»**, él mismo «caerá en su –propio– pozo; y los íntegros», a quienes no puede hacer errar, **«heredarán el bien»**, de los que hacen errar a los rectos.
11. **«El hombre rico es sabio en sus –propios– ojos»**, y no desea perseguir tras la sabiduría, y no indagará al entendido, pero **«el pobre entendido lo indaga»**, al entendido.

12. **«Cuando los justos se alegran».** Cuando los justos se alegran y hay alegría en sus casas y tranquilidad en sus palacios, y ellos conducen a la ciudad, entonces: **«la gloria es mucha»**, en la ciudad. Porque la ciudad se comporta con rectitud y justicia, y todas las buenas cualidades se encuentran en la ciudad, como está escrito: «Y Mordejai salió [...] Y la ciudad Shushan estaba alegre» (Ester 8, 15). **«Y cuando se levantan los malvados»**, que gobiernan, **«los hombres se ocultan –*iejupas adam*–»**. Porque muchos se hacen malvados, y esos pocos justos se ocultan y se los debe buscar. Y a esto se refiere: «*iejupas adam*», que literalmente significa: «búsquese al hombre».
13. **«Quien encubre sus culpas no prosperará; y quien reconoce y se aparta [...]».** El que peca contra su prójimo y dice que no ha hecho maldad no prosperará, porque seguramente su prójimo le pagará con mal, ya que le hará tal como él hizo con él. Pero quien reconoce y dice a su prójimo: «Es verdad, he hecho mal, pero perdóname porque me arrepiento y abandono esa maldad y no la volveré a hacer», entonces «obtendrá misericordia» de su prójimo y lo perdonará. Y así es también con el Santo, bendito sea.
14. **«Bienaventurado el hombre que teme siempre».** En el Talmud se lo vincula con las palabras de la Torá, porque teme por si no cumplió con su obligación (véase Berajot 60a). Y a esto se refiere lo que dijeron nuestros sabios: «Ama el por si [...]» (Derej Eretz Zuta 1). Pero **«quien endurece su corazón»**, y dice: «¿Qué hay con eso? ¿Qué he hecho?», él **«caerá en mal».** Y a esto se refiere lo que dijeron nuestros sabios: «Y aborrece el "¿qué hay con eso?", porque el que transgrede dice: "¿qué hay con eso?"».
15. **«El león ruge y el oso gruñe –*shokek*–».** Porque al león le temen todos los animales, porque él ejerce dominio sobre todos, e inmediatamente cuando ruge, el animal se detiene, pero al oso no le temen, aunque él apresa y come y desea comer carne siempre, ya que al oso le falta inteligencia. Y a esto se refiere: «el león ruge», y temen de su rugido, y así como el oso desea –*shokek*– comer carne y despoja, así: **«el gobernante malvado sobre pue-**

blo pobre». Es como un león que ejerce dominio sobre ellos y humilla y los difama con la palabra, y el oso desea entrar en acción y devorar.

16. «**El ministro falto de entendimiento**», que no gobierna sobre ellos: «**aumenta el despojo**». Se parece al oso que despoja vidas, y es lo opuesto al objetivo de este mundo, que es la riqueza y el honor, y él gobierna por la fuerza, que es lo opuesto al honor, porque ellos se someten bajo –el dominio de– él. Y «aumenta el despojo» es lo opuesto a la riqueza, porque los despoja de sus heredades, y por eso dijo: «**y quien aborrece el robo, sus días se prolongarán**».
17. «**El hombre que carga sobre sí el despojo de la sangre de un alma**», su castigo será que «**huirá hasta la fosa; no lo apoyarán –porque su maldad fue muy grande–**». Además, una persona que hace pecar a un alma huirá hasta la fosa y no lo apoyarán, porque no tendrá ayuda de los cielos, como tiene el que viene a purificarse (véase Sanhedrín 107b, Ioma 87a).
18. «**Quien anda con integridad**», y no se apoya en su capacidad cognitiva, «tendrá salvación», en el momento de su aflicción. Pero «**el de caminos tortuosos**», que es lo opuesto, «caerá a una». Porque se le hizo como permitido para él.
19. «Quien trabaja su tierra se saciará de pan; y quien va tras los ociosos se hastiará de pobreza». Porque toda la pobreza del mundo estará con él.
20. «**El hombre de fidelidades**», que tiene fe, y es íntegro en la cualidad de la confianza –en el Eterno–, «**tendrá muchas bendiciones**». Pero «**quien se apresura a enriquecer**», porque persigue siempre tras el dinero, «no será limpio».
21. «**No es bueno –para un juez– conocer rostros –y escuchar a una de las partes aparte–**». Se refiere a lo que fue mencionado anteriormente, que no será limpio, porque no será limpio del mal por conocer rostros, porque no es bueno, y es de la –mala– cualidad de la adulación, porque no hay en eso bien según la verdad. «**Y hasta por un trozo de pan**», sólo un trozo y ni siquiera un pan entero, «**pecará el hombre**», pervirtiendo el juicio, condenado al hombre que es justo en ese asunto.

22. **«Quien se apresura a –atesorar– riqueza es hombre avaro».** Se refiere a lo que fue dicho anteriormente, es decir, también será hombre avaro que se apresura a –atesorar– riqueza, porque debido a su falta de confianza teme mucho por si mañana no tendrá qué comer, y por eso escatimará mucho y tendrá mal ojo con su dinero. **«Y no sabe que»** por escatimar su dinero, **«le vendrá carencia»** (véase Ketuvot 66b).
23. **«Quien exhorta a un hombre»**, aunque riña con él, y lo conduce por el camino recto, tras el Eterno, **«después hallará más gracia que quien adula con la lengua».**
24. **«Quien roba a su padre o a su madre, y dice ¡no es pecado!».** Porque dice: «He tomado de mi padre y no hay maldad en mi mano», **«es compañero del hombre dañador –*mashjit*–».** Como está escrito: «El que fornica con una mujer le falta corazón –entendimiento–; quien hace eso arruina –*mashjit*– su alma» (Proverbios 6, 32).
25. **«El codiciador provocará contiendas –para obtener todo lo que desea–; y quien confía en el Eterno estará saciado».** Quien es codiciador y no se alegra con su parte, y se enoja siempre porque todo es poco para él, y sufre siempre por un mundo que no le pertenece, y cuando un hombre está enojado si le ocurre algo, aunque sea una cosa pequeña, riñe, porque sin eso –aun así– está enojado. Y a esto se refiere: «El codiciador provocará contiendas [...]». Pero «quien confía en el Eterno», y se alegra con su parte, «estará saciado», porque le es suficiente con lo que tiene.
26. **«Quien confía en su –propio– corazón»**, porque dice acerca de todo lo que su corazón se inclina por eso que es bueno, y no controla las inclinaciones de su corazón, **«es necio»**; y **«quien anda con sabiduría, se salvará –de la aflicción–».**
27. **«Quien da al pobre no padecerá necesidad»**, porque: «Hay quien reparte, y se le agrega más» (Proverbios 11, 24). Pero carencia nunca habrá para él, y hay quienes se les aumenta más. «Y quien aparta sus ojos, muchas maldiciones». Tendrá muchas maldiciones, y grandes.
28. **«Cuando los malvados se levantan, el hombre se esconde».** Cuando los malvados gobiernan, los justos se esconden. Y aun-

que hubiera un solo justo, se ocultará, porque teme de los malvados, como está escrito: «y cuando se levantan los malvados, los hombres *–adam–* se ocultan» (Proverbios 28, 12). (La expresión *adam* está escrita en singular). **«Y cuando desaparecen, los justos aumentan»**. Porque todos verán que la confianza de los malvados se perdió, y toman lección de eso.

XXIX

1. «**El hombre que necesita exhortaciones y endurece la cerviz**». Porque lo exhortan y no escucha lo que le dicen, y además endurece su cerviz, «**se quebrará repentinamente**», sin premeditación, y es un quebranto grande que no viene de ningún aborrecedor, «y» tampoco «**no habrá quien lo cure**».
2. «**Cuando los justos aumentan, el pueblo se alegra; y cuando gobierna el malvado, el pueblo gime**». En el Talmud se dijo que se refiere a Mordejai y Haman (Meguilá 11a).
3. «**El hombre que ama sabiduría alegra a su padre**» con su sabiduría. «**Y el que se junta con meretrices perderá la riqueza**». No sólo que no alegra su padre, sino que pierde el dinero de su padre.
4. «**El rey afirma la tierra con juicio**», a través de hacer justicia y rectitud para que no hubiera maldad en la tierra. «**Y el hombre –amante– de participaciones**», porque a través de tomar participaciones de cada uno, no hace juicio, porque teme que no le den más su parte y su participación, y por eso «**la destruye**».
5. «**El hombre que alisa –el camino– a su prójimo –para que caiga–**». Es decir, quien adula a su prójimo, seguramente desea hacerlo caer, y por eso lo adula, y «**tiende una red a sus pies**».
6. «**El hombre malo tropieza con la transgresión –*pesha*–**». Porque si el hombre realiza una transgresión *–pesha–*, que es una gran rebelión o un gran pecado u otra cosa mala, tropezará y caerá por eso. «**Y el justo alabará y se alegrará**». Alegría en la mañana y alabanza en la tarde. Alabanza por la pérdida de los malvados y alegraría porque ellos son enaltecidos, como está

escrito: «La ciudad se alegra con el bien de los justos; y se contenta con la muerte de los malvados» (Proverbios 11, 10).

7. **«El justo conoce la situación de los pobres».** Porque conoce la amargura del alma de ellos y que su futuro será bueno. **«Y el malvado no entiende sabiduría»**, como está escrito: «un hombre tonto no sabrá y el necio no entenderá [...]» (Salmos 92, 7).
8. **«Los hombres burladores harán arder la ciudad».** Quemarán la ciudad, como está escrito: «Y ahora, no os burléis, para que no se fortifiquen vuestros flagelos» (Isaías 28, 22). **«Y los sabios harán volver la ira».** Como está escrito: «Y el hombre sabio lo aplacará» (Proverbios 16, 14), para que no llegue la ira.
9. **«El hombre sabio que tuviere juicio con el hombre necio, ya sea se enoje, ya sea se ría, no tendrá sosiego».** Cuando un hombre sabio quisiera discutir contra un hombre necio, tanto si se enojara contra el necio o riera con él, no tendrá sosiego, porque volverá a hacer su necedad.
10. **«Los hombres –derramadores– de sangre aborrecen al íntegro»**, porque es despreciado en los ojos de ellos. **«Y los rectos buscan su alma».** Porque harán todo lo que deseen a través del íntegro, ya que ciertamente no los engañará.
11. **«El necio exterioriza toda su ira, y el sabio después la aplaca –*beajor ishabjena*–».** Porque dice una gran explicación simple o una disertación esplendorosa, y después el sabio dice otra cosa y lo contradice.
12. **«Cuando un gobernante atiende a palabras de engaño»**, porque quiere escuchar un asunto de engaño, **«todos sus servidores se hacen malvados»**, porque todos a una responden y le dicen que es mentira y vanidad.
13. **«El pobre y el hombre quebrantado se encuentran; el Eterno alumbra los ojos de ambos».** El pobre *–rash–* es pobre desde el comienzo, desde que nació, y el hombre quebrantado era rico y empobreció, y cuando ambos se encuentran éste clama por su aflicción y éste por su aflicción. Porque el Eterno los salva.
14. **«El rey que juzga con verdad a los pobres».** Es decir, el rey que hace juicio siempre, es decir, «juzga», y también hace «con ver-

dad», y también repara en los pobres, «su trono estará siempre firme».

15. **«La vara y la exhortación –cada una de ellas– otorga sabiduría».** A través de ambos asuntos mencionados se tornará sabio. «Y el joven consentido» será necio que **«avergüenza a su madre»**, como está escrito: «y el hijo necio es congoja de su madre» (Proverbios 10, 2).
16. **«Con el aumento de los malvados se incrementa la transgresión».** A través del engrandecimiento los malvados realizaron gran transgresión, y a través de eso tropezarán, como está escrito: «El hombre malo tropieza con la transgresión *–pesha–*» (Proverbios 29, 6). Y por eso: **«los justos verán su caída».**
17. **«Instruye a tu hijo y te sosegará».** Cuando el hijo es malvado, entonces el padre se angustiará y no tendrá sosiego, pero cuando lo instruya con castigo tendrá sosiego, y no sólo eso, sino que **«y dará deleites a tu alma».**
18. **«Si no hay profecía»**, y asimismo cuando no hay guía ni conductor, **«el pueblo cesa *–ipará–*».** Cada hombre se dirigirá por su camino y hará lo recto en sus ojos [...]. «Y bienaventurado quien guarda la Torá». Aunque no tengan profeta para guiarlos.
19. **«El siervo –rebelde– no se instruye con palabras»**, porque no hay para él utilidad de las palabras y, además, **«porque entiende y no responde».** Es decir, no se subyuga.
20. **«Si has visto hombre veloz con sus palabras, el necio tiene más esperanza que él».** Como dijeron nuestros sabios: «Matun, Matun, su valor es cuatrocientos» (Berajot 20a) (Matun es un nombre, y se vincula con la expresión *mataim* que significa «doscientos»).
21. **«Quien mima a su siervo desde su juventud, finalmente será su señor».** Cuando adula a su siervo desde el comienzo, entonces, se convertirá en su señor. Y la explicación es que se refiere al Mal Instinto, que es siervo del hombre en lo que necesita, pero después será su señor si hace su voluntad desde el comienzo.
22. **«El hombre irritable provoca contiendas»**, siempre, **«y el furioso»**, que toma acción, **«mucha transgresión».** Y además, **«provoca contiendas»**, en lo alto, porque cuando hay discusión en lo

bajo entonces acusan en los cielos; «y el furioso», con muchas transgresiones.

23. **«La arrogancia del hombre lo humillará; y el de espíritu humilde sostiene el honor».** Como dijeron nuestros sabios: «Todo el que va tras el honor [...]».
24. **«Quien divide con el ladrón aborrece su alma; porque oirá el juramento –de testimonio–, y no hablará».** Porque cuando pregonan por el robo no habla.
25. **«El miedo del hombre le pondrá tropiezo; y quien confía en el Eterno será enaltecido».** Porque en este mundo no hay que temer en absoluto, sino confiar en el Eterno (véase Berajot 60a).
26. **«Muchos buscan el rostro del gobernante –para pedirle favor– y el juicio del hombre viene del Eterno».** Ya que el gobernante no le puede favorecer en absoluto, porque todos los juicios del hombre son del Eterno.
27. **«El hombre perverso es abominable para los justos; y el de camino recto es abominable para el malvado».** Al comienzo dijo «justos» en plural y después «malvado» en singular, porque cuando los justos se sientan en su grupo de santidad, entonces dirán explícitamente que aborrecen al malvado, lo que no es así con los malvados, porque incluso cuando se sienten en el grupo malvado de ellos, no dirán que aborrecen el justo por ir en camino recto. Y por eso dijo «malvado», en singular, porque el justo es aborrecible en sus ojos ante sí mismo y despreciable el que anda por camino recto.

XXX

1. **«Palabras del que atesoró el entendimiento y vomitó –Agur bin Iake– la profecía; palabras del hombre, porque Dios estaba conmigo, porque Dios estaba conmigo y podía –hacer lo que deseaba–».** (Agur significa «atesoró», y también es un nombre propio, y lo mismo *bin* Iake, que también significa «hijo de Iake»). Porque los hombres de la Gran Asamblea ordenaron en todo libro lo que se hizo según el espíritu de santidad, conforme a su asunto, tal como en el libro de los Salmos, que compilaron varios asuntos, de ellos sobre lección –ética y moral– y amonestaciones, y de ellos sobre cánticos y alabanzas y agradecimientos a Dios, bendito sea, y al comienzo del asunto escribieron el nombre del compilador, como Heiman, Asaf, y Yedutun, en el libro de los Salmos, y otros. Y así en el libro de los Proverbios ordenaron todo lo que hicieron a modo de parábola con asuntos de aleccionamiento. Y a esta sección la compiló Agur bin Iake, que así es su nombre y el nombre de su padre.
2. **«Porque yo soy bestia de hombre».** Lo que está escrito: «de hombre» se refiere a Jacob, como está escrito: «hombre íntegro [...]» (Génesis 25, 27). Es decir, no tenemos como Jacob, que conocía los caminos del Eterno. «Y no tengo entendimiento de humano». Se refiere a Isaac, que está asociado al grado del entendimiento.
3. **«Y no aprendí sabiduría».** Corresponde a Abraham que está asociado al grado de la sabiduría. **«Y –no– conozco el conocimiento sagrado».** Se refiere a las tribus en las que todos eran sagrados y a la generación de la sabiduría (los que salieron de Egipto), que no hay como ellos.

4. «**¿Quién subió al cielo y descendió?**». Corresponde a Moisés, que ascendió al cielo y descendió con él a la Torá, como está escrito: «El sabio ascendió a la ciudad de los fuertes, y bajó a la fortaleza de su confianza –en la que se sentían seguros–» (Proverbios 21, 22). «**¿Quién encerró los vientos en sus puños?**». También corresponde a Moisés, que hizo cuatro cosas para Israel: bajó la Torá, y las Tablas, y partió el mar, y erigió el Tabernáculo. Y a esto se refiere: «Quién subió [...]» se refiere a la Torá. «Quién encerró». Se refiere a las Tablas, porque los de la generación del desierto eran todos profetas y el Eterno estaba en medio de ellos, pero cuando pecaron con el becerro, el Eterno se apartó de ellos hasta el Día del Perdón, en el cual Moisés trajo las segundas Tablas, y volvió la profecía y el espíritu santidad de ellos como antes. Y a esto se refiere acerca de Moisés: «Quién encerró los vientos *–ruaj–* [...]». (La expresión *ruaj* significa también «espíritu»). «**¿Quién ató las aguas en una tela?**». Corresponde a la partición del mar y se erigieron como un odre. Y a esto se refiere: «en una tela». «**¿Quién afirmó todos los confines de la tierra?**». Corresponde con la erección del Tabernáculo, que erigió Moisés mismo. «¿Cuál es su nombre?». ¿Dónde hay uno como su nombre, es decir, como él, que sepa los secretos de la sabiduría de los caminos del Eterno? «**¿Y cuál es el nombre de su hijo?**». Porque en cada generación Moisés se inviste en el sabio estudioso más grande de la generación y él se denomina «su hijo». «**¿Si sabes?**». Si tú deseas saber los secretos de la sabiduría de los caminos del Eterno.
5. «**Todo dicho de Dios es puro; y es escudo para los que esperan en Él**». Porque la Torá está refinada con depuración siete veces siete, que son las cuarenta y nueve facetas de la Torá, como dijeron nuestros sabios, de bendita memoria (Rosh Hashana 21b): en el mundo fueron creados cincuenta portales de entendimiento; y Moisés captó cuarenta y nueve, pero la Torá misma incluye a todas las cuarenta y nueve facetas, y ella no es sino una. Y asimismo los preceptos son seiscientos trece, y ellos se incluyen en uno, como dijeron nuestros sabios: «Vino Habacuc y los estableció en uno» (Makot 24a) Y es la confianza –en el

Eterno–, como está escrito: «y el justo vivirá por su confianza» (Habacuc 2, 4). Y a esto se refiere lo que dijo Agur, que no tenéis ocupación en saber los secretos de la sabiduría, porque: «Todo dicho de Dios [...]». Es decir, la Torá está depurada y purificada siete veces siete, y todo está incluido en ella, y no hay mejor cualidad que ella, por eso: «Gírala y vuélvela a girar –a la Torá–, porque en ella está todo; y contempla en ella, envejece y consúmete en ella, y no te alejes, porque no tienes mejor cualidad que ella» (Avot 5, 22).

6. «**No agregues a sus palabras –puras–**». También en sus preceptos, no agregues a sus palabras, «para que no te pruebe», para que no discuta contigo y te muestre que no hay en tu agregado nada –considerable–, «**y halle en ti falsedad**», y te apartes de realizar más preceptos.
7. «**Dos asuntos te he solicitado; no los impidas de mí antes de que muera**». Aquí se menciona la solicitud de Agur al Santo, bendito sea. Y asimismo les escribió a ellos esa solicitud, que estas dos cosas yo solicito de ti: «no los impidas de mí [...]».
8. «**Aparta de mí vanidad –shav– y palabra de engaño –dvar kazav–**». La diferencia entre *shav* y *dvar kazav* es que *shav* es una palabra falsa en esencia, porque en el momento en que la dijo consideraba en su corazón alterarla, y *kazav* es cuando desde el comienzo pensaba hacerlo, y después se apartó de él, como está escrito: «como surgente de aguas, cuyas aguas nunca cesan *–iekazvu–*» (Isaías 58, 11). Y respecto a esos dos asuntos, solicitó al Eterno, bendito sea, que lo alejara de ellos: uno: *shav* y *dvar kazav,* y el segundo: «**No me des pobreza ni riqueza; susténtame con pan medido**». Conforme a los alimentos que necesito. Y a continuación explicó y dio detalles.
9. «**Para que no me sacie**». Es decir: no me des mucha riqueza para que debido a eso me sacie, «**y te niegue, y diga: ¿Quién es el Eterno?**». Como está escrito: «Y se enalteciere tu corazón y olvidares [...]» (Deuteronomio 8, 14). «**O para que no empobrezca**», y fuere pobre en extremo y no hubiera en mi casa comida y vestimenta, «**y robe, y tome el nombre de mi Dios**». Es decir, el atributo de la justicia, (aludido en el denominativo

Dios –Elokim–) por haberme hecho pobre en extremo, y me quejare de tus cualidades.

10. **«No difames al siervo ante su amo».** La explicación es ésta: ¿cómo es posible conocer los secretos de los caminos del Eterno? Y he aquí que el siervo que se rebeló contra su amo que le hizo muchas bondades es un desagradecido, y forzosamente, según nuestra razón, es un hombre perverso que no hay como él, y aun así la advertencia del Eterno es: «No difames al siervo ante su amo». Y no sólo eso: **«para que no te maldiga y seas asolado».**
11. **«–Tampoco difames a– generación que maldice a su padre y no bendice a su madre».** Y dijo junto a su padre «maldice», y junto a su madre «no bendice», porque su padre corresponde a los preceptos activos, y su madre, con los preceptos pasivos.
12. **«Generación pura en sus –propios– ojos, y no limpia su –propia– defecación».** Es decir, en sus propios ojos es considerada incluso pura, que no cometió pecado en absoluto, jamás. Y en verdad no sólo que ya pecó, sino que aún «no limpia su –propia– defecación». Porque su pecado aún está en su poder.
13. **«Generación que enaltece sus ojos».** Porque hay dos tipos de arrogancia: el tipo denominado *guee* y el tipo denominado *gaon*. *Guee* es el hombre bajo e infame que se enaltece a sí mismo con ostentación. Y *gaon* es el que quiere dominar sobre todos. Y a esto se refiere: «enaltece sus ojos». Porque ostenta mucho, y en su corazón piensa que es un gran sabio, justo y rico. **«Y levanta sus párpados».** Porque se enaltece a sí mismo sobre las personas.
14. **«Generación cuyos dientes son espadas y sus muelas cuchillos, para devorar a los pobres de la tierra y a los indigentes de los hombres».** Y la explicación del asunto es que se dijo muelas y dientes, porque hay dos tipos de ladrones, los cuales son mencionados en el comienzo de este libro (Proverbios 1, 11), uno es el hombre que roba a otro hombre su dinero y consume su dinero, y lo deja con vida; y el segundo es el que mata al dueño del dinero y también toma su dinero. Y a esto se refiere: «Generación cuyos dientes son espadas», porque sus dientes son como

espadas, ya que matan al hombre y roban su dinero. «Y sus muelas cuchillos», porque devoran el dinero robado y lo dejan con vida. Y a esto se refiere: **«para devorar a los pobres de la tierra, y a los indigentes de los hombres».**

15. **«La sanguijuela»** se refiere al purgatorio, **«tiene dos hijas»**, cada una de las cuales se divide en dos: *bet he* (el valor numérico de la letra *bet* es 2, y el valor numérico de la letra *he* es 5). Y a esto se refiere: «¡Dame *–he bet–!*». Porque los cinco primeros compartimientos del purgatorio se consideran uno. Ya que los dos que son el Seol y Abadon se consideran en forma independiente, porque el que desciende a ellos no asciende jamás, como está escrito: «Así el que desciende al Seol, no ascenderá» (Job 7, 9). Y Abadon textualmente, tal como su nombre lo indica. Y dijo: «¡Dame *–he bet–!* ¡Dame *–he bet–!*», porque son dobles. **«Hay tres que no se sacian»**, porque jamás están saciados; **«y un cuarto, que no dice: ¡Suficiente –hon–!»**. La expresión *hon* se refiere al secreto del alma existencial, el espíritu y el alma sagrada, porque exterminan todo.
16. **«El Seol»** se refiere al pozo, y es tierra. **«La matriz infecunda»** se refiere al aire. **«La tierra que no se sacia de aguas»** se refiere al agua. **«Y el fuego que no dice: ¡Suficiente!»** se refiere al fuego.
17. **«El ojo que se burla del padre y desprecia la dirección de la madre»**, anciana, **«sea perforado por los cuervos del río, y sea comido por los hijos del águilá»**. Porque los cuervos son crueles, aunque no tengan provecho de eso, perforan; y el águilá es misericordiosa y no perfora, sino que devora, porque tiene provecho al comerlo.
18. **«Tres –rastros– me son ocultos»**. Es decir, los vi al comienzo y después, inmediatamente, se ocultaron de mí. **«Y tampoco sé el cuarto»**. Es decir, no supe de él desde el comienzo y no sé en absoluto.
19. **«El –rastro del– trayecto del águilá en el aire»**. Porque el águilá vuela hacia el cielo y en un instante no se sabe su lugar, dónde está. **«El –rastro del– trayecto de la serpiente sobre la roca»**. Porque la serpiente se desplaza rápidamente y se oculta debajo de la roca y no se sabe –dónde está–. «El –rastro del– trayecto

de la nave en el corazón del mar». Porque la embarcación navega en el mar a gran velocidad e inmediatamente no se ve. **«Y el –rastro del– trayecto del hombre en la joven».** Cuando la joven queda preñada no lo sabe desde el comienzo.

20. **«Así es el comportamiento de la mujer fornicadora, come, se limpia la boca y dice: "No he realizado ignominia"».** La explicación del asunto es que así como en la Torá hay cuatro partes, así es la mujer fornicadora hablando, como está escrito: «Quién es tonto apártese aquí [...]» (Proverbios 9, 4).
21. **«Por tres asuntos la tierra se estremece, y un cuarto no puede soportar».** Y a continuación se los enuncia.
22. **«Por un siervo»** se refiere a aquel que realiza malas acciones y es siervo del Mal Instinto, **«que reina»**, la explicación es: que reinare sobre muchos, es decir, que estudiare con otros. **«Y un necio –naval– que se sacia de pan».** *Naval* se refiere al que habla groserías siempre y estudia la Torá.
23. **«Por una repudiada –senuah– que halla hombre».** *«Senuah» se refiere* al arrogante, como está escrito: «Abominación al Eterno es todo altanero de corazón» (Proverbios 16, 5). **«Y una sierva que hereda a su ama».** Se refiere al que hace juicio por particularidades, para enriquecer y que se incremente el honor de su casa.
24. **«Cuatro son de los más pequeños de la tierra, y son sabios dotados de sabiduría».** Es decir, que realizan acciones de grandes sabios, los sabios más selectos.
25. **«Las hormigas, un pueblo que no es fuerte y preparan su alimento en el verano».** Porque en la siega recogen, y en el verano preparan y muelen para su alimento, como está escrito: «En el verano prepara su alimento; en la siega reúne su comida» (Proverbios 6, 8).

26 **«Los conejos, un pueblo que no es poderoso»** se refiere a los que no son poseedores de preceptos, y aun así: **«disponen su morada en la roca».** Porque siempre se sientan en la casa de estudio y escuchan cuando estudian Torá. Como está escrito: «El oído que escucha [...]» (Proverbios 15, 31). Y éste escucha y no hace, como fue enseñado: «Hay cuatro cualidades en los que van a la

casa de estudio: el que asiste y no hace, recibe la recompensa por asistir. El que hace y no asiste, recibe la recompensa por hacer. El que asiste y hace, es generoso *–jasid–*. El que no asiste ni hace, es un malvado» (Avot 5, 14).

27. «**Las langostas no tienen rey y salen todas agrupadas**». La explicación es que se refiere al que hace y no va. Y a esto se refiere: «no tienen rey». Porque si estuviera en la casa de estudios, un sabio estudioso lo guiaría. Pero, aun así: «salen todas agrupadas», ya que realiza preceptos en medio de su casa con la multitud del pueblo.
28. «**La araña atrapa con las –propias– manos**» se refiere a los que sirven a los sabios estudiosos, porque todos hacen con su dinero preceptos y dan a otros *–tzedaká–*, y él no hace sino con las manos, porque le sirve. «**Y se encuentra en los palacios de rey**». Porque no se aparta de la tienda del sabio estudioso y escucha siempre Torá de su boca.
29. «**Hay tres de buen paso**», es decir, cuya naturaleza es buena, «**y un cuarto de buen andar**», es decir, que en su naturaleza no es así, pero se habituó a ir con buen andar. Y a continuación se explica el asunto.
30. «**El león *–laish–* es poderoso en el –reino– animal, y no se vuelve por nada**». La expresión *laish* se refiere a un león joven. Y dijo que, aunque es joven, de todos modos, su naturaleza es ser poderoso y no se vuelve ni teme ante nada. Y dijo «animal» –para incluir a todos–, porque la bestia salvaje está incluida en el reino animal.
31. «**El cuervo en sus lomos**», porque su fuerza está en sus lomos y en las aves, «**o el macho cabrío**», en los animales, porque hay tres poderosos *–azim–*, y el macho cabrío es uno de ellos. «**Y el rey, que nadie *–alkom*, se levanta– ante él**». La explicación es que aunque nadie se levanta contra él, de todos modos, su naturaleza es así, comportarse con la conducta de un rey, y en el –reino– humano. Y la explicación del asunto es que el hombre necesita tres cosas: cualidades, preceptos y Torá. El león corresponde a las cualidades, porque necesita ser fuerte como un león; el cuervo en sus lomos corresponde a los preceptos acti-

vos, y el macho cabrío corresponde a los preceptos pasivos. Y asimismo corresponde a los que vuelven al Eterno con arrepentimiento, que deben ser fuertes ante las personas que los avergüenzan y se burlan de ellos.

32. «**Si has sido afrentado**», porque habló contra ti cosas ofensivas, «**por enaltecerte**», se debe a tu enaltecimiento, porque has querido enaltecerte, como dijeron nuestros sabios: «**Todo el que persigue tras el honor** [...]». «**O si has tramado mal**», porque si deseas tramar cómo replicar a tu provocador en las palabras del pleito, yo te aconsejo que pongas «tu mano sobre tu boca». Y no le respondas nada.
33. «**El removido de la leche sacará mantequilla, y el removido de la nariz sacará sangre; y el removido de la ira sacará riña**». Porque la mantequilla sale a través del removido de la leche, y la sangre sale a través del removido de la nariz, y la riña sale a través del removido de la ira.

XXXI

1. «**Palabras del rey, Dios –Lemuel–**». La expresión «Lemuel» alude al rey Salomón, y el rey Salomón es llamado así, Lemuel, porque es un acrónimo formado por las palabras: Shelmo El. «La profecía con que lo instruyó su madre». Porque su madre lo exhortó.
2. «**¿Qué –harás– hijo mío?**». Porque en tres tiempos el hombre se apega y está cerca y va tras su madre, porque entonces se posa sobre él espíritu de la madre. Y éstos son: los días del embarazo, el nacimiento y hasta los trece años; y después se posa sobre él el espíritu del padre, y desde entonces está obligado a cumplir los preceptos. Y a esto se refiere: «¿Qué –harás– hijo mío *–bri–?»,* en correspondencia con los trece años. «**¿Y qué –harás– hijo de mis entrañas?**». En correspondencia con el tiempo del nacimiento. «**¿Y qué –harás– hijo de mis promesas?**». En correspondencia con el embarazo. Porque antes del embarazo es común realizar promesas y donaciones para que el Eterno, bendito sea, le dé un buen hijo.
3. «**No otorgues tu fuerza a las mujeres**». Es decir, –le dijo– que no aumente para él mujeres, para que no debiliten su fuerza. «**Y tus caminos a la destrucción –de los caminos– de los reyes *–lamjot melajim–***». Como está escrito: «Y Dios observó la tierra y he aquí que estaba corrompida, ya que toda la carne había corrompido su camino sobre la tierra» (Génesis 6, 12). Es decir se refiere el camino de la tierra, o sea, ética y moral. La expresión *lamjot* proviene también del término «engordar», como está escrito: «Gorduras *–vejarvot–* de malvados»

(Isaías 5, 17). Es decir, tomar una mujer bella de aspecto y poseedora de carne.

4. «**No es para los reyes Lemuel, no es para los reyes el beber vino, y no es para los príncipes el vino añejo**». Y a continuación se explican los detalles.
5. «**Por si**» se refiere a los reyes, «**bebiere y olvidare una prescripción –de la Torá–**», «**y modificare**» se refiere a los ministros, «**el juicio de todos los pobres**».
6. «**Dad vino añejo al abatido *–oved–*, y vino a los de alma amargada**». *Oved* se refiere a aquel que no tiene suerte en absoluto y le falta todo; y los amargados de alma son aquellos que están sometidos a otros y están inmersos en grandes aflicciones y les sirven todo el día. «Dad vino añejo al abatido *–oved–*» por la mañana, para que se olvide de su pobreza, «y vino a los de alma amargada» por la tarde, para que no recuerde el sometimiento que atravesó, y que en el futuro será sometido nuevamente. Pero durante el día es imposible para él olvidar, porque todo el día lo someten con trabajo.
7. «**Que beba y se olvide de su pobreza**» se refiere al pobre, para que olvide que es pobre, porque cuando un hombre se embriaga un poco, le parece en sus ojos como si fuera rico. «**Y de su esfuerzo no se acuerde más**». Y al abatido dadle vino añejo para que no recuerde más su esfuerzo y su aflicción (esta explicación corresponde a *likutei* Ramam"m, véase allí).
8. «**Abre tu boca por el mudo, en el juicio de todos los desamparados**». Lo que está escrito: «los desamparados *–bnei jalufim–*» se refiere a los huérfanos, porque su padre ya no está *–jalaf–* y quedaron desamparados (véase *likutei* Agr"a).
9. «**Abre tu boca, juzga con justicia**». Se refiere a dos cosas: justicia y juicio, como dijeron nuestros sabios: «Juzga con justicia», que uno no esté de pie [...] (Shvuot 30a) *(véase likutei* Agr"a). «**Y el juicio del pobre y del indigente**», como está escrito: «Para devorar a los pobres de la tierra, y a los indigentes de los hombres» (Proverbios 30, 14) *(véase likutei* Agr"a).
10. «**Una mujer virtuosa**». Como dijeron nuestros sabios: «La Torá es más grande que el sacerdocio y que el reinado, pues el reina-

do se adquiere a través de treinta grados y el sacerdocio a través de veinticuatro, y la Torá se adquiere a través de cuarenta y ocho medios: "Estudiando –con dedicación y ahínco–, escuchando –las palabras de los maestros–, ordenando en los labios –repasando lo aprendido– [...]» (Avot 6, 6). **«¿Quién hallará?».** Como está escrito: «la sabiduría, ¿de dónde *–meain–* se halla [...]?» (Job 28, 12). Y está escrito: «Es muy muy profunda, ¿quién la hallará?» (Eclesiastés 7, 24). **«Porque su valor es muy lejano al de las perlas».** Como está escrito: «lejos, lo que fue» (ibíd.).

11. **«El corazón de su marido confía en ella, y no le faltará posesión *–shalal–*».** Como está escrito: «Las muchas aguas no pueden apagar el amor, ni lo arrasarán los ríos» (Cantar de los Cantares 8, 7). Y se vincula con el secreto de los preceptos activos. Y «posesión *–shalal–»,* se vincula con el secreto de los preceptos pasivos. Como está escrito: «Y tomares cautivo [...]» (Deuteronomio 21, 10). Y se vinculan con el misterio de las aguas y los ríos, como fue mencionado anteriormente.
12. **«Y ella le hace bien y no mal».** Al comienzo se refirió a la sabiduría y a las acciones, y ahora se refiere las cualidades; porque todo está integrado de bien y mal, y ésa es la buena mente en la cual no hay mal, como está escrito: «Buena mente para todos los que lo hacen» (Salmos 111, 10). Y a esto se refiere: **«todos los días de su vida».** Como está escrito: «Y la sabiduría será vida para sus poseedores» (Eclesiastés 7, 12).
13. **«Ella busca lana y lino»**, como está dicho: «El Anciano de días se sienta [...]. Su vestimenta [...]» (Daniel 7, 9). Y corresponde al misterio de las dos cualidades supremas que se vinculan con los preceptos activos y los preceptos pasivos. Y a esto se refiere: **«y trabaja afanosamente con sus manos».** Con sus dos manos. Por eso los sacerdotes no sirven en el Templo Sagrado sino con vestimentas de lana y lino, y están vinculadas con el misterio de los flecos *–tzitzit–*, y de las llagas *–negaim–*.
14. **«Es como barco de mercader».** Y a esto se refiere lo que los sabios dijeron: «La noche no fue creada sino para el sueño» (Eirubin 65a). Es decir, la primera mitad *–leil–* de la noche, en la que

trae todas las acciones a lo alto, y estudia allí sabiduría suprema, y la trae a lo bajo, a este mundo, como está escrito: «No está en los cielos [...]» (Deuteronomio 30, 12). **«De las lejanías trae su pan».** Como está escrito: «Lejos –está– lo que fue» (Eclesiastés 7, 24). «Y una buena noticia de tierra lejana» (Proverbios 25, 25).

15. **«Se levanta aún de noche»**, como está escrito: «A medianoche me levanto para alabarte por tus justos juicios» (Salmos 119, 62). Y entonces se denomina noche *–laila–*, como está escrito: «Fue una noche *–laila–* de guarda del Eterno, para sacarlos de la tierra de Egipto; y ésa es una noche de guarda del Eterno para todos los hijos de Israel por las generaciones» (Éxodo 12, 42). Y a esto se refiere: «aún de noche *–laila–*», en su comienzo. «Y da alimento *–teref–*», es decir, lo que atrapó *–taraf–* en lo alto, como está escrito: «El sabio ascendió a la ciudad de los fuertes y bajó a la fortaleza de su confianza» (Proverbios 21, 22). Como está escrito: «El nombre del Eterno es una torre fortificada; a él correrá el justo y será fortificado» (Proverbios 18, 10). «A su casa». Como está escrito: «La casa se edificará con sabiduría» (Proverbios 24, 3). Y se refiere a los sabios estudiosos. **«E imparte ración *–jok–* a sus criadas».** Se refiere a los que cumplen los preceptos, que para ellos es un decreto *–jok–*, como está escrito: «No agregarás –sobre él– ni suprimirás de él» (Deuteronomio 13, 1).
16. **«Considera un campo».** Como dijeron nuestros sabios: «¿Quién es rico? El que tiene cien campos [...] Como está escrito: «Venid, comed mi pan; y bebed del vino que he mezclado» (Proverbios 9, 5) (Shabat 25b). Y a esto se refiere: **«y lo adquiere».** Porque allí es un honor que recibe de otro, como está escrito: «Bebe el agua de tu pozo» (Proverbios 5, 15). **«Y del fruto de sus manos planta viñedo».** Como está escrito: «Y la destilación de tu manantial. –Entonces– tus fuentes se expandirán fuera; tus corrientes de aguas, por las calles» (Proverbios 5, 15-16).
17. **«Ciñe sus lomos con fuerza y esfuerza sus brazos».** Se refiere a los dos que sirven a los sabios estudiosos, como está escrito: «Es árbol de vida para los que se aferran a ella; y dichoso el que la

apoya» (Proverbios 3, 18). Y ellos necesitan mucha fortificación (véase Berajot 6a). Y a esto se refiere: «fuerza», y «esfuerza».

18. **«Verifica que sus actividades comerciales van bien; su lámpara no se apaga de noche».** A esto se refiere el misterio de lo que está escrito: «Porque el precepto es lámpara, y la Torá es luz» (Proverbios 6, 23). Porque la noche se vincula con el misterio de «el precepto es lámpara», y el día se vincula con el misterio de «la Torá es luz», porque no se apaga jamás. Y a esto se refiere lo que está dicho: «La noche resplandecerá como el día; la noche tal como la luz» (Salmos 139, 12).
19. **«Extiende sus manos al huso, y sus palmas sujetan la rueca».** Se refiere a los aptos, porque ella los aferra siempre. Y la rueca alude a los tres –tipos de– poseedores de arrepentimiento, ya que ella los ayuda, como dijeron nuestros sabios: «Al que viene a purificarse lo ayudan [...]» (Shabat 104a).
20. **«Tiende su mano al pobre y extiende sus manos al indigente».** A esto se refiere: «Los pobres y los indigentes piden pan y no hay, y las lenguas sedientas de ellos [...]» (Isaías 41, 17-18).
21. «No teme por su casa en la nieve». Se refiere al juicio del purgatorio, porque allí las almas se purifican con el juicio severo, como está escrito: «Hace nevar en Tzalmón» (Salmos 68, 15). **«Porque toda su casa está vestida de carmesí –*shanim*–».** Se refiere a los preceptos pasivos, como está escrito: «Si vuestros pecados fueren como carmesí, se emblanquecerán como la nieve, si enrojecieron como grana –*shanim*– serán como lana» (Isaías 1, 18).
22. **«Ella hace sus tapices».** De los preceptos activos, y es la primera vestimenta del alma existencial. Pero *shanim* es para el cuerpo, por eso está dicho: «Porque toda su casa está vestida de carmesí –*shanim*–». «De lino fino –*shesh*–». Es el segundo vestido de la Torá oral para el espíritu en el Jardín del Edén. [Y éste es el misterio de *shesh,* que significa también seis, o sea, una vestimenta de los seis órdenes de la Mishná, la Torá oral]. **«Y púrpura, son sus vestidos».** De la Torá escrita, y es el tercer vestido para el alma suprema, guardado debajo del trono de gloria.

23. **«Su marido es conocido en los portales»**. Porque no necesita las puertas, ya que entra sin carga, como está escrito: «No será avergonzado cuando hablare con los enemigos en el portal» (Salmos 127, 5). Y dijo la razón: **«por sentarse con los ancianos de la tierra»**. Por eso es famoso, como dijeron nuestros sabios: «Los sabios estudiosos no tienen descanso [...]» (Berajot 64a). Porque lo llevan de academia en academia a los sabios ancianos, tal como fue enseñado, que no hay en la expresión anciano sino alusión al que adquirió sabiduría (véase Kidushín 32b). Hasta que lo llevan a la academia de Abraham, Isaac y Jacob que se denominan: «los ancianos de la tierra». Como dijeron nuestros sabios: Abraham era anciano y se sentaba en la academia, como está dicho: «Y Abraham era anciano entrado en días» (Génesis 24, 1). Isaac era anciano y se sentaba en la academia, como está dicho: «Y aconteció que cuando Isaac era anciano [...]» (Génesis 27a). Y Jacob era anciano [...].
24. **«Ella hace capas y vende»**. Como dijeron nuestros sabios: «Bar Kapara vendía palabras por dinero» (Berajot 62a). Y eran palabras de ética y moral, como dijeron nuestros sabios: «¿Cuál es la capa del sabio estudioso? Toda aquella cuya túnica no se ve por debajo –siquiera– un puño» (Baba Batra 57b). **«Y entrega ceñidores al mercader»**. A los mercaderes les da su fuerza, para sostener a los sabios estudiosos.
25. **«Fuerza y esplendor son su vestimenta; y ríe por el día postrero»**. Como dijeron nuestros sabios, en el Talmud de Jerusalén, que les muestran la recompensa de ellos, y ellos se alegran, como aconteció con el suceso del rabí Eliezer.
26. **«Abre su boca con sabiduría»**. Porque no abre su boca sino con sabiduría, como dijeron nuestros sabios, de bendita memoria, que incluso una conversación de un sabio estudioso requiere estudio (Avoda Zara 19b). **«Y Torá de bondad está en su lengua»**. Porque estudia en el nombre de los cielos.
27. **«Observa los caminos de su casa»**. Porque repara en la rectificación de su casa y en las buenas cualidades, para ir por los caminos del Eterno y en sus preceptos. **«Y no come pan de pereza»**. Como dijeron nuestros sabios: «Si no hay harina, no hay Torá;

si no hay Torá, no hay harina» (Avot 3, 17). Y se refiere a moler bien las enseñanzas puntillosas de nuestra sagrada Torá para extraer la ley en forma verdadera y correcta. Y si no llega a eso no extrae la ley en forma correcta. Y a esto se refiere lo que dijo: «pan de pereza». O sea, no quiere estudiar con pereza.

28. **«Sus hijos se levantan y la ensalzan».** En este mundo los hijos se glorían con los padres, como está escrito: «Los hijos de los hijos son corona de los ancianos; y la excelsitud de los hijos, sus padres» (Proverbios 17, 6). Asimismo, los hijos son los discípulos, tal como dijeron los sabios: «y las enseñarás a tus hijos» (Deuteronomio 6, 7) se refiere a los discípulos, hijos de los profetas, porque los discípulos se regodean con las palabras que escucharon de su maestro. **«Y también su marido la alaba».** Su marido alude al Eterno, bendito sea, porque su alma viene ante él y la alaba, como está escrito: «y la alabarán en los portales sus acciones» (Proverbios 31, 31).

29. **«Muchas mujeres hicieron obras –*jail*–; y tú las superas a todas».** (El valor numérico de la expresión *jail* es 48). Y ésta es la alabanza con que la alaba su marido en los últimos tres versículos. Porque cuando el hombre merece las 48 cosas a través de las cuales se adquiere la Torá, se denomina «mujer virtuosa».

30. **«Falsa es la gracia».** Porque el estudio no es lo importante, sino la acción, que es lo principal después de la concentración, porque la Torá requiere corazón, como dijeron nuestros sabios: «Tanto el que aumenta, tanto el que disminuye, sólo que se concentre con su corazón [...]» (Berajot 5b). **«Y vana la belleza».** Porque se embellece a sí mismo ante el Santo, bendito sea, aunque la acción misma es buena, como dijeron nuestros sabios: «El que dice: "Esta moneda es para caridad para que [...] es un justo completo» (Pesajim 8a). De todos modos, es vanidad, como está escrito: «Observé todas las obras que se hacen debajo del sol; y he aquí que todo ello es vanidad y consternación de espíritu [...]» (Eclesiastés 1, 14). **«La mujer que teme al Eterno, ella se alabará».** Como está escrito: «Y elevó su corazón en los caminos del Eterno» (II Crónicas 17, 6). Porque ese orgullo es un precepto, porque procura ascender de un grado al

grado que está por encima de él, y no es sino con temor de Dios. Y a esto se refiere: «ella se alabará». Porque está permitido para ella misma, aunque está prohibido alabarse a sí mismo en los caminos del Eterno, pero de ese modo está permitido.

31. **«Dadle del fruto de sus manos».** En este mundo, como está escrito: «Decid al justo que es bueno; porque comerá de los frutos de sus manos» (Isaías 3, 10). Y el capital permanece íntegro para el Mundo Venidero. Y a esto se refiere lo que dijo: **«y la alabarán en los portales sus acciones».**

Índice

Los siete preceptos de Noé son los mandamientos entregados por Dios a toda la humanidad. A través del cumplimiento de estas pocas y aparentemente sencillas normas, se puede alcanzar un grado supremo y heredar el Mundo Venidero. Sin embargo, para cumplirlos apropiadamente es necesario conocer sus fundamentos y también sus sutilezas, preguntarse por qué estas siete y no otras son las reclamaciones que la Divinidad le hace a los seres humanos…

Estos preceptos son esenciales para estrechar el vínculo con Dios, pero también nos acercan a las demás personas, ya que además de tratarse de un asunto espiritual, contienen normas sociales, pautas de conducta, ética y moral, y todo lo necesario para que los seres humanos podamos vivir en armonía, con reglas justas y derechos ecuánimes.

El hecho de escoger o llevar un nombre es un verdadero arte, un arte sutil y complejo. Los sabios de Israel nos enseñan que el nombre es una característica esencial en la identidad del ser humano, pues está enraizado en las sublimes esferas espirituales, y atrae la energía suprema de lo Alto. Esta energía se proyecta sobre la persona, y para captarla de forma apropiada es necesario conocer los secretos del nombre, su origen, el valor numérico, qué versículo está asociado íntimamente al nombre de cada persona, los componentes elementales que lo integran y los atributos sensoriales.

En este libro, el rabino Aharón Shlezinger nos propone un amplio listado de nombres, masculinos y femeninos, y nos enseña su significado, su valor intrínseco, su valor numerológico (guematria), su vínculo con los cuatro elementos y también su fuente bíblica.